教科書ガイド

大修館書店 版

言語文化

TEXT BOOK GUIDE

文研出版

はしがき

本書は、大修館書店発行の教科書「言語文化」に準拠した教科書解説書として編集されたものです。

教科書内容がスムーズに理解できるよう工夫されています。

予習や復習、試験前の学習にお役立てください。

本書の特色

●冒頭解説

本書は、教科書の流れにしたがい、「現代文編」「古文編」「漢文編」の三編で構成されています。

「現代文編」では、まず学習のねらいや要旨・主題、段落などを解説しています。また、詩・短歌・俳句では、きまりや技法についても扱っています。

「漢文編」では、冒頭で、学習にあたっての予備知識となるような事柄「私たちと漢文」を解説しています。

●教材解説

「現代文編」では、まず段落ごとの大意を簡潔にまとめ、その後、重要語句や文脈上おさえておきたい箇所の意味を解説しています。さらに教科書下段にある脚問に対する解答(例)も加えています。

「古文編」では、主として、まず段落ごとの〔大意〕をまとめています。

品詞分解の略符号

1 品詞名
(名詞は品詞名省略)
ク・シク＝形容詞
ナリ・タリ＝形容動詞
連＝連体詞
副＝副詞
接＝接続詞
感＝感動詞
助動＝助動詞
補＝補助動詞

2 動詞の活用の種類
四＝四段　上一＝上一段
上二＝上二段　下一＝下一段
下二＝下二段
カ変・サ変・ナ変・ラ変＝変格活用

3 活用形
未＝未然形　用＝連用形
終＝終止形　体＝連体形
已＝已然形　命＝命令形

〔品詞分解／現代語訳〕では、教科書の原文を単語単位に分け、品詞名・活用の種類・活用形を下記の略符号で原文右に示し、原文左には、適宜必要な言葉を補って現代語訳を示しています。また、〔語句の解説〕として、重要語句や文法上特におさえておきたい箇所についての解説や、脚問に対する解答(例)も加えています。

「漢文編」では、まず段落ごとの〔大意〕を簡潔にまとめています。〔書き下し文〕では、現代仮名遣いによる読み方をつけています。〔現代語訳〕では、適宜必要な言葉を補って現代語訳を示しています。また、〔語句の解説〕として、重要語句や文法上特におさえておきたい箇所についての解説や、脚問に対する解答(例)も加えています。

●学習のポイント

教科書教材末に提示されるそれぞれの課題（「現代文編」では「語句と漢字」も）に対しては、解答(例)、考え方や取り組み方などを示しています。

また、各単元末に設けられている「単元課題」に対しても、考え方や取り組み方、解答(例)を示しています。

なお、前記以外に、次の項目にも解説を設けています。

現代文編

・参考　・解釈の視点　・探究

古文編

・解釈の視点　・探究

漢文編

・訓読のきまり　・解釈の視点　・探究

4 助動詞の意味

使＝使役　尊＝尊敬　受＝受身
可＝可能　自＝自発　打＝打消
過＝過去　詠＝詠嘆　完＝完了
強＝強調　存＝存続　在＝存在
推＝推量　定＝推定　意＝意志
勧＝勧誘　命＝命令　仮＝仮定
婉＝婉曲　当＝当然　適＝適当
伝＝伝聞　禁＝禁止　不＝不可能
希＝希望　比＝比況　例＝例示
断＝断定　原推＝原因推量
過推＝過去推量　現推＝現在推量
反仮＝反実仮想　打推＝打消推量
打意＝打消意志　打当＝打消当然
過原推＝過去の原因推量
過去婉＝過去の伝聞・婉曲

5 助詞の分類

格助＝格助詞　副助＝副助詞
係助＝係助詞　終助＝終助詞
接助＝接続助詞　間助＝間投助詞

6 その他

尊＝尊敬　謙＝謙譲　丁＝丁寧
(代)＝代名詞　(枕)＝枕詞
(音)＝音便　(連語)　(語幹)
(係)……(結)＝係り結び　など

目次

現代文編

古文編

漢文編

1　言語文化への視点

世界を見わたす窓

吉岡(よしおか)　乾(のぼる)

教科書P.10～15

学習のねらい

・身近にある言語の文化的な側面について考える。
・言語と文化の関係について、筆者の考えを理解する。

要　旨

世界には七千もの言語があるが、それぞれが世界を見わたすための独特な窓のようなものだ。言語と文化は表裏一体であり、言語のあり方に疑問を持つことは、物事の見かたや文化を理解するチャンスになる。今世界では少数民族の言語が消えつつあるが、私たち自身の言語や昔の人や身近な他の言語、さらには遠いどこかの言語がどのように世界を眺めているのか、想像してみてほしい。

段　落

話題や論の展開上、四つに分かれる。

一　教P10・1～P11・3　言語と文化の密接な関係
二　教P11・5～P12・10　パキスタンの例
三　教P12・12～P13・6　日本の例・疑問を持つこと
四　教P13・8～P14・10　消えていく言語・想像すること

段落ごとの大意と語句の解説

第一段落　教10ページ1行～11ページ3行

言語は世界におよそ七千もある。それぞれが世界を見わたすための独特な窓のようなものだ。言語の背景には話し手の暮らしている生活や環境、そこで育まれてきた文化が隠れており、とりわけ少数民族の言語は文化や生活を色濃く反映している。

教10ページ

7　**環境(かんきょう)**　言語を用いる者が暮らしている地域の気候や風土、生き物の生態や社会状況、人々の生活の様子などを指す。

8　**文化(ぶんか)**　自然を材料として、生活を高めるために人間の精神の活動によってつくり上げられるものの見かたや考えかた、生活様式。

9　**歴史的(れきしてき)な遺産(いさん)**　人間の文化的活動によって長い年月をかけてつくり出し、受け継がれてきたもの。

12　**知恵(ちえ)**　物事を判断し、計画したり処理したりする心の働き。

教11ページ

1**色濃く**　ある傾向が強く。濃厚に。

1**純度高く**　特定の地域・環境で暮らしている人特有の認識や理解が、他の文化の影響を受けない状態で、の意。

2**そういう意味で**　言語は文化を背景としているが、文化もまた言語によって反映され、生活や環境を形成しているという意味で。

3**表裏一体**　二つのものの関係が離れているようで、実は密接であること。

1　**「言語と文化は、表裏一体」とは、どのようなことか。**

考え方　言語が表で文化が裏、その根底には同一の地域社会における生活や環境があるということ。

答　言語の背景には話し手が暮らしている生活や環境で育まれてきた文化が隠れているので、言語からはその言語が使われている文化が、文化からは使われている言語がわかるということ。

第二段落　教11ページ5行〜12ページ10行

ヒツジやヤギが生活に密接に関わっているパキスタン北部では、ことわざにヒツジ・ヤギ類が多く登場する。また、彼らの風習を知らないと読み解けない比喩もある。

12**登用頻度**　ここでは、ある言葉が人々に使用される度合い。

教12ページ

2**恐れ入る**　想定以上であることを知って驚き入る。

7**それになぞらえて**　「それ」とは、出産した直後の女性が、アイベクスの角を焼いてすり潰した白粉を、美容のために顔に塗布するという習慣を指す。この習慣から、「牝アイベクスが『ちょっと角を顔にこすっただけだから』と言うように。」（深手を負ったアイベクスが、顔の白くなったのを仔に心配させまいとして言った）という言葉が連想されて生まれた。「たいしたことがないというふりをすること」と、主体が母であることが共通している。

＊「なぞらえる」＝異なるものを、共通点があるものとする。似せる。

8**深手を負わされ**　深い傷をつけられ。重傷を負わされ。

2　**「日本では生じえない」のはなぜか。**

答　そもそも日本にはアイベクスもいなければ、出産した直後の女性が、アイベクスの角を焼いてすり潰した白粉を、美容のために顔に塗布するという習慣もないから。

第三段落　教12ページ12行〜13ページ6行

日本の言語や方言にも、文化や自然環境に根ざした側面がある。それらの言葉に疑問を持つことが、自身の物事の見かたや自分たちの文化を改めて理解するチャンスになる。

13**根ざした**　物事の基盤がそこに起因していること。

15**システム**　別々の物事が、ある目的のもとに関係して統合された仕組み。

教13ページ

3**これらの「なぜ」**　「……『出世魚』なんてシステムを持つに至ったのだろう。」「……『海側（浜側）』と『山側』といった表記が多く見られるのは、なぜだろう。」「……特徴的な名付けや言い回しは、どうやって発生したのだろうか。」という前段落の問いかけをまとめて、疑問を持つことの大切さを強調している。

第四段落　教13ページ8行～14ページ10行

今世界では、経済的な価値が測られ、小さな言語が消えていきつつある。言葉が失われれば思考も消えていく。私たち自身の言語や昔の人の言語、身近な他の言語はどのように世界を眺めているのだろう。そして遠いどこかの言語が、どんな生活の中、どういう発想で話されているのか想像してみてほしい。物事の見かた、世界との向き合いかたの選択肢が増えもするだろう。

8 **コミュニケーション**　言葉などを媒体として、互いに意思や情報を伝達し合うこと。

10 **母語**（ぼご）　生まれたときから、周囲との関わりによって身につけ、使っている言語。

14 **取捨選択**（しゅしゃせんたく）　必要なものを取り、不要なものを捨てること。

14 **マスメディア**　不特定多数の人に向けた大量の情報伝達に用いる媒体。テレビ、ラジオ、新聞、雑誌など。

3　**「当然のことだといえる。」のはなぜか。**

答　大きな言語のほうが多くの人との間で用いることができ、経済的な価値が高いから。また、小さな言語を使っている人々も科学技術の発展や経済のグローバル化などによって大きな言語を使わなければ生きてゆけず、小さな言語が使われなくなりつつあるから。

教14ページ

2 **なぜなら**　倒置法によってあとの指摘（言葉の喪失とともに一つの文化的価値が失われることへの危惧（きぐ））を強調している。

4 **失われ**（うしなわれ）**ていく言葉**（ことば）**という窓**（まど）**とともに、消**（き）**えていく思考**（しこう）**の風景**（ふうけい）**がある**　様々な要因によって言葉が失われれば、その言葉（窓）によって見えていた世界観（思考の風景）も消えてしまう。

7 **思**（おも）**いを馳**（は）**せて**　距離的・時間的に遠く離れた物事について想像して。はるかに思って。

学習のポイント

1　**「大きな言語」「小さな言語」（10・2）とあるが、それぞれどのような言語か、説明してみよう。**

解答例　「大きな言語」…広い地域にまたがって色々な人や様々な文化の中で話されている言語で、経済的な価値が高い。

「小さな言語」…数少ない人が特定の地域・環境で生活している中で用いている言語で、背景となる文化から生じた知恵や、その生活ならではの認識・理解といったものを色濃く反映している。

2　**「日本だとイヌ、ネコ、タヌキ、サルなどのほうが身近な動物」（11・11）とあるが、これらの動物が登場することわざや表現を挙げてみよう。**

解答例　イヌ…犬も歩けば棒に当たる・犬の遠吠（とおぼ）え・犬も食わぬ・犬に論語・犬猿の仲

ネコ…猫の手も借りたい・猫に小判・猫に鰹節・窮鼠猫を嚙む・猫の額・猫も杓子も・猫をかぶる・猫なで声

タヌキ…捕らぬ狸の皮算用・狸寝入り

サル…猿も木から落ちる・猿真似・猿芝居・犬猿の仲

3　**「出世魚」(12・15)、「海側」「山側」(13・1)のような、文化や自然環境に根ざした表現が身近にないか、話し合ってみよう。**

考え方　地域の産業や自然、風習や伝統行事、昔から伝わる衣食住にまつわるものに着目して見つけてみる。

解答例　①食べ物

助六寿司…「助六」は、歌舞伎十八番の一つ、「助六所縁江戸桜」の通称で、主人公の名前でもある「助六」に由来する。助六の愛人は吉原の花魁で、名を「揚巻」という。「揚」を狐(稲荷)の好きな油揚げで包んだ「稲荷寿司」、「巻」を海苔で巻いた「巻き寿司」になぞらえ、この二つを詰め合わせたものを「助六寿司」と呼ぶようになった。紫の鉢巻を頭に巻く助六を巻き寿司に、揚巻を稲荷寿司に見立てたともいわれる。

②「間」のつく慣用句

「間に合う」「間が悪い」「間をとる」「間が空く」…「間」を大切にする日本の文化が背景にある。

③季節を表す言葉

花冷え・花曇り…桜の花が咲く頃は天気が短い周期で変化し、寒さが戻ってきたり、急に薄雲が流れてきたりすること。

麦秋…刈り取り間近の麦畑が黄金色に輝く初夏。

小春日和…晩秋の時期に、春を思わせる陽気になること。

三寒四温…冬の天気は、三日くらい寒い日が続くと、そのあと四日くらい暖かい日になること。春が近づく意も表す。

4　**「失われていく言葉という窓とともに、消えていく思考の風景がある。」(14・4)とは、どのようなことか、まとめてみよう。**

解答例　言語とは、それぞれが世界を見わたすための独特な窓のようなものであり、その窓がなくなればその窓から見えていた風景も消える。つまり、言葉がなくなれば、その言葉を用いて思考していたものの見かたや考えかた(世界の見えかた・世界観)も失われる、ということ。

5　**「世界の言葉」(巻頭①②)で取り上げた言葉について、どのような文化が読み取れるか、考えてみよう。**

解答例　ヒライス…故郷を離れたり失ったりする傾向が高い。

ドー…寒い地域で、温かい料理が好まれる。

ツウォホ…日本と違い、寝る前におやつを食べてもいい。

シマナ…雪の降る日が多い生活を送っている。

ンブラ…動物を含め、仲間と共に生きることを楽しんでいる。

マカイ…生活圏の近くに海があり、海とのつながりが深い。

語句と漢字

1　**次の傍線部の漢字を用いて別の熟語を書いてみよう。**

①密接　②頻度　③塗布　④眺望

解答例　①接待・直接　②頻出・頻発　③塗装・塗料

④遠眺・眺覧

文字の深秘

若松英輔（わかまつえいすけ）

教科書P.16〜20

学習のねらい

・文字を書いた者と読む者との関係や役割をつかむ。
・読書についての、筆者の考えを理解する。

要旨

読むという行為は意味を宿した文字の誕生と共に始まり、「読書」は「書物」が生まれてから始まった。読書とは、文字を通じて行われる亡き先師との対話である、と信じられていた。私たちには言葉を味わう力があり、文字は書いた者よりも、読む者によっていっそう深く理解される。時間をかけて深化する点で、書物は友人のようなものであり、深いところで読み手の痛みに寄り添ってくれる。

段落

話題や論の展開上、四つに分かれる。

一　教P16・1〜P17・1　文字と書物の誕生
二　教P17・2〜P18・6　先人にとっての読書
三　教P18・7〜P19・9　読み手の役割・書物との関係
四　教P19・10〜P19・16　読書の意義

段落ごとの大意と語句の解説

第一段落　教16ページ1行〜17ページ1行

人は文字に意味を宿し、文字を読むことで思いを分かち合った。読む行為は文字の歴史と同じく長いが、読書の歴史は新しく、書物が生まれたのは今から五千年ほど前にさかのぼる。書物には文字をのせた紙の集積だけではない何かが潜んでいる。

教16ページ

1　「それ」とは、何を指すか。

答　文字の原形。

2 **図像（ずぞう）**　人の姿や物の形などを書いたもの。ここでは「文字の原形」のことを言っているので、文字とは言えない絵図、象形文字や楔形（くさびがた）文字の原形となるものを指す。

2 **うごめく意味（いみ）の顕れ（あらわれ）**　目に見えない意味というものが、文字に宿されたことで可視化したことを表す比喩表現。

＊「うごめく」＝むくむくと動く。

3 **人知（じんち）を超（こ）えた働（はたら）きが宿（やど）る**　人間の知恵が及ばない働きが加わる。

3 **畏敬（いけい）の念（ねん）**　畏（おそ）れ敬う気持ち。

第二段落　教17ページ2行〜18ページ6行

読書とは、文字を通じて行われる亡き先師との対話である、とかつての儒学者や国学者は信じていた。小林秀雄は、「文字の扱いに慣れるのは、黙して自問自答が出来るという道を、開いて行く事だ」と言っているが、ここでの「自問自答」の対話の相手も自己ではなく、歴史や歴史の世界の中の人々である。

教17ページ

2 **声ならぬ声**　声にならない、心の中の思い。

5 **繙く**　本を開いて読む。

11 **打ち消しがたい**　打ち消しにくい。

＊「…がたい」＝そうすることが困難である意。動詞の連用形に付いて形容詞になる。

2　**「先人にとっての読書」とは、どのような読書か。**

答　文字を通じて行われる亡き先師との対話（その経験を深化させることで書いた者と出会うに至る体験）としての読書。

教18ページ

1 **自問自答**　自分で問いを出して自分で答えること。

4 **書物に秘められた扉が開くとき**　書物に表現され、収められた世界に没入するとき。読む行為が深まるときを表す比喩表現。

3　**「生きている死者」とは、どのようなことを表しているか。**

答　書物に記された文字にそれを書いた古人の心の声が宿っており、読む行為を深めることでそうした古人と対話できること。

第三段落　教18ページ7行〜19ページ9行

文字は書き記されただけでは意味は十分に開花せず、誰かに読まれ、その心に届いたときに真の姿を顕し、深く理解される。読書は持続的な経験であり、時間をかけてゆっくりと認識を深めていくことができるし、読むのに長い年月を費やさなくてはならない書物は生涯の友になることもある。

第四段落　教19ページ10行〜19ページ16行

本は通読する必要はなく、思うままに読めばよい。そこに記された文字は自分の意見を押し付けることなく、深いところで痛みに寄り添ってくれるので、もう一度立ち上がる力が生まれる。

教19ページ

4　**「書物も同じだ。」とは、何とどのような点が同じなのか。**

答　出会ってから年月をかけて互いの心と心を通じ合わせた友情は一日で崩れ去ることはないことと、長い年月を費やして読んだ書物は生涯の友となるかもしれない点。

10 **通読**　ひと通り全部を読むこと。

学習のポイント

1　**筆者は、どのようなことを示すために小林秀雄の文章を引用しているか、考えてみよう。**

解答例　「読書とは、文字を通じて行われる亡き先師との対話である」という江戸時代の先人の考えと、小林秀雄が言う「自問自答」

（＝自己との対話ではなく、歴史や先人との対話）が同じであることを示すため。

2 **「言葉も同じだ。」（18・11）とは、どのようなことか、身近な例を挙げて説明してみよう。**

考え方 「見た目がよくても美味（おい）しくない料理」「見た目は今一つだが、……全身に染みわたるようなもの」に当たる言葉を考えてみる。

解答例 丁寧で親切そうだが、社交辞令に過ぎない言葉もあれば、ぶっきらぼうでそっけなくても、真心がこもった言葉もある。

3 **本文中から、文字や読書について比喩を用いて述べている部分を指摘し、それぞれの効果について話し合ってみよう。**

解答例 ・「書物に秘められた扉が開くとき、対話の相手は歴史になる」（18・4）…「扉」「対話」という比喩を用いることで、読書という行為が対人的・交流的要素を持つことを示している。

・「見た目がよくても美味しくない料理があり……言葉も同じだ。」（18・9〜11）…言葉を料理にたとえることで、頭で理解するのではなく、感覚的に味わうものであることを示している。

・「文字は書き記されただけでは意味は十分に開花せず、読まれることによって初めて実を結ぶ。」（18・12）「書き手は種を宿す。それを育てるのは読み手の役割である。……花開かせるのは読み手だ」（18・16〜19・2）「種から芽になり葉となるのに時を要するように、読書も持続的な経験である。」（19・3）…文字を植物にたとえ、読み手が時間をかけて認識を深めることで成長し、新生する有機的なものであることを印象づけている。

・「それは生涯の友になるかもしれない」（19・7）「本当の友に似て、そこに記された文字は……受け止めてくれているだけのこともある。」（19・11）…本や文字を友人にたとえることで、人間に与える影響の大きさ、豊かな関係性を築き得ることを示している。

4 **自分にとって大切な本を一冊挙げ、その理由とともに紹介してみよう。**

考え方 迷いの中にいたとき解決の糸口になった本や、何かを始めるきっかけになった本、勇気や希望をもらった本はないだろうか。心の中に残っている本の中から一冊をピックアップしてみる。

語句と漢字

1 **次の傍線部の漢字を用いて別の熟語を書いてみよう。**

①集積　②費用　③回顧　④生涯

解答例 ①面積・積載　②費途・消費　③顧客・恩顧　④天涯・境涯

単元課題

1 **言葉や文化について、不思議に思うことや、もっと知りたいことはないか、話し合ってみよう。**

考え方 日頃気になる言葉や不思議に思うことはないだろうか。言葉遣いや新語や死語、言葉の使い分け、日本と外国の違いなど、言語にとどまらず、文化に拡（ひろ）げて考えてみてもよい。

2　言葉の紡ぐ世界

羅生門

芥川龍之介（あくたがわりゅうのすけ）

教科書P.22〜35

●学習のねらい

・物語の背景となる時代状況・社会状況をふまえて、下人の心理の推移を理解する。

・場面の展開を捉え、老婆の語る論理が下人の決断に与えた影響を読み取る。

●主　題

飢え死にするかもしれないという極限状態に置かれた下人の、善と悪との間を揺れ動く心理描写をとおして、生きるために人間が持たざるを得ないエゴイズムの問題を描き出している。

●段　落

時間の推移や場面の転換から四つに分けられる。

一　教P22・1〜P26・11　羅生門の下で雨やみを待つ下人

二　教P26・12〜P29・16　はしごの上から老婆を見つける

三　教P30・1〜P32・16　楼上での下人と老婆

四　教P33・1〜P34・8　羅生門から消えた下人

段落ごとの大意と語句の解説

第一段落　教22ページ1行〜26ページ11行

ある日の暮れ方、荒廃した羅生門の下で、一人の下人が雨（あま）やみを待っていた。主人から暇を出され、途方に暮れていた下人は、明日からの暮らしをどうにかするためには盗人（ぬすびと）になる外（ほか）にないが、それを積極的に肯定する勇気が出ずにいた。ともかく寝られる所で一夜を明かそうと、楼へ上るはしごに足をかけた。

教22ページ

1 **下人（げにん）**　ここでは、身分の低い下働きの男、の意。

1 **雨（あま）やみ**　ここでは、雨がやむこと、の意。4行目の「雨やみ」は、雨がやむのを待つこと、の意である。

2 **丹塗（にぬ）りの剝（は）げた**　羅生門の荒廃、ひいては京都の荒廃ぶりを示す。

6 **飢饉（ききん）**　農作物が実らず、食物が欠乏して飢え苦しむこと。

7 **洛中（らくちゅう）**　京都の町の中。京都を中国の「洛陽」に模した言い方。

7 **ひととおりではない**　普通ではない。並のことではない。

8 **箔**　金・銀・錫・真鍮などの金属をたたいて、紙のように薄く延ばしたもの。

9 **薪の料に**　薪の代用に。薪の代わりとして。

＊「料」＝ここでは、代わりとするもの、代用、の意。普通は、「代」と書く。

1 「**旧記によると」の一文には、どのような効果があるだろうか。**

答 小説の舞台である「洛中」のさびれ方にリアリティをもたせ、小説自体に真実味を与える効果。

9 **その始末**　本来は信仰のために使われる仏像や仏具を、薪として売るというような、生きるためにはなりふり構わない状態。

＊「始末」＝ここでは、物事の事情・状態・様子、の意。

10 **もとより**　言うまでもなく。もちろん。

10 **誰も捨てて顧みる者がなかった**　羅生門は平安京の正門であり、その権威の象徴でもあるのだが、たび重なる天災に権威も失墜、人心も荒廃している今、羅生門を気にかける者など全くいなかったということ。

＊「顧みる」＝ここでは、気にかける、心配する、の意。

11 **狐狸**　きつねとたぬき。ここでは、人をだます化け物という意で用いられている。

12 **日の目が見えなくなる**　日が暮れる。日が沈んで暗くなる。

＊「日の目」＝日の光。

教23ページ

2 **足踏みをしない**　足を踏み入れない。訪れることがない。

＊「足踏み」＝ここでは、足を踏み入れること、の意。

8 **門の上の空が、……はっきり見えた**　夕焼けの赤い空を背景に黒く浮かび上がる羅生門。その上を飛び回る鴉の群れが黒胡麻のように小さくもはっきりと見えたのである。

13 **刻限**　ここでは、時刻、の意。

教24ページ

3 **大きなにきびを気にしながら**　下人がまだ若いことを示す表現。

8 **格別**　ここでは、とりわけ、別段、の意。

9 **当て**　見当。見込み。

12 **暇を出された**　解雇された。

＊「暇を出す」＝ここでは、使用人をやめさせる、解雇する、の意。

13 **衰微**　衰え弱ること。対 繁栄

16 **この衰微の小さな余波**　京都の町全体が非常に衰え弱っていたことにより、下人（主人に隷属している社会的弱者）のような者までも、「暇を出され」るという影響を受けてしまったということ。

＊「余波」＝物事が、周囲または後世に及ぼす影響。

教25ページ

2 **途方に暮れていた**　どうしてよいかわからなくて、困り果てていた。

＊「途方に暮れる」＝どうしたらよいのかわからなくて困る。

2 **その上、今日の空模様も……影響した**　解雇されて困り果てている上に、追い討ちをかけるように雨が降っていることが、下人の気持ちをますます滅入らせた、ということ。

＊「平安朝」＝ここでは、平安時代、の意。

2 **この表現にはどのような効果があるだろうか。**

答 平安時代に生きる主人公の感情をモダンに表現することで、現代に生きる読者との心理的距離を縮める効果。

4 **上がる気色がない**　(雨が)やみそうにない。
＊「気色」＝気配。兆し。

5 **いわばどうにもならないことを、どうにかしようとして**　教科書25ページ11行にも同様の言葉が繰り返されており、下人の「明日の暮らし」(教25ページ4行)がいよいよ切羽詰まったものになっていることがうかがえる。

6 **とりとめもない**　一貫性がなく、要領を得ない。まとまりがない。

11 **手段を選んでいるいとまはない**　切羽詰まった下人に選べる道は多くなく、また、迷っている時間の余裕もないということ。
＊「いとま」＝何かをするのに必要な時間的余裕。ひま。「暇」と書く。

3 **「この局所」とは、どのようなことか。**

考え方 「この」は「(手段を)選ばないとすれば――」を指す。直後の内容から、手段を選ばないことを肯定しつつも、盗人になることは肯定できずにいる段階だとわかる。飢え死にをしないためには盗人になるより仕方がないという理屈はわかっているが、まだ勇気が出ないのである。

答 どうにか生きていくために手段を選ばないとすればと仮定した地点。

「局所」＝全体の中の、ある限られた部分。ここでは、思案の行き着いた結論、という意で用いられている。

14 **逢着**　出会うこと。行き着くこと。

16 **肯定**　そのとおりだと認めること。同意すること。対 否定

16 **片をつける**　けりをつける。ここでは、結論を出す、という意で用いられている。

教26ページ

3 **くさめ**　くしゃみ。晩秋の空気の冷たさを表現したもの。

3 **大儀そうに**　面倒くさそうに。おっくうそうに。
＊「大儀」＝ここでは、面倒なこと、おっくうなこと、の意。

5 **丹塗りの柱に……もうどこかへ行ってしまった**　教科書22ページ2〜3行で描かれた「蟋蟀」がいなくなっていることで、時間が経過したことと、下人以外の生き物がいなくなり、より静かでさびしくなったことを表している。

7 **憂え**　ここでは、心配、不安、の意。「憂い」ともいう。

7 **人目にかかる惧れのない**　人の目につく心配のない。
＊「人目にかかる」＝人の目につく。人に見とがめられる。

8 **楼**　二階建て以上の高い建物。ここでは、羅生門の二階のこと。

9 **目についた**　目に留まった。

9 **上なら、人がいたにしても、どうせ死人ばかりである**　雨の降りしきる夕闇の中、死体の捨て場所になっている羅生門に近寄る人などいるはずがないと判断したのである。また、そうした場所を寝場所に選んだのは、下人にとって、死人よりも生きて害を及ぼす人間のほうが、恐ろしい存在であったからである。それは、2

行前に「人目にかかる惧れのない」とあることからもわかる。

第二段落　教26ページ12行〜29ページ16行

一夜の寝場所を求めて羅生門の楼の上に出るはしごを上ると、楼上の死骸の中でうずくまっている猿のような老婆を見つけ、六分の恐怖と四分の好奇心を抱く。やがて、老婆が死人の髪の毛を抜き取るのを見た下人の心から、恐怖が少しずつ消え、悪を憎む心が燃え上がる。

4　**「一人の男」という表現には、どのような効果があるだろうか。**

答　下人をこう表現することで、羅生門の楼の上に上るという不測の事態によって下人の心情が緊張した状態へと変化したことと、物語が新しい展開を見せたことを印象づける効果。

13 **息を殺しながら**　息を抑え、音をたてないようにじっとしながら。

＊「息を殺す」＝息を抑え、音をたてないようにじっとする。

14 **赤くうみを持ったにきびのある頰である**　この描写で、「一人の男」が下人であることがわかる。また、にきびが「赤くうみを持っ」ていることから、下人がにきびを気にして触っていたこともわかる。

16 **高をくくっていた**　見くびっていた。下人は、楼の上に人がいたとしても、それは死人であろうと思っていたということ。

＊「高をくくる」＝見くびる。あなどる。もともとは、程度（高）をあらかじめはかる（括る）の意。

教27ページ

4 **すぐにそれと知れた**　すぐにそういう状況（楼の上で誰かが火をともして、その火を動かしているらしいということ）だと判断した。

6 **ただの者ではない**　普通の人ではない。ここでは、悪い者に決まっている、という意。

8 **やもりのように足音をぬすんで**　はしごにへばりつくように姿勢を低くし、足音をたてないように慎重に。「ただの者ではない」者を警戒し、察知されないようにしている様子。

15 **無造作**　大事に扱わず、適当に。雑にすること。

教28ページ

1 **おぼろげながら**　はっきりしないけれども。

8 **臭気**　臭いにおい。悪臭。

8 **次の瞬間**　死骸の中にうずくまり、死骸の顔をのぞき込むように眺めている老婆を目撃した瞬間。

5　**「ある強い感情」とは、どのような感情か。**

答　しばらく息をし忘れるほどの驚きで、「六分の恐怖と四分の好奇心」が入り混じった感情。

10 **嗅覚**　においをかぎ取る感覚。

15 **六分の恐怖と四分の好奇心**　下人の「恐怖」は、死体ばかりと思っていた羅生門の楼に、下人の恐れている生きた人間がおり、それが「猿のような老婆」で、死骸の顔をのぞき込むように眺めていることから生じている。それと同時に、老婆が何をしようとしているのか知りたいという「好奇心」も生まれている。

15 **暫時**　しばらくの間。

16**旧記の記者の語を借りれば**　「旧記」とは、『今昔物語集』のこと。「記者」とあるが、はっきりした作者は不明。古い物語の表現を借りると、の意。

教29ページ

3**髪は手に従って抜けるらしい**　髪が容易に抜けることをいう。下人にとっては、それも不気味に感じられたであろう。

5**それ**　下人の心から、恐怖が少しずつ消えていくこと。

5**憎悪**　激しく憎み嫌うこと。

6**語弊がある**　言葉の使い方が適切でないために弊害が生じている。

6**あらゆる悪に対する反感**　目の前にいる老婆だけでなく、世の中の醜悪なもの、不道徳なものすべてに対する拒否の感情。

7**一分ごとに**　「一本ずつ抜けるのに従って」（教29ページ4行）と同様、短時間で下人の心理が変化していくことを示す。

9**何の未練もなく**　門の下にいた時の、飢え死にするか盗人になるか決断できずにいた下人の心理から、がらりと変わったことを強調している。

＊「未練」＝思い切れないこと。心残り。

13**合理的には……知らなかった**　老婆が死人の髪の毛を抜く理由や目的がわからないのであるから、理屈の上ではそれが善悪のどちらであるか決定することができない、ということ。

＊「合理的」＝道理にかなっている様子。

6　**「それだけで既に許すべからざる悪であった。」とは、どのようなことか。**

考え方　この老婆の行為を「許すべからざる悪」と判断したことが直感的であったことが強調されている。

どんな理由があったとしても、この雨の夜に、この羅生門の上で死人の髪の毛を抜くという行為自体が許してはならない悪事に感じられたということ。

16**とうに**　とっくに。ずっと前に。

教30ページ

2**聖柄の太刀に手をかけながら**　不気味な存在である老婆に対して、警戒心を解かずにいることがわかる。

第三段落　教30ページ1行〜32ページ16行

悪を憎む心に駆られて楼上に飛び上がった下人は、逃げようとする老婆を捕らえ、何をしていたか詰問する。老婆の生死が自分の意志に支配されていることを意識すると、憎悪の心は冷め、下人は安らかな得意と満足を感じる。老婆は髪を抜いてかつらにしようと思った。悪いことをした者に悪いことをしても大目に見てくれるだろうし、仕方がなくする悪は許されると話す。

2**大股に老婆の前へ歩み寄った**　「やもりのように足音をぬすんで」（教27ページ8行）と対照的な下人の態度。悪に対する憎悪の感情が激しく燃え上がり、正義感に駆られている下人の心理がその動作に表れている。

4**弩にでもはじかれたように**　不意を突かれて、慌ててばたばたしている様子の比喩。

5**おのれ**　ここでは、きさま、こいつ、の意で、相手を見下して罵るときに使う二人称代名詞。

6 **慌てふためいて**　ひどく慌てて立ち騒いで。

7 **「これだぞよ。」とは、具体的にはどのような意味か。**

考え方 直後に太刀の鞘を払って、白い刃を老婆の目の前に突きつけている。「許すべからざる悪」を働いた理由を何が何でも聞き出そうとする、弱者に対する強者の威圧が感じられる。

答 太刀でおまえを切り殺すぞ、という意味。

12 **白い鋼の色**　太刀の刃の色で、刀そのものを表した比喩。

13 **肩で息を切りながら**　両肩を大きく上げ下げして、はあはあと息をつきながら。苦しそうに息を荒くしている様子。

14 **目を、眼球がまぶたの外へ出そうになるほど、見開いて**　老婆の、驚きと恐怖でぎょっとしている様子。

15 **全然、自分の意志に支配されている**　全く自分の意志一つでどうにでもなる。

＊「全然」＝ここでは、全く、完全に、の意。現在では、あとに打ち消しや否定的表現を伴う副詞だが、この作品が書かれた当時では肯定表現で受けることも一般的に行われた。

教31ページ

8 **下人が「憎悪の心」を冷ましてしまったのは、なぜだろうか。**

答 悪そのものと見なした老婆を支配した今、自分の意志で生かすことも殺すこともできると思うと、優越感が生じ、仕事を成し遂げた満足感を覚えたから。

2 **円満**　ここでは、物事に欠点や不足のないこと、の意。

2 **成就**　成し遂げること。

3 **少し声を柔らげて**　安らかな得意と満足から、精神的な余裕ができたことを示す。また、声を柔らげることで、老婆の口を開かせようという意図もある。

4 **今し方この門の下を通りかかった旅の者だ**　実際には、四、五日前に暇を出された京の者だが、京の普通の人間ならば、この時刻に羅生門に近づくはずはない。そこで自分の困窮している身分を隠す言い訳に「旅の者」とうそをつき、老婆を安心させようとしたと考えられる。

＊「今し方」＝つい先程。たった今。

5 **縄をかけて**　ここでは罪人として捕らえて、の意。

8 **老婆は、見開いていた目を、……顔を見守った**　老婆は、突然現れて自分をねじ倒し、何をしていたか言えと脅した男が、今度は声を柔らげて「旅の者」と称し、同じ問いを重ねてきたことに警戒心を抱き、男の表情から真意を探ろうとしているのである。

10 **肉食鳥のような、鋭い目**　一分の隙も見逃さない、油断のならない目。老婆が単なる弱者ではなく、生への貪欲な執着をもつ、冷悧な人間であることを表す表現。

＊「肉食鳥」＝鷹や鷲など、鳥獣の肉を食用とする猛禽類。

14 **鴉の鳴くような声**　しゃがれ声をたとえた表現。

教32ページ

2 **存外**　思いの外。案外。

9　老婆の答えが平凡であることに下人が「失望した」のは、なぜだろうか。

答　「頭身の毛も太る」（教28ページ16行）ように感じられた老婆の異様な行為が意外に現実的な理由によるもので、期待外れだったから。

3 **その気色**　下人が老婆の答えに失望し、侮蔑とともに再び憎悪を抱いた様子。

3 **侮蔑**　侮り蔑むこと。侮りないがしろにする気持ち。

＊「気色」＝ここでは、表面に表れた心の動き。顔つきや態度など。

5 **口ごもりながら**　言葉が口にこもってはっきりと言わないで。どうしようかとためらって、はっきりと言いにくい様子で。

6 **何ぼう**　どれほど。どんなにか。

9 **往んだ**　行った。

15 **大目に見てくれるであろ**　厳しくとがめずに、寛大に扱ってくれるだろう。

＊「大目に見る」＝誤りや欠点を厳しくとがめず、寛大に扱う。

10　ここでの老婆の言い分の要点をまとめてみよう。

考え方　死人の髪の毛を抜くのは悪いことかもしれない。↓が、この女はそうされるだけの悪いことをした。↓が、それは生きるために仕方がなくやったことだ。↓だから、同じように仕方なく自分がやることをこの女は大目に見てくれるだろう。

答
・相手が悪いことをした人間ならば、その人間に同じように悪いことをしてもかまわない。
・生きるために仕方なくする悪事は「悪」とは言えず、相手もそれを許すだろう。

教33ページ

第四段落　教33ページ1行〜34ページ8行

老婆の話を聞いているうちに、盗人になる勇気が生まれた下人は、老婆から着物を剝ぎ取り、老婆を蹴倒してはしごを駆け下りた。下人が去ったあと、老婆ははしごの口から外をのぞきこむが、そこには黒洞々たる夜があるばかりである。下人の行方は、誰も知らない。

1 **冷然**　冷ややかな様子。

11　ここでの「勇気」とは、どのような勇気か。

考え方　直後に「さっき門の下で、この男には欠けていた勇気である」とあるのに着目する。

答　「『盗人になるよりほかに仕方がない。』ということを、積極的に肯定するだけの、勇気」（26・1）であり、盗みをしてでも生きていこうとする勇気のこと。

5 **この老婆を捕らえた時の勇気**　あらゆる悪を憎み、悪を犯すぐらいなら飢え死にしたほうがよいと考えた、正義感に基づく勇気。

8 **意識の外に追い出されていた**　悪に染まらず飢え死にしようなどという考えが、下人の中から全く消えてしまったということ。

10 **あざけるような**　ばかにして笑うような。

＊「あざける」＝ばかにして笑う。見下した態度をとる。

12 **「あざけるような」には、下人のどのような気持ちが表れているだろうか。**

考え方 老婆の話を聞いた下人は、髪を抜かれた女と老婆の関係が、老婆と自分の間にも成立すると考えた。老婆自身の論理によって、「引剝」がわが身に降りかかるのを老婆が知らずにいることを、蔑んでいるのである。

答 老婆が語った論理(悪い者には悪いことをしてもかまわない、生きるためには悪いことをするのも仕方がない)によって、老婆自身がこれから自分によってひどい目にあうことになる、という皮肉な展開を笑いたい気持ち。

15 **すばやく、老婆の着物を剝ぎ取った** 下人のこの追いはぎ行為は、生きるための手段であると同時に、下人が生きるために老婆の論理も我がものとしたことの象徴的行為とも解釈できる。

教34ページ

1 **またたく間に** ちょっとの間に。たちまちに。

1 **夜の底** 階下の真っ暗な闇。比喩的表現である。

学習のポイント

1 **本文を通読して、次の点についてまとめてみよう。**

①場所 ②時代背景、社会状況 ③季節
④一日のうちのどのような時間帯か。
⑤主な登場人物と彼らの境遇はどのようなものか。

解答例 ①平安京正門の羅生門。②平安時代末期。地震や辻風、火事、飢饉といった災いが続いて起こり、町もさびれていた。③晩秋から初冬にかけて。④暮れ方から夜まで。⑤下人…紺の衣を着た、にきびができている若者。四、五日前に主人から暇を出され、行く当てもなく途方に暮れていた。 老婆…檜皮色の着物を着た、背の低い、痩せた、白髪頭の、猿のような老婆。生きるための最終手段として、かつらにするために死人の髪の毛を抜いていた。

2 **楼上へ上る下人の心情は、はしごの下段・中段・上段と書き分けられている。それぞれの心情を下人の置かれた状況との関係に着目してまとめてみよう。**

解答例 下段…行く当てがないため、雨風の憂えのない、人目にかかる惧れのない、一晩楽に寝られそうな所があれば、そこで夜を明かそうと思った。

中段…この上にいる者は死人ばかりだと高をくくっていたが、誰か火をともして動かしているらしいのに気づき、ただの者ではないと緊張が走った。

上段…死骸の中にうずくまっている老婆を見て恐怖と好奇心を覚えたが、老婆が死人の髪の毛を抜くのを見て悪を憎む心が燃え上がった。

3 **「六分の恐怖と四分の好奇心」(28・15)は、老婆の様子や会話からどのように変わっていったか、まとめてみよう。**

解答例 以下のように心情が変化していく。

老婆が女の死骸の長い髪の毛を一本ずつ抜き始めたのを見て、恐怖が少しずつ消えていったと同時に、老婆に対する激しい憎悪が増してきた。

↓

太刀を突きつけられた老婆が固まって黙っているのを見て、老婆の生死が自分の意志に支配されていることを意識すると、憎悪の心が冷まされ、安らかな得意と満足を感じた。

↓

老婆が「死人の髪を抜いてかつらにしようと思った」と答えたので、意外に平凡なのに失望すると同時に、また憎悪が冷ややかな侮蔑と一緒に心の中に入ってきた。

↓

老婆の言い分を聞いて、門の下で欠けていたある勇気が生まれた。

4 **「この雨の夜(よ)に、この羅生門の上で、」(27・5／29・14)という表現が二か所あるが、その効果や、この表現に込められている下人の心情について、考えてみよう。**

考え方　下人が老婆を「ただの者ではない」、その行為を「許すべからざる悪」と判断したのはなぜか。

解答例　「この」を繰り返すことで、「雨の夜」という悪天候と人の外出しない時間、そして「羅生門」という死体の捨て場所にいることが、普通でない異常な状況であることを強調しており、出かけるべき時間でも出かけるべき場所でもない、人がいるべきではない場所のはずだという下人の思いが込められている。

5 **「飢え死になどということは、……意識の外に追い出されていた。」(33・7)とあるが、このときの下人の心情について話し合ってみよう。**

考え方　この場面に至るまでの下人は、老婆が行っている異常な行為に怖れ驚き、憎悪したあと、老婆を支配できたことで得意と満足を覚え、やがて再びの憎悪や侮蔑を感じている。老婆を介してこのような生々しくも人間らしい感情が心中にうずまき、刻々と変化していたところへその老婆から生きるための論理(言い分)を聞き、その反応として今度は自身の迷いがなくなり、「死」という選択肢が消えたのではないだろうか。

6 **次の①②の表現上の効果を考えてみよう。**
①円柱の「蟋蟀(きりぎりす)」　②下人の「にきび」

解答例　①一匹の蟋蟀を描写することで、羅生門の下には下人のほかは蟋蟀のみで誰もおらず、さびしい様子を印象づけている。

考え方　②にきびを気に病む若者を想像させると同時に、それ以外取り立てて特徴づけるものがない下人の凡庸さも感じられる。また、盗人になる決心がなかなかつかなかった下人の良心の象徴とも考えられる。生き延びるには盗人になるしかない身の上と、赤くうみを持ったにきびが本人を煩わせる原因となっており、にきびを気にしている間は良心が下人を制御していたが、引剝に走った瞬間、にきびを忘れ、良心の制御が利かなくなってしまった。

7 **本文には次のように生き物にたとえる表現が多く見られる。同様の表現をほかにも抜き出し、その表現上の効果について考えてみよう。**

・「犬のように」(25・13)　・「猫のように」(26・13)

考え方　動物を使った比喩は、主に老婆の登場する場面以降に使われ、その多くは、不気味で、不快な印象を与えるものとなっている。

荒廃した羅生門の上で死人の髪の毛を抜くという人間らしさを失った老婆のイメージと、下人の様子を、的確に読み取る。

解答例　・犬のように捨てられてしまう(25・13)…人が人らしく扱ってもらえないほど、世間が混乱していることを表す。

・猫のように身を縮めて(26・13)…下人が身を隠すように背を丸めて小さくなり、恐怖を感じていることを表す。あとで老婆の生死を握っている感覚を得るほど立場が変わるが、その変化を印象づけている。

・やもりのように足音をぬすんで(27・8)…下人が足音を立てないように、身を低くして、そっと移動している様子を表す。

・「猿のような老婆」(28・12)＝しわくちゃで、貧相で小さな姿。人間の中にある愚かさや、醜い動物性を強調する。

・「猿の親が猿の子のしらみを取るように」(29・2)＝老婆が、死体から髪の毛を抜くという異常性を自覚することなく、一本一本つまむように丁寧に髪の毛を抜き取る様子。人間性の喪失を感じさせる。

・「鶏の脚のような」(30・10)＝老婆の腕が、やせて骨ばっている様子。老婆も貧困者だとわかる。

・「肉食鳥のような」(31・10)＝死肉をあさるハゲタカのような、猛々しく鋭い目つき。老婆の貪欲さ、敵愾心を表す。

・「鴉の鳴くような」(31・14)＝老婆のしゃがれ声の不気味さと異様な様子。「死人の肉を、啄みに来る」(23・11)鴉の不気味なイメージを想起させる。

・「蟇のつぶやくような」(32・5)＝声が低く濁って、老婆の不気味で醜悪な様子を強調する。

8 この小説の結びの部分から、どのような印象を受けるか。四〇〇字程度にまとめてみよう。

考え方　下人は飢え死にするという選択肢を捨て、生きるために悪を肯定し、老婆の着物を奪って逃げたものの、「夜の底」「黒洞々たる夜があるばかり」という表現は、盗人となった下人がこれから生きていこうとする世界の、絶望的な暗さを暗示している。また、「下人の行方は、誰も知らない。」は、生きるために悪を行った下人の行方を曖昧にすることで作品に余韻を持たせ、下人のその後を想像させる結びである。

語句と漢字

1 次の空欄に入る語句を考えてみよう。

①言葉の通じない外国で道に迷い、(　　)に暮れた。
②地道な研究がようやく日の(　　)を見た。
③簡単にできると(　　)をくくっていた。

解答例　①途方　②目　③高

2 次の傍線部の漢字を用いて別の熟語を書いてみよう。

①刻限　②大儀　③遠慮　④成就

解答例　①時刻・彫刻　②儀式・礼儀　③思慮・考慮　④就職・就寝

参考『今昔物語集』巻第二九第一八

教科書P.36～37

課題1

「羅生門」と読み比べて、次の①～⑤について異なる点を整理してみよう。

①場面設定について（時間・場所）　②下人について　③老婆について　④若い女について　⑤下人が盗んだものについて

考え方　〝男が門の上で死体の髪を抜く老婆に出会い、その着物を奪って逃げる〟という大まかな展開は両方の作品に共通しているが、細部の状況などは異なっている部分もある。心理や状況の描かれ方、舞台や登場人物、話の結末などのポイントを整理する。

整理例

作品名	「羅生門」	「今昔物語集」
①時間	雨が降っている寒い季節の夕方～夜。	日中。
①場所	人気のない「羅生門」。	大勢の人が往来する朱雀大路にある「羅城門」。
②下人	主人から暇を出され、行く当てのない身の上。冒頭では、盗みを行うことへの葛藤を抱いている。	盗みをするために京にやって来た男。老婆を鬼や死者の霊ではないかと思って襲った。
③老婆	下人に必死で抵抗した末に、生き延びるための悪事は仕方がないと話す。	盗人に襲われるとすぐに命乞いをした。
④若い女	生前、蛇を干し魚(うお)だと偽って売っていた。	生前、老婆の主人だった。
⑤下人が盗んだもの	老婆の着物。	死んだ女の着物と老婆の着物、抜き取ってあった死人の髪の毛。

課題2

①で読み比べたことをもとに、原典から変更されたことでどのような効果が生じているか、考えてみよう。

考え方　主題につながる最も重大なポイントは、主人公の心情の改変である。「今昔物語集」が最初から盗人として登場するのに対し、「羅生門」では下人が盗人になるまでの心理的葛藤を描き、豊かな人間性を創出している。老婆や若い女（死人）も悪を内包しつつ生きる（生きた）人間臭さが加わっており、日常性を削(そ)いだ不気味な場面設定は緊張感を高め、濃密な物語の世界を創り出している。

ゼイナブの指

西加奈子

教科書P.38～50

●学習のねらい

・登場人物が置かれた環境や人間関係をつかみ、場面の展開に沿って心情の変化を読み取る。
・タイトルに込められた作者の意図を考える。
・語り手の視点に注意して、作品の構造をつかむ。

●主　題

子どもの頃、日本人の「わたし」はカイロに住んでいた。ゼイナブの指（揚げ菓子）を売る露店主に特別扱いされることを嫌がっていたのに、ゼイナブとモアタズ（お手伝いさんの親子）を喜ばせようとして店に向かったその日は特別扱いを嬉しく思うものの、周囲の反感をかい、帰り道でふたり組の男の子に袋を奪われてしまう。帰宅した「わたし」は思い切り甘ったれた子どもになって、ゼイナブの指を噛んだのだった。まだまだ子どもだった「わたし」が世界に触れた体験をリアルに描いている。

●段　落

時間の推移や場面の転換から五つに分かれる。

一　教P38・1～P41・3　ゼイナブの指（揚げ菓子）
二　教P41・5～P43・8　ゼイナブとモアタズ
三　教P43・10～P46・12　店での出来事
四　教P46・14～P47・12　帰り道での出来事
五　教P47・14～P49・1　家に帰ってから

段落ごとの大意と語句の解説

第一段落　教38ページ1行～41ページ3行

子どもの頃、「わたし」はカイロに住んでいて、家にはゼイナブというお手伝いさんがいた。「ゼイナブの指」というお菓子もあって、わたしは偶然見つけた人気の露店で秘かに買い食いしていたが、店主に特別扱いされるのが嫌だった。

教38ページ

5 **たまらない**　我慢ができないほど魅力的な。

8 **露店**　道端に屋台を出して、現金で物品を売る店。

教40ページ

3 **徘徊して**　目的もなく歩き回って。ぶらついて。

1　「世界のすべてを知ったような気になっていた。」のは、なぜだろうか。

答　母に内緒で人気の露店を見つけ、禁じられていたお菓子を買い食いすることで、自分で責任をとりながら行動できていると思えたから。

12 **異様に** 様子が変なこと。概してエジプシャンは子どもが大好きで、他人の子だろうが、頭をなでたり抱き上げたりするらしい。

15 **高々と** 非常に高い様子。ここでは、小さな女の子(わたし)を抱き上げた手を上に高く伸ばしている様子を表す。

答 **2** **「その特別扱いが嫌だった。」とあるが、なぜ嫌だったのだろうか。**

一人で行動しているのだから一人前に扱ってほしいのに、甘やかされた幼い子に対するような扱いだと感じたから。

第二段落 教41ページ5行～43ページ8行

ゼイナブは働き者で七人の子どもがいた。わたしは同い年の男の子、モアタズのことが一番好きで、一緒にいろんな遊びをした。わたしは遊びに飽きるとゼイナブとモアタズと一緒にお茶菓子を食べ、紅茶を飲んだ。

教41ページ

5 **ゼイナブの指みたいな指** お手伝いさんのゼイナブの指を、揚げ菓子の「ゼイナブの指」に似ていると好意的に見ている。

9 **大使館** 特命全権大使(外国に駐在し、本国政府の訓令のもとに、駐在国との外交や在住する自国民の保護に当たる。)が、その駐在国で事務を執る場所。

9 **親睦会** 親しみ、仲良くするための催し。

12 **奔放** 思うままに振る舞うこと。

12 **ゼイナブの子どもたちはみんなすごくおとなしくてお利口で……ような子たちだった** エジプト人の子どもが大抵奔放であるのとは逆で、ゼイナブがきちんとしたしつけをしていること、自分たちの立場をわきまえていたことがうかがわれる。

教42ページ

1 **小回りの利く鳥** 状況の変化に応じて、素早く立ち回ることができること。軽やかに動く様子を鳥にたとえている。

8 **お祈りを捧げていた** エジプトはイスラム教が信仰されており、一日五回、礼拝が行われる。

11 **有様** 外から見てわかる様子。状態。

14 **魔法のように美味しい飲み物に思える** 「わたし」がゼイナブに対して抱いている信頼や尊敬、好意など、肯定的な感情の強さがよく表れている。

教43ページ

16 **テーブルを囲んだ** 同席すること。

3 **それはそれは優雅に手を動かした** モアタズの上品な仕草から、見た目が美しいうえ、よくしつけられていることがわかる。

第三段落 教43ページ10行～46ページ12行

お茶の時間に「ゼイナブの指」を出してみようと思いつき、ある日家を出た。店には長い行列が出来ており、おじさんに特別扱いされるのがその日は嬉しかった。店主のおじさんは、過剰な特別扱いに抗議の声を上げた男の子ふたりを列から離し、大人たちの声にも言い返した。最優先でいつもよりたくさんのお菓子をもらったわたしは、子どもらしい笑顔を作った。

15 **あのドラマティックな甘さ** うんと甘くて、うんと脂っぽい味を指す。

教44ページ

3 **意気揚々と**　得意な気分で。誇らしげな様子で。

5 **いつもひどいにおいがした。でも、全然気にならなかった**　ひどいにおいが全く気にならないほど、気持ちが高揚している。

3 **「口角は自然と上がるのだった。」とは、どのようなことを表しているか。**

答 ゼイナブやモアタズの喜ぶ顔を思い浮かべてうれしい気持ちになり、唇の両端が自然と上がって笑顔になっていること。

9 **おじさんに堂々と姿が見えるようにした**　いつもは特別扱いされないよう身を隠すのに、その日はゼイナブの指を手に入れてなるべく早く家に帰りたかったため、特別扱いされようとしている。

12 **大それた**　とんでもない。全く非常識な。ここでは、ゼイナブとモアタズを喜ばせようと浮かれていて、特別扱いを避けようとするいつもの冷静な理性を失っている様子を表す。

4 **「なんだか自分が誇らしかった。」のは、なぜだろうか。**

答 お菓子を早く手に入れてゼイナブとモアタズを喜ばせようという思惑があり、そのために特別扱いされることを利用しようとしてうまくいったから。

教45ページ

1 **列に並んでいる人たちは……じっと待っていた**　列に並んで待っている人たちに対する気兼ねもあったことが想像される。

3 **こと食べもの……の列になると、……おとなしく待つことが出来るのだった**　その日も並んでいる人たちは、じっと「おじさん」を待っていた。

＊「こと…」＝他のことはさておき。特に。

5 **「それもすごく怒っている」のはなぜだろうか。**

答 長い行列が出来ているなか、「わたし」に構って持ち場に戻らない「おじさん」をじっと待っていたのに、列に並んでいる人たちを無視し、あとから来た「わたし」を最優先にしたから。

9 **声色**　声の調子や響き。

11 **ふたりともモアタズと同じような服を着て**　モアタズを喜ばせようとしてとった行為が、モアタズと同じエジプシャンの男の子の怒りをかった。対照的な関係性が際立っている。

13 **好戦的**　戦いを好む様子。武力で事態を解決しようとする傾向。

教46ページ

6 **「自分のせいで起こった一連の出来事」をまとめてみよう。**

答 長い行列が出来ているのに「おじさん」が「わたし」のところに来て抱き上げ、キスをすると、列の前まで連れて行き、「わたし」のために揚げたてのゼイナブの指を袋に入れた。それに対して、子どもが怒って声を上げたが、「おじさん」は大声で言い返して男の子たちを列から離し、声を上げた大人たちにも犬を追い払うように手を払ったため、何人かが抗議の声を上げて列を離れた。

5 **ただ黙って立ち尽くしていた**　自分のせいで険悪な事態になって

しまったものの言葉も通じず、どうしてよいのかわからずにいる。

6**いつもよりたくさんゼイナブの指**　おじさんに積極的に笑いかけたことへのお返し、周囲の反感をかって驚かせてしまったことへのお詫び、また、他の人へのあてつけもあったのかもしれない。

8**わたしは自分が出来る中でいちばん可愛い、子どもらしい笑顔を作った**　他の客に非難されるのも構わず、「わたし」を特別扱いしてくれた見返りとして、精いっぱい愛想よくして店主を喜ばせたいという気持ちが働いたのだろう。

11**大人たちは、わたしをじっと見て、何も言わなかった**　ここでも「わたし」は周囲の人たちの様子を気にかけている。

第四段落　教46ページ14行〜47ページ12行

　店を離れると、やがてさっきの男の子たちが現れ、「ゼイナブの指」が入った袋を取り上げられてしまった。どこかでこうなることは分かっていたような気がした。

教47ページ

4**いともたやすく**　たいそう簡単に。わけなくできる様子。

5**どこかでこうなることは分かっていたような気がする**　前の場面で、列に並んでいる人々の様子を気にするような描写がある。優先的に手に入れたゼイナブの指を「いつもより熱すぎるように思った」とあるのも伏線になっている。

7　**「それを見ていると落ち着いた。」のは、なぜだろうか。**

考え方　男の子の「冷たい目」は、「わたし」が不当な方法をとったことを認めて、その罰を受けなければならないことを自覚させたと考えられる。

答　自分が特別扱いされ、他の人に不愉快な思いをさせてゼイナブの指を手に入れたことに対して、どこか後ろめたい気持ちがあり、男の子の目がその不当さをはっきりと教えてくれているように感じたから。

第五段落　教47ページ14行〜49ページ1行

　家に帰ったわたしは、ゼイナブの顔を見た途端泣き出した。モアタズがいて恥ずかしかったが、わたしは思い切り甘ったれた子どもになってゼイナブの指を噛んだ。

教48ページ

2**ゼイナブの指は太かった**　お菓子の「ゼイナブの指」は奪われてしまったが、その代わりのようにゼイナブの指を感じている。

6**思い切り甘ったれた子どもになった**　露店では一人前の行動をとっていたつもりだったが、男の子たちにお菓子を奪われた出来事の反動で、幼い子どものような態度に戻ってしまっている。

6**ふてくされた顔**　不満そうな反発的な表情。露店の店主に見せた「自分が出来る中でいちばん可愛い、子どもらしい笑顔」とは対照的な、本音の表れた顔である。

12**ぐずり**　ぐずぐず言って。だだをこねて。いくらでも甘えさせてくれるゼイナブに、動揺した気持ちを心置きなくぶつけている。

教49ページ

1**ゼイナブの指を食べすぎるのだった**　冒頭の「幼いわたしにはたまらないお菓子だった……わたしはゼイナブの指を食べすぎてよく吐いた」(38・5)と呼応している。甘いお菓子を食べすぎてしまうように、まだまだゼイナブに甘えずにはいられない幼さの残る自分であったことを、現在の「わたし」が回想している。

学習のポイント

1 **「ゼイナブ」や「モアタズ」に対する、「わたし」の好意が読み取れる表現を、第二段落（41・5〜43・8）から抜き出してみよう。**

解答例 「ゼイナブ」…「どんな重いものも軽々と持ち上げ、……ゴキブリを素手で殺すことが出来た。」（41・5〜7）「ゼイナブが美味しそうに飲んでいるその姿を見ていると、ソーサーに入れた紅茶が魔法のように美味しい飲み物に思えるのだった」（42・14〜15）「モアタズ」…「驚くほどカールしたまつ毛を持っていて、……おとなしいのだけど、わたしが一緒に遊ぼうと言うと、ものすごく人懐っこい笑顔を見せた」（41・16〜42・3）「言葉は通じなかったはずだけど、わたしたちはいつも声を出して笑い、次々と新しい遊びを考えた。」（42・6〜7）「モアタズはそれはそれは優雅に手を動かした。……わたしはモアタズを尊敬していたし、モアタズみたいな男の子になりたかった。……わたしの瞳は彼のそれのように美しく光らなかった。」（43・3〜8）

2 **「そのときばかりは、兄のお古ではなく、……黒い髪だったら良かった、そう思った。」（46・9）とあるが、「わたし」が、いつもはどのように思っていたかもふまえて、このように思ったのはなぜか、考えてみよう。**

考え方 モアタズみたいな男の子になりたかったため、いつもはモアタズの着ているような服が着たくて兄のお下がりを着、髪の毛も短く切り、日に焼け、見た目はまるきり男の子だった。そして露店の店主に特別扱いされることを嫌がっていた。それなのに「そのとき……そう思った」のは、他の客に抗議されても自分を優遇してくれた店主の好意に少しでも応えたかったからである。

解答例 いつもはモアタズみたいな男の子になりたくて、エジプシャンの男の子と変わらないいでたちをしていたが、そのときは、周囲の人たちから向けられた非難の目もお構いなく、露店の店主がいつも以上に好意を示してくれたことに対して、特別扱いされるにふさわしい、女の子らしい外見だったら、その好意に報いることができただろうと思ったから。

3 **次の表現から、「わたし」のどのような思いが読み取れるか。作品の展開にも注目して、考えてみよう。**

① 「ゼイナブの指のあのドラマティックな甘さの方がきっと好ましいはずだ。」（43・15）

② 「それにしても、今日のゼイナブの指は、いつもより熱すぎるように思った。」（46・15）

③ 「ゼイナブの手はあたたかく、ゼイナブの指は太かった。」（48・2）

④ 「わたしはゼイナブの指を噛んだ。／少し強すぎる力で噛んだ。」（48・14）

⑤ 「こうしてわたしはいつも、ゼイナブの指を食べすぎるのだっ

た。」（49・1）

考え方　「作品の展開にも注目して」とあるので、その思いがどんな行動につながったのか、どんな出来事に起因するのかを確認する。

解答例　①エジプト人が大好きなゼイナブを喜ばせてあげたい。②他の人より優先的に「ゼイナブの指」を買ってきて、甘い物が大好きなゼイナブを喜ばせてあげたい。②他の人より優先的に「ゼイナブの指」を手に入れたことを後ろめたく感じる思い。③思惑通り手に入れたものの、違和感を覚えている。③優しく温かいゼイナブに対して、自分がどんなことをやらかしても受け入れて守ってくれるような安心感を覚えている。④思い切り甘えたいという思い。どれだけでも甘えさせてくれることを期待している。⑤一人前になったつもりでいたが、最後はゼイナブに甘えずにはいられなかった当時の幼さを懐かしむ気持ち。

4　「ゼイナブの指」というタイトルに込められた意味と、その効果について考えてみよう。

解答例　意味…甘いお菓子のゼイナブの指と、甘えさせてくれるお手伝いさんのゼイナブの指。どちらも「甘い」ものであり、幼い子どもの心を満たしてくれるものを意味する。

効果…日本人にはなじみのない言葉を用いて、エジプトに住んでいた子どもの頃の「わたし」の世界を象徴している。

5　語り手である現在の「わたし」は、当時の体験をどのように思っているか、話し合ってみよう。

考え方　現在の「わたし」の思いが表れた箇所に着目して考えよう。「正直に告白すると世界のすべてを知ったような気になっていた。」（40・10）「わたしはそのとき、ゼイナブもモアタズもエジプシャンで、わたしよりもうんとエジプトのことに、この街のことに詳しいことをすっかり忘れていた。」（43・16）など。

解答例　最終的にゼイナブを喜ばせるどころか、甘えずにはいられなかった自分の幼さを感じている。エジプトでの生活になじみ、エジプト人になったようなつもりだったが、エジプトやエジプト人を理解しきれているわけではなかった。

語句と漢字

1　次の傍線部の漢字を用いて熟語を書いてみよう。

①慌てる　②誇る　③憧れる　④殴る

解答例　①恐慌　②誇示・誇張　③憧憬　④殴打・殴殺

単元課題

1　主人公が行動する時間や場所に着目しながら、小説の構成を整理し、比較してみよう。

解答例　「羅生門」…三人称の客観的な視点からの語りにより限定された時間と場所における出来事が、時間の流れに沿って展開する。

「ゼイナブの指」…一人称の主観的な視点からの語りによって、幼い頃のカイロでの体験が街中（家の外）と家庭（家の中）を交互に舞台として時間軸に沿って展開する。

解釈の視点①　小説の構造

教科書P.51

課題① 「羅生門」において、語り手は、「下人」や「老婆」の内面を語っているだろうか、確認してみよう。

解答例 下人の内面は詳細に語っているが、老婆に対しては行動や様子の描写にとどめられ、内面は老婆が語る言葉で表現されている。

課題② これまでに読んだ小説を振り返り、登場人物と場面を整理してみよう。

考え方 時や場所に着目して場面に分け、場面においての時間軸や、登場人物の心情の変化、各場面の関係(小説の構造)を捉える。

解答例 「ゼイナブの指」

時	場面		できごと
現在	起	冒頭 回想	子どもの頃、「ゼイナブ」という名のお手伝いさんがいて、「ゼイナブの指」というお菓子が好きだった。
当時(いつもの日常)	承	街の露店での様子	街で人気の露店に出入りする。店主に特別扱いされるのが嫌だった。
	承	家庭での様子	ゼイナブとモアタズと一緒にお菓子を食べ、紅茶を飲んだ。
当時(ある日のこと)	転	街の露店でのできごと	お茶の時間に「ゼイナブの指」を出してみようと思い立ち、意気揚々と家を出る。→店主に特別扱いされ、周囲の反感をかう。→黙って立ち尽くし、子どもらしい笑顔を作る。
		帰り道でのできごと	男の子たちにお菓子を奪われる。「どこかでこうなることは分かっていたような気がする」
		帰宅後の様子	泣き出してゼイナブに甘え、その指を噛む。
現在	結	結末 回想	「こうしてわたしはいつも、ゼイナブの指を食べすぎるのだった。」(冒頭の話題へと戻っている)

3 伝統と発展

実体の美と状況の美

高階秀爾（たかしなしゅうじ）

教科書P.54～62

学習のねらい

・日本人の美意識について考える。
・美について、筆者の考えを理解する。

要旨

欧米人は美を実体物として捉えるが、日本人は状況として捉える。客観的な原理に基づく秩序の中に表現される「実体の美」は、そのもの自体が美を表すためいつでもどこでも「美」であり得るが、「状況の美」は、状況が変われば消えてしまう、うつろいやすくはかないものである。日本人にとっての美が自然の営みと密接に結びついていることは、古典文学や名所絵、観光写真などに表れている。

段落

話題や論の展開上、四つに分かれる。

一　教P54・1～P55・3　美意識の違い
二　教P55・4～P56・5　西欧世界の「美」
三　教P56・6～P58・7　「実体の美」と「状況の美」
四　教P58・8～P61・7　日本人と自然との結びつき

段落ごとの大意と語句の解説

第一段落　教54ページ1行～55ページ3行

「一番美しい動物は」ときくと、アメリカ人が「馬」とか「ライオン」とか答えるのに対し、日本人が歯切れ悪く「夕焼けの空に小鳥たちがぱあっと飛び立っているところかな。」などと答えるのは、日本人とアメリカ人の美意識の違いをよく示している。

教54ページ

2 **プロジェクト**　研究計画。事業計画。企画。
10 **歯切（はぎ）れが悪（わる）い**　言い方や話の内容がはっきりせず、じれったくなる状況であること。

教55ページ

1　「結局諦めました。」とあるが、なぜ諦めたのか。

答 アメリカ人と日本人の答えはカテゴリーが異なっており、同一線上に並べて比較することができないから。

第二段落 教55ページ4行～56ページ5行

欧米人は客観的な原理に基づく秩序が美を生み出すと考える。典型的な例は八頭身の美学(人間の頭部と身長が一対八の比例関係にあるとき最も美しいという考え方)で、「カノン規準」と呼ばれる原理に基づいて制作された彫刻作品そのものが「美」を表すものとなる。

7 **客観的な原理に基づく秩序** その内容として「左右相称性」「部分と全体との比例関係」「基本的な幾何学形態との類縁性」が挙げられており、古代ギリシャでは八頭身の美学が生まれ、ルネサンス期には美を幾何学的原理に還元しようとする試みがなされた。

2 **「それ」とは、どのようなものを指すか。**

答 客観的な原理に基づいて制作された作品。

12 **カノン** ここでは、規準、規則の意味。その他の意味に、①初めの声部の旋律を、他の声部が順に追復する形式の曲。②教会の法規や聖書の聖典、がある。

14 **優美** 上品で美しいこと。

14 **荘重** おごそかで重々しい様子。

教56ページ

2 **ローマ時代のコピー** ギリシャ時代の彫刻の多くは青銅(ブロンズ)でつくられたが、その原作が失われ、ローマ時代に制作された大理石の模刻が現代に残っている。

3 **「『カノン』がそこに実現されている」とは、どのようなことか。**

答 原作をコピーした不完全な模刻作品であっても、八頭身の美学の原理が守られ、「美」が表現されていること。

第三段落 教56ページ6行～58ページ7行

日本人は何が美であるかということよりも、どのような場合に美が生まれるかということに感性を働かせて来た。芭蕉の句や『枕草子』冒頭の段では、実体物ではなく状況に美を見出している。「実体の美」はいつでもどこでも「美」であり得るが、「状況の美」は状況が変われば消えてしまう。うつろいやすくはかないゆえに、いっそう貴重で愛すべきものという感覚である。

7 **大きな場所を占めている** 占める割合が大きいこと。ここでは、強く認識されている、の意。

11 **古池や蛙飛びこむ水の音** 静まりかえった古池に、蛙が飛び込む音だけが聞こえてきた。なんて静かなのだろう。

12 **妙音** すぐれたよい音声。

13 **そこ** 古い池に蛙が飛びこんだ一瞬。

13 **孕んだ** 含んだ。内にもった。

14 **そこ** 芭蕉が見出した新しい美。具体的には、緊張感を孕んだ深い静寂の世界。

16 **春はあけぼの。やうやう白くなりゆく……** 春は夜明け(がいい)。次第に白くなってゆく山際の空が少し明るくなって、紫がかった雲が細くたなびいている（のがいい）。

教57ページ

4 **「模範的」とは、どのようなことか。**

答 春夏秋冬それぞれの季節においてどのような場合に美が生まれるかを捉えており、「状況の美」を表現したお手本のような作品であるということ。

3 **すなわち**　接続語。①それがそのまま。言い換えると。②そのときは。そうすれば。ここでは①の意味。

6 **秋は夕暮れ。夕日のさして山の端……**　秋は夕暮れ（がいい）。夕日がさして、山の端にたいそう近くなった時分に、烏がねぐらに帰って行こうとして、三羽四羽、また二羽三羽などと、飛び急ぐ様子さえ、しみじみとした趣がある。

10 **あの現代人の美意識**　冒頭で登場した、歯切れの悪い日本人の回答が、千年前の日本人の感覚につなげられている。

教58ページ

5 **「同じように『美』を主張する」とは、どのようなことか。**

答 《ミロのヴィーナス》はそのもの自体が美であるから、状況が変わってどこに置かれていようとその美しさは変わらないということ。

3 **万古不易**　いつまでも変わらないこと。

6 **「その」は何を指すか。**

答 日本人は「美」をうつろいやすいものであるがゆえに、いっそう貴重でいっそう愛すべきものと感じていること。

第四段落　教58ページ8行～61ページ7行

日本人にとっての美は、季節の移り変わりや時間の流れなど、自然の営みと密接に結びついている。広重の《名所江戸百景》を見てみると、名所そのものが江戸の町と自然との結びつきによって生まれて来たことがわかる。また、今日の観光絵葉書は西欧のが代表的なモニュメントをそのまま捉えたものであるのに対し、日本のは建築に季節の粧いを組み合わせたものが多く、日本人の美意識が表れている。

教60ページ

7 **「名所そのものが…生まれて来た」とは、どのようなことか。**

答 江戸の名所は、単なる場所や建築物だけでは成立せず、いずれも季節の風物や年中行事などと結びついて「名所」と呼ばれるようになったということ。

教61ページ

2 **ノートルダム大聖堂**　フランス・パリのシテ島にあるローマ・カトリック教会の大聖堂。

3 **凱旋門**　フランス・パリにあるエトワール凱旋門（一八三六年）を指す。古代ローマの建築様式にならったものである。

3 **エッフェル塔**　フランス・パリの象徴的な名所となっている塔。パリ万国博覧会（一八八九年）に際して建設された。

4 **満開の桜の下の清水寺**　清水寺は、京都市東山区にある北法相宗の大本山の寺院。本堂の前面に張り出して設けられた「清水の舞台」を取り囲むように桜が咲く風景を指す。

4 雪に覆われた金閣寺　金閣寺は、正式名称を鹿苑寺という。京都市北区にある臨済宗相国寺派の寺院。脇寺である舎利殿の内外に金箔が貼られたことから、金閣寺として知られる。雪化粧の金閣寺は冬の風物詩となっている。

5 季節の粧い　季節を感じさせる自然の風物が背景に映り込んで、日本の歴史的建造物を引き立てている。

学習のポイント

1 **「『実体の美』に対して、『状況の美』とでも呼んだらよいであろうか。」(56・9)とあるが、「実体の美」「状況の美」とは、それぞれどのようなものか、筆者の考えをふまえて説明してみよう。**

解答例　「実体の美」…欧米人の美の捉え方。何が美であるかという考え方を基にして見出される美。客観的な原理に基づく秩序が美を生み出し、作品自体がいつでもどこでも永続的に美を表す。

「状況の美」…日本人の美の捉え方。どのような場合に美が生まれるかという考え方を基に見出される美。うつろいやすくはかないものを、それゆえに貴重で愛すべきものとする。

2 **「状況の美」の例として、本文には、芭蕉の句や『枕草子』冒頭の段、「名所江戸百景」などが挙げられているが、それぞれどのような点が「状況の美」となっているか、説明してみよう。**

解答例　芭蕉の句…「古池」や「蛙」や「水の音」といった実体が美しいと言っているのではなく、古い池に蛙が飛びこんだその一瞬の状況に、緊張感を孕んだ静寂の美を見出している点。

『枕草子』冒頭の段…秋を例にすると、「夕日」や「烏」や「雁」といった実体が美しいと言っているのではなく、秋の夕暮れ、夕日が山際に近づいた頃という特定された状況において、刻々と変化する空の色や、烏や雁の飛ぶ様子に美を見出している点。

「名所江戸百景」…「飛鳥山」や「日本橋」といった土地や建造物(実体)が美しいと言っているのではなく、江戸の町と季節ごとの自然が一つになった状況に美を見出している点。

3 **「美とは……はかないものという感覚」(58・3)とあるが、このような日本人の美意識が示される具体例として、本文に登場したもの以外にどのようなものが考えられるか、話し合ってみよう。**

考え方　日本人の美意識が働く対象として、自然の変化を表現したもの(植物や気候・天気、暦、雲や色の名称など)を考える。

(例)和歌や俳句、季節の風物(行事、衣服、お菓子など)

語句と漢字

1 **次の片仮名を漢字に直してみよう。**

① 絵画のセイサク。／模型のセイサク。

② テキカクな指示をする。／社長としてテキカクだ。

解答　①制作・製作　②的確(適確)・適格

短歌　十五首

教科書P.63〜66

●学習のねらい

わが国の伝統文化の一つである短歌の鑑賞のしかたを理解し、近代を代表する歌人の作品を味わう。

●短歌のきまり

【定型の音数】 五・七・五・七・七の五句三十一音から成る。五・七・五の部分を**上の句**、七・七の部分を**下の句**という。

【字余り・字足らず】 各句の中で、定型の音数より多いものを**字余り**、少ないものを**字足らず**という。また、定型のリズムが大幅に崩れたものを**破調**といい、その極端なものを**自由律**という。

●表現技法

【句切れ】 一首の途中で意味や調子が切れるところのこと。名詞や活用語の終止形・命令形、「ん・じ・な・よ・ぞ・や」などで切れることが多い。二句切れ・四句切れだと**五七調**、初句切れ・三句切れだと**七五調**になる。

【体言止め】 末尾を名詞・代名詞(体言)で止めて、余韻を残す。

【倒置】 語順を入れ替えて、情景や心情などを強調する。

【反復】 同じ語句を繰り返して、リズムや印象を強調する。

【対句】 構成のよく似た二つの語句を並べて、印象を深める。

【押韻】 句の初めの音や末尾の音をそろえて独特の雰囲気やリズムを生む。

【比喩】 物事を説明するとき、他のものにたとえて表現する。

・**直喩**…「まるで〜」「〜ようだ」などを用いてたとえる。

・**隠喩**…「まるで〜」「〜ようだ」などを用いずにたとえる。

・**擬人法**…動植物や自然現象など、人でないものを人に見立てて表現する。

＊**枕詞**、**序詞**、**掛詞**、**縁語**などの和歌の修辞も用いられる。

短歌の鑑賞と語句の解説

●正岡子規

いちはつの花咲きいでゝ我が目には今年ばかりの春行かんとす

通釈

今年もいちはつの花が咲いた。病身の自分にとっては今年限りと思われる春が過ぎようとしている。

語句の解説

教63ページ

1 **我が目には** 他の人はそうでないだろうが、私の目には、の意。「には」は格助詞「に」に係助詞「は」が付いたもので、他と区別して特に一つを強調する。

1**今年ばかりの**　今年が最後となる、人生の最後の、の意。「ばかり」は限定を表す副助詞。

1**行かんとす**　行こうとしている、去ろうとしている、の意。

鑑賞

病弱な作者が、自分の死期が近いことを悟った歌である。来年の春に見ることはできないだろう花として、晩春から初夏にかけて咲く色鮮やかで生命力にあふれたいちはつを選んだことで、「今年ばかりの春」に込められた切実な哀感が際立っている。子規がこの歌を詠んだのは明治三十四年春だが、実際には一年余り後の明治三十五年九月に亡くなった。（句切れなし）

●佐佐木信綱

ゆく秋の大和の国の薬師寺の塔の上なる一ひらの雲

通釈

過ぎ行く秋の気配が漂う奈良薬師寺の東塔の上に、一片の雲が浮かんでいることよ。

語句の解説

2**ゆく秋**　晩秋。

2**塔**　東塔のこと。西塔は後に復元された。

2**上なる**　「なる」は存在を表す助動詞「なり」の連体形で「上にある」の意。

2**一ひらの**　「ひら」は薄く平らなものを数える数詞。

鑑賞

晩秋の大和を俯瞰する視点が薬師寺の東塔をとらえた後、高く澄み切った秋の空で止まっている。「の」を多用したズームアップの手法は快い流動感があり、ゆったりとした時間の流れの中で古代へと向かう感傷が表現されている。（句切れなし）

●長塚節

馬追虫の髭のそよろに来る秋はまなこを閉ぢて想ひ見るべし

通釈

馬追虫の髭がそっと揺れるようにひそやかに訪れる秋の気配は、目を閉じて心の中で静かにイメージするとよい。

語句の解説

3**そよろに**　本来は「かさっ、こそっ」という擬音語だが、ここでは馬追虫の髭の動きを視覚的に表現すると同時に、秋の気配を感覚的に表現している。

3**想ひ見るべし**　イメージしてみるとよい。「べし」は適当の助動詞で、「〜するのがよい」の意。

鑑賞

「馬追虫の髭の」は「そよろに」を導く序詞。小動物の姿態を鋭い観察眼で捉えたうえで、秋の気配を感じさせるものとしての効果を発揮している。下の句では心の中で「来る秋」を思い描き、静かに深く自然の情趣に浸ることをよしとしている。（句切れなし）

●島木赤彦

みづうみの氷は解けてなほ寒し三日月の影波にうつろふ

通釈

一面に張りつめていた湖の氷は解けたが、まだまだ寒さは厳しい。細く鋭い三日月が湖の波に影を映している。

語句の解説

4 **なほ寒し**　やはり寒い。まだ寒い。

4 **うつろふ**　映っている。動詞「うつる」の未然形に反復・継続の助動詞「ふ」が付いた「うつらふ」が、「うつろふ」と変化した。

鑑賞

「三日月の影波にうつろふ」が、三日月の映る湖面のゆるやかな波動をイメージさせる。「寒し」という荘重な響きと共に「うつろふ」幽遠な自然が詠われ湖(諏訪湖)の厳しい寒さや静かで寂しい様子が伝わってくる。自然を徹底的に写生することで、人生の寂寥に達しつつある赤彦の理想が表れた歌。歌集『太虚集』所収。(三句切れ)

●与謝野晶子

その子二十櫛にながるる黒髪のおごりの春のうつくしきかな

通釈

その子はいま二十歳の娘ざかりである。櫛ですけばその櫛に流れる黒髪は豊かで、青春のなんと誇らしく美しいことよ。

語句の解説

5 **その子**　作者自身。自分を一人の若い女性として眺めている。

5 **櫛にながるる黒髪**　といている櫛の歯から、さらさらと流れるような長く豊かな黒髪。

5 **おごりの春**　女性として最も美しく自信に満ちた青春の意。「おごり」は、漢字では「驕り」。

5 **うつくしきかな**　美しいことよ、と声高らかに自分の美しさを叫んでいる。「かな」は、感動・詠嘆を表す終助詞。

鑑賞

晶子二十三歳の作。自らを賛美しつつ、青春のすばらしさ、女性の美を誇っている。女性はつつましくあるべきという封建的な価値観の強かった時代に、いち早く青春の真っただ中にいる女性の命の喜び、青春賛歌を詠い上げている。「の」の畳み掛けるような繰返しが、流麗な調べを生んでいる。『みだれ髪』所収。(初句切れ)

●北原白秋

春の鳥な鳴きそ鳴きそあかあかと外の面の草に日の入る夕

通釈

春の鳥よ、鳴きたてないでおくれ。辺り一面を赤々と染めながら窓の外の草原に日が沈んでゆく夕べのなんと寂しいことよ。

語句の解説

6 **な鳴きそ鳴きそ**　「な〜そ」は禁止表現で「な」は副詞、「そ」は終助詞。二回目の「な」は省略されている。

6 **外の面の草に**　戸外の草地に。「面」は表面、方向の意。

鑑賞

室内にいて春の愁(うれ)いに沈む作者は、窓の外の草原を染める夕焼けを見てもの悲しさを募らせ、その悲しさに耐えかねたかのように鳥の鳴く声が響く。流麗なリズムに乗せた聴覚的、視覚的表現で、音と光、色が交錯する感覚的な世界を詠い上げている。（二句切れ）

●石川啄木(いしかわたくぼく)

不来方(こずかた)のお城の草に寝ころびて
空に吸はれし
十五の心

通釈

盛岡城のあとの草地の上に寝ころんでいると、十五歳の自分の心が空に吸われてしまうようだったなあ。

語句の解説

教64ページ

2 **吸(す)はれし** 動詞「吸ふ」の未然形「吸は」＋受け身の助動詞「る」の連用形「れ」＋過去の助動詞「き」の連体形「し」。

鑑賞

少年の頃の思い出を詠ったもので、「不来方」という言葉が思春期らしい不確定な雰囲気を醸(かも)しており、夢や希望にあふれていた少年の日の作者の心が、いつのまにか空に吸い込まれ、広がっていくようだったという。作者が未来への夢を描いて過ごしたひとときはかつてあった情景であり、悩み多き今はないという思いが含まれてもいるようだ。（句切れなし）

●斎藤茂吉(さいとうもきち)

あかあかと一本の道とほりたりたまきはる我が命なりけり

通釈

あかあかと日に照らされた一本の道がまっすぐに伸びている。それこそが私の命なのだよ。

語句の解説

4 **あかあかと** 「あかし」には赤い意味（「赤し」）と明るい意味（「明かし」）があるが、ここでは後者の意味の「明々と」。

4 **なりけり** 断定の助動詞「なり」＋詠嘆の助動詞「けり」。

鑑賞

秋の野に一本の道が貫通し、日に照らされているのを「あかあか」と表現し、貫通した一本の道が自分の「生命」そのものであるという主観的な思いを詠っている。「たまきはる」という枕詞によって、感動を力強くシンプルに伝えている。（三句切れ）

●若山牧水(わかやまぼくすい)

幾山河(いくやまかは)越えさり行かば寂しさのはてなむ国ぞ今日も旅ゆく

通釈

いったい、いくつの山や河を越えて過ぎて行ったなら、人の世のさびしさの尽きる国に行き着くのだろうか。そんなことを思いながら、今日も私は旅を続けてゆく。

語句の解説

5 **幾山河**　いくつもの山や河。人生における試練とも考えられる。

5 **行かば**　行ったならば。接続助詞「ば」は、未然形に付いて、仮定条件（「……たら、……なら」）を表す。

5 **はてなむ国ぞ**　尽きるような国。「はてる（果てる）」は、尽きてなくなる、の意。「なむ」は強調の助動詞「ぬ」の未然形＋婉曲の助動詞「む」の連体形で、「……ような」の意。「ぞ」は強意を表す係助詞。終助詞ととる説もある。

鑑賞

初句の字余りは苦しく果てしない道のりを表している。その苦しさが寂しさの果てる国を夢想させるが、そんな国があろうはずもない。苦しくとも人生の寂寥に対峙していこうとする作者が、中国地方の旅路と人生の旅のイメージを融合させた代表歌の一つ。『海の声』『別離』所収。（四句切れ）

●前田夕暮

向日葵は金の油を身にあびてゆらりと高し日のちひささよ

通釈

強い夏の太陽が、ぎらぎらとひまわりを照らしている。大きく咲いている彼方の空には太陽が小さく見える。

語句の解説

6 **金の油を身にあびて**　真夏の太陽の強い光が、鮮やかな黄色のひまわりを照らす様子をたとえている。

6 **ゆらりと高し**　茎のしなやかさ、背の高さを表している。

6 **日のちひささよ**　ひまわりの大きさに対比され、遠近感のある立体的絵画的な構図を作っている。

鑑賞

花首の重さを支えながら黄金色に輝く大輪のひまわりの立ち姿に、太陽のしたたらす金色の油を全身に浴びて悠然と立つ人の姿を重ねている。近景のひまわりの背後に小さく見える太陽を配することで、主役のひまわりの輝き、強さ、その生命感をいっそう際立たせている。『生くる日に』所収。（四句切れ）

●会津八一

おほてら　の　まろき　はしら　の　つきかげ　を　つち　に
ふみ　つつ　もの　を　こそ　おもへ

通釈

月の光を浴びた大寺の円柱が、地に影を映している。その影を映した土を踏みながら、物思いにふけることだ。

語句の解説

7 **まろき　はしら**　「まろき」は形容詞「まろし」の連体形。この円柱は金堂の八本の列柱で、中ほどにわずかにふくらみをもつ様式は、古代ギリシャや飛鳥時代の建物に見られる。

7 **つきかげ**　ここでは、月の光によって生じた柱の影、の意。

8 **もの　を　こそ　おもへ**　「ものをおもふ」を係り結びで強調し

た形。

鑑賞

静かな夜、人影のない大寺に月の光が差して地面に列柱の影ができている。その影を踏みしめながら、いにしえの時代に思いを馳(は)せている。作者は奈良の風物や仏像への思いを独特な手法で詠い、古典的で異風な世界を作り上げている。『鹿鳴集(ろくめいしゅう)』所収。（句切れなし）

●釈迢空(しゃくちょうくう)

たゝかひに果てにし子ゆゑ、身に沁(し)みて　ことしの桜　あはれ　散りゆく

通釈

戦争で死んでしまった我が子を思うゆえに、今年の桜が散っていく、その哀れがいっそう身に沁みる。

語句の解説

9 **果(は)てにし**　死んでしまった。動詞「果つ」の連用形＋完了の助動詞「ぬ」連用形＋過去の助動詞「き」の連体形。

鑑賞

桜の花が散りしきる下で、戦争によって帰らぬ人となった子を想い哀しんでいる。国の犠牲となって我が子の若い尊い命を失った作者の痛切な孤独と悲しみを詠った歌。（二句切れ）

●近藤芳美(こんどうよしみ)

「傍観を……」の歌

通釈

傍観するだけがせめてもの良心だったあの頃は、青春と呼べるようなものではなかった。

語句の解説

教65ページ

1 **生(い)きし日々(ひび)**　生きていた日々。

1 **なかりき**　なかった、の意。形容詞「なし」の連用形＋過去の助動詞「き」の終止形。

鑑賞

言論の自由がなくて戦争を批判することもできず、傍観を良心として生きるしかなかった青春らしからぬ若かりし日々を、悔しい思いで回想した歌。『静(しず)かなる意志(いし)』所収。（三句切れ）

●寺山修司(てらやましゅうじ)

「マッチ擦る……」の歌

通釈

マッチを擦った一瞬、海に立ちこめる深い霧が浮かんで消えた。その時、命を懸けて尽くすほどの祖国などあるのだろうか、という思いがよぎった。

語句の解説

2 **身捨(みす)つるほどの**　命を懸けて尽くすほどの。

2 **ありや**　あるのか。ラ変動詞「あり」の終止形＋疑問・反語の終助詞「や」。ここでは反語を表す。

鑑賞

マッチの火の明るさで、海の霧の深さがはっきりする。思えばわが祖国も、深い霧に覆われているかのようだ。戦後あらゆる価値観が崩壊し、時代は混乱と迷走の混沌とした状況にある。作者は、命を懸けるべき祖国の喪失を実感したが、命を懸けることのできる祖国というものを渇望する思いの裏返しなのかもしれない。（三句切れ）

●馬場(ばば)あき子(こ)

「楽章の……」の歌

通釈

楽章の間の音の絶える一瞬の至福の時よ。遠いふるさとにも春が訪れて、雪解けが始まっている頃だろう。

語句の解説

3 **絶(た)えし**　動詞の連用形＋過去の助動詞「き」の連体形。

3 **雪解(ゆきげ)なるべし**　雪解けの（始まる）頃だろう。断定の助動詞「なり」の連体形＋推量の助動詞「べし」の終止形。

鑑賞

演奏中は興奮と緊張、陶酔の中にいたが、楽章の合間に一瞬の静寂が訪れると、緊張が解かれて演奏中に自覚していなかった感動が湧き起こる。その至福感が、長い冬の後に故郷に訪れる春の明るさをふと思わせたのである。（三句切れ）

学習のポイント

1 **「馬追虫(うまおひ)の……」「みづうみの……」「たゝかひに……」の歌に詠まれている季節の推移や景物に触発された心情は、それぞれどのようなものか、考えてみよう。**

解答例　「馬追虫の……」…夏が終わり秋の気配が漂い始めたのを鋭敏に捉えて、秋のさわやかさを感じている。

「みづうみの……」…春が近いもののまだまだ寒さは厳しく、湖の寂しい風景に寂寥を感じている。

「たゝかひに……」…春が来て、咲いた桜が散っていく。散ってゆく桜に死んでしまった子を思い、深い悲しみに包まれている。

2 **石川啄木、会津八一、釈迢空の歌は、どのような表現上の特色をもっているか、ほかの歌人の歌と比べて整理してみよう。**

解答例　石川啄木…三行書きで短歌を詩のように書き表しており、自由でリズム感のある特性をもつ。

会津八一…分かち書きと平仮名で万葉調に詠い上げ、古典的で異風な世界を作り上げているが、清新な近代感覚も窺(うかが)われる。

釈迢空…任意に字間を空けることで、一つ一つの言葉に込められた感情を印象づけている。

3 **それぞれの歌の文語表現を口語表現に直し、歌の味わいがどのように変化するか考えてみよう。**

解答例　みずうみの氷は解けてなお寒し三日月の影波にうつろう…柔らかで幻想的な情趣が、やや硬く現実的な趣になる。

俳句　十二句

教科書P.67〜70

学習のねらい

わが国の伝統文化の一つである俳句の鑑賞のしかたを理解し、近代を代表する俳人の作品を味わう。

俳句のきまり

【定型の音数】　五・七・五の三句十七音から成る。

【字余り・字足らず】　ガイド36ページを参照。

【季語(季題)】　俳句には、句の中に季節を表す**季語(季題)**を一つ詠み込むきまりがある。季語は、短い俳句の世界に深みと豊かな味わいを与える。一句に季語が二つある場合を**季重なり**といい、自由律俳句運動によって生まれた季語のない俳句を**無季俳句**という。

季節ごとに季語を集めたものを**歳時記**(さいじき)という。なお、俳句における季節は原則として**旧暦**(太陰太陽暦)によるため、現代とは季節感が異なる場合があるので注意する。

【切れ字】　「ぞ・や・かな・けり」などの、俳句の意味や調子の切れ目を示す語のこと。切れ字のある部分は感動の中心となり、句に力強い安定感を与える。

表現技法

体言止め・比喩などの表現技法は、ガイド36ページを参照。

俳句の鑑賞と語句の解説

●正岡子規(まさおかしき)

糸瓜(へちま)咲(さい)て痰(たん)のつまりし仏かな

通　釈

糸瓜の花が咲く下で臥(ふ)せっている私は、痰がつまった仏のようだ。

語句の解説

教67ページ

1 **糸瓜(へちま)咲(さい)て**　「糸瓜」はウリ科の一年生つる草。つるを切り、液を取って飲むと、咳止めや痰切りに効くとされた。また、十五夜に糸瓜の水を取るという習わしがあるが、その日は危篤の作者を抱えて取る暇もなかったのである。子規が亡くなったのは二日後の十七夜だった。

1 **仏(ほとけ)**　死を目前にした作者のこと。

鑑　賞

明治三十五年九月十九日午前一時に絶命した子規は、仰臥(ぎょうが)したままこの句を紙に記した。痰がつまり、死を目前にして痩せこけた我が身のことを、「仏」という言葉で諧謔(かいぎゃく)的に客観化している。季語＝糸瓜(秋)　切れ字＝かな

●高浜虚子

白牡丹といふといへども紅ほのか

通釈

白牡丹という名で人は呼んでいるけれども、よく見ると、白さの中にほんのりと紅色がさしていることだ。

語句の解説

2**白牡丹**　白い牡丹の花。

2**いへども**　いうけれども。四段動詞「いふ」の已然形「いへ」＋接続助詞「ども」で、逆接の確定条件を表す。

2**紅ほのか**　ほんのりと紅色がさしている。「ほのか」は形容動詞「ほのかなり」の語幹。

鑑賞

作者が白牡丹の白い花びらを見つめていて、ほんのりと赤みがさしていることに気づいた時の句。「白牡丹と」という初句から、「いふといへども」という緩やかな調べに続いているが、この「いふといへども」に、白牡丹を眺める作者が白とは違う色合いに気づき、それがほのかな紅であることを見つけるまでの、時の流れ、心の動きが表れている。そして、その色を「紅ほのか」と語幹で止め、体言止め風に結ぶことで、発見の喜びと驚きを表している。白牡丹という豪華な花の白に、ほのかな紅という組み合わせがいっそうの美しさと気品のあるイメージをつくっている。季語＝牡丹(夏)

●河東碧梧桐

曳かれる牛が辻でずつと見廻した秋空だ

通釈

曳かれていく牛が辻で立ち止まり、ずっと見回した秋空のなんとすがすがしいことよ。

語句の解説

3**曳かれる**　人に曳かれて荷物を運ぶ牛と、牛馬の売り買いを生業とする人に屠殺場へ曳かれていく牛の二つに解される。

3**辻**　道端、町角、分かれ道の意。

鑑賞

大正七年十一月の作。立ち止まった牛が、高く澄んだ秋の空を無心で見回すさまを詠んでいる。楽しんでいるのだろうか。屠殺場へ曳かれてゆくのなら、我が身の運命を知らない牛の哀れさが際立つ。「秋空」は人生の終焉の意味もあり、作者は自身の人生を重ねたのかもしれない。季語＝秋空(秋)

●村上鬼城

冬蜂の死にどころなく歩きけり

通釈

飛ぶ力も尽きた秋からの生き残りの蜂が、冬の冷気の中を、死に場所も見つけられないまま弱り切って歩いていることだ。

語句の解説

4**冬蜂**(ふゆばち)　ここでは、冬まで生き残り、死期が迫った蜂。
4**死**(し)**にどころ**　死ぬ場所。
4**歩**(ある)**きけり**　よろよろと力なく歩いていることだ。

鑑賞

鬼城数え年で五十一歳のときの句。蜂が飛ぶ力もなく歩いているのを、「死にどころ」を探している姿だと捉え、共感を覚えている。『鬼城句集(きじょうくしゅう)』所収。季語＝冬蜂(冬)　切れ字＝けり

●飯田蛇笏(いいだだこつ)

芋の露連山影を正(ただ)うす

通釈

里芋の広い葉に朝露が光っている。遠くの山並みは姿勢を正すように、くっきりと見える。

語句の解説

5**連山**(れんざん)　ずっと連なっている山々。
5**影**(かげ)　影絵のような連山の姿形で、芋の露に映った影でもある。
5**正**(ただ)**うす**　「正しくす」の音便形。姿勢を正す。

鑑賞

芋の葉に宿る明鏡のような露の玉を眼前にして、彼方にそびえる連山の輪郭までくっきりと冴え切っている。「正うす」と山を擬人化した表現は、自然に対する畏怖のような気持ちを感じさせる。対象を冷静で理知的な目で見つめつつ、希求・憧憬といった思いを投影し、独特な文学的世界を創っている。季語＝芋の露(秋)

●水原秋桜子(みずはらしゅうおうし)

「蟇(ひき)ないて……」の句

通釈

蟇蛙(ひきがえる)の声が聞こえてくる。うららかな唐招提寺(とうしょうだいじ)の春はどこへ行ってしまったのだろうか。

語句の解説

6**春**(はる)**いづ**(ず)**こ**　春はどこに行ってしまったのか。

鑑賞

春らしい景色のない講堂のほとりで行ってしまった春を惜しんでいる。聞こえてくるのは蟇蛙の声ばかりで辺りは人気もなくさびれている。「春いづこ」の結句には、栄えていた往時への思いも込められている。季語＝春(春)

●石田波郷(いしだはきょう)

「プラタナス……」の句

通釈

夏がやって来た。都会では夜もプラタナスの葉が街灯に照らされて青々と輝いている。

語句の解説　**教68ページ**

1夜もみどりなる　昼も太陽の光を受けて新緑の葉が輝いているが、夜になっても街灯に照らされてなお美しく青々としている、の意。

1来ぬ　動詞「来」の連用形＋完了の助動詞「ぬ」。

鑑賞

昭和七年の作。当時十九歳だった作者は、その年の二月に上京している。生まれ育った田舎(愛媛県松山)では夜は当然真っ暗だが、都会の夜は明るく、その風光に作者が新鮮な驚きと喜び、希望を感じていることが初句の「プラタナス」というモダンな言葉から想像される。夜になっても色鮮やかな若葉の緑を表現することで、夏の到来を詠っている。季語＝夏は来ぬ(初夏)

●中村草田男「万緑の中や……」の句

通釈

あたり一面の草木の緑に育まれるかのように、わが子の白い歯が生え始めたことだ。

語句の解説

2万緑　見渡す限りの一面の草木の緑のこと。

2生え初むる　終止形「生え初む」で言い切らず、連体形止めにすることで、下五の定型律を整えるとともに、生命力を感じさせる句となっている。

鑑賞

わが子の成長の喜びを詠んだ句。切れ字の「や」が、生命力の象徴である真夏の草木の緑を印象づけている。万緑の緑と歯の白との色彩の対比も印象的な表現。『火の島』所収。季語＝万緑(夏)　切れ字＝や

●山口誓子「夏草に……」の句

通釈

勢いよく夏草が生い茂った線路に、蒸気機関車が、もくもくと黒煙を吐き、白い蒸気を吹き出しながら進んできて、重量感のあるその大きな車輪が止まったところである。

語句の解説

3夏草　夏に生い茂る草。勢いよく伸びる。

3車輪　一般に蒸気機関車は複数の車輪を有するが、ここは動輪(機関車を駆動させる最も大きい車輪)をいう。

鑑賞

昭和初期には、日本の鉄道の多くで蒸気機関車が使われていた。蒸気機関車は、石炭をボイラーで燃やし、そこで発生した蒸気の圧力でピストンを動かし、その運動を車輪(動輪)に伝えて動く。当時の大型蒸気機関車の動輪は直径一・七五メートルもあり、成人男性の背丈ほどの大きさがあった。その巨大な「汽缶車」と、勢いよく伸びる夏草が出合ったとき、作者は「汽缶車」の迫力と、それに劣

ることのない夏草という自然のエネルギッシュな生命力を感じたのではないだろうか。季語＝夏草（夏）

●中村汀女（なかむらていじょ）

「外（と）にも出よ……」の句

通釈

早く外に出てごらん。手が届くほどの大きさの見事な春の月ですよ。

語句の解説

4 **出（で）よ** 「出よ」は動詞「出（づ）」の命令形。

4 **ふるるばかりに** 手を伸ばせば触れられそうな、の意。下二段活用動詞「ふ（触）る」の連体形「ふるる」＋程度の副助詞「ばかり」＋格助詞「に」。

鑑賞

あまりに明るく大きな春の月を見て、作者が思わず家人に呼びかけた言葉をそのまま初句にもってくることによって、心の躍動を伝えている。春の月のように明るくほのぼのとした句である。終戦翌年の作であり、戦争を終えて平和な春を迎えた解放感もあったのかもしれない。季語＝春の月（春）

●加藤楸邨（かとうしゅうそん）

「鰯雲（いわしぐも）……」の句

通釈

秋の空一面に鰯雲が広がっている。私の胸の中の思いはあの鰯雲の微妙な陰影のひだのようで、他人に告げられるようなことではない。自分の胸の中だけにおさめておこうと思う。

語句の解説

5 **鰯雲（いわしぐも）** うろこ雲。小さい斑点が集まってさざ波のように見える。

5 **告（つ）ぐべきことならず** 告げることができるようなことではない。「べき」は、可能・当然の助動詞「べし」の連体形。「ならず」は断定の助動詞「なり」の未然形＋否定の助動詞「ず」の終止形。

鑑賞

鰯雲のさざ波のような形状に、繊細で微妙な作者の胸中を託して表現している。昭和十二年、日中戦争は泥沼化の様相を帯びており、十三年には国家総動員法が公布。思想統制下で良心が沈黙し、胸の奥の「告ぐべきこと」を表現するのは不可能だった時代背景もある。『寒雷（かんらい）』所収。季語＝鰯雲（秋）

●種田山頭火（たねださんとうか）

うしろすがたのしぐれてゆくか

通釈

旅を続ける私に時雨が降りかかっている。その後ろ姿は、わびしい人生の道行きを物語っていることだろう。

語句の解説

6 **の** 口語の「が」。主格の格助詞。

6しぐれて　時雨が降る、の意。「しぐれ(時雨)」が動詞化した「しぐる」の連用形「しぐれ」＋接続助詞「て」。ここでは不安定な作者の人生を暗示する。

鑑賞

昭和六年十二月二十五日、福島県での作。他者の目を通して自分の後ろ姿を見ているという形をとって、旅から旅へとさまよいながら生きることしかできない自分の姿を自嘲している。ここでは「時雨」は季節を表さないものとし、季語なし(無季)とする。

学習のポイント

1 **それぞれの句について季語を指摘し、現代の季節感との違いがあるか考えてみよう。**

考え方　季語については各作品の鑑賞参照。現代の季節感との違いは次の句に見られる。

・「糸瓜咲て……」の句…「糸瓜」は秋の季語だが、夏を思わせる。

・「白牡丹……」の句…「白牡丹」は夏の季語だが、春を思わせる。

2 **「芋の露……」「プラタナス……」「鰯雲(いわしぐも)……」の句について、句切れを指摘し、その前後の関係を考えてみよう。**

解答例　・「芋の露……」の句…初句切れ。切れ目の前で近景、後で遠景を詠んでいる。

・「プラタナス……」の句…初句切れ。先にプラタナスのイメージを鮮明に印象づけ、後に続けている。

・「鰯雲……」の句…初句切れ。切れ目の前で目にしている頭上の景色を、後でそれを見ている心中の思いを詠っている。

3 **「曳(ひ)かれる牛が……」「うしろすがたの……」の句と、そのほかの句を比較し、相違点を指摘してみよう。**

解答例　ほかの句は五・七・五の定型を守っているが、「曳かれる牛が……」「うしろすがたの……」の句は定型にとらわれない自由律俳句である。また、「曳かれる牛が……」の句は口語で詠まれている。

単元課題

1 **短歌・俳句から好きな歌や句を選び、それらがどのようなことに「美」を見出(みいだ)しているか、自分の考えをまとめてみよう。**

解答例　短歌「不来方のお城の草に寝ころびて／空に吸はれし／十五の心」…大空の雄大さ(自然の豊かさ)と共に、失われた少年の日の輝きに「美」を見出している。

俳句「プラタナス……」の歌…プラタナスの青い若葉という自然の美と、街灯によって照らし出されたいわば人工の美の融合した都会の夜の風景に「美」を見出している。

2 教科書に掲載された作品の表現なども参考にしながら、自分でも短歌や俳句を作ってみよう。

考え方 身近なところに題材を探し、自分の心にふれたことを表現してみよう。特に俳句では季語がポイントになる。表現したい内容にふさわしい季語を探して作る方法のほか、まず季語を選び、その季語が含む意味や背景を手がかりにしてイメージを膨らませていく方法もある。いずれの場合も自分が表現したいことは何かをよく考えて、ふさわしい表現や季語を選び取っていくとよい。

解釈の視点②　短歌・俳句の修辞

教科書P.71

課題1 教科書に掲載されている短歌について、右のような表現技法（句切れ・五七調・七五調・倒置・体言止め）を指摘してみよう。

解答例 句切れについては各作品の 鑑賞 参照。

「いちはつの……」の歌…特になし
「ゆく秋の……」の歌…体言止め・「の」の押韻
「馬追虫の……」の歌…序詞
「みづうみの……」の歌…七五調
「その子二十……」の歌…七五調・「の」の押韻
「春の鳥な鳴きそ……」の歌…五七調・反復・「の」の押韻・体言止め
「不来方の……」の歌…体言止め・擬人法・隠喩・倒置
「あかあかと……」の歌…七五調・枕詞
「幾山河……」の歌…五七調
「向日葵は……」の歌…五七調・隠喩・擬人法
「おほてらの……」の歌…分かち書き・平仮名表記
「たゝかひに……」の歌…五七調
「傍観を……」の歌…七五調
「マッチ擦る……」の歌…七五調
「楽章の……」の歌…七五調

課題2 教科書に掲載されている俳句について、右のような表現技法（切れ字・自由律・取り合わせ・一物仕立て）を指摘してみよう。

解答例 切れ字については各作品の 鑑賞 参照。

「糸瓜咲て……」の句…隠喩
「白牡丹と……」の句…一物仕立て
「曳かれる牛が……」の句…自由律
「冬蜂の……」の句…一物仕立て
「芋の露……」の句…初句切れ・擬人法
「蟇ないて……」の句…体言止め
「プラタナス……」の句…初句切れ
「万緑の……」の句…取り合わせ
「夏草に……」の句…取り合わせ
「外にも出よ……」の句…初句切れ・体言止め
「鰯雲……」の句…初句切れ
「うしろすがたの……」の句…自由律・「か」疑問・平仮名表記

4　表現の多様性

夢十夜

夏目漱石

教科書P.74〜78

●学習のねらい

・色彩を多用した表現の効果を味わい、考える。
・「夢」という非日常性を持った世界において、「自分」は何を判断の根拠としているかを読み解く。

●主題

死ぬ間際の女に、死んだら墓を作ってそのそばで百年待っていてほしいと頼まれる。日が昇り沈むのを数えながら、女の墓のそばでずっと待った。墓石が苔むすほどの長い年月が過ぎると、目の前で真っ白な百合の花が開いた。生と死、時間と空間を超越した永遠の愛を二人は百年かかってついに成就させた。

●段落

場面の展開、主人公(自分)の心境の変化などから二つの段落(第二段落はさらに三つの節)に分けられる。

第一夜
一　教P74・2　こんな夢を見た。
二　第一節　教P74・3〜P76・4　女との約束と女の死
　　第二節　教P76・5〜P77・1　約束通り墓のそばで待つ
　　第三節　教P77・2〜P77・13　百合が咲き、百年の経過に気づく

段落ごとの大意と語句の解説

第一夜

第一段落　教74ページ2行

教74ページ

2こんな夢を見た　このあとの話は夢の話であると、最初に読者に示している。「第一夜」のほか、「第二夜」「第三夜」「第五夜」も「こんな夢を見た。」という書き出しで始まっている。

第二段落(第一節)　教74ページ3行〜76ページ4行

あお向きに寝た女が、もう死にますと言う。上からのぞき込むと、真っ黒なひとみの奥に自分の姿が浮かんでいる。わたしの顔が見えるかいと聞くと、そこに写ってるじゃありませんか

と笑う。女は、死んだら墓を作って星の破片を墓標にして、墓のそばで百年待っていてください、きっと会いに来ますからと言う。自分がただ待っていると答えると、女の目は閉じ、涙が頬へ垂れた。女はもう死んでいた。

4 **横たえている**　横に寝かせている。

5 **頬の底**　頬の皮膚の下のことを表している。

5 **温かい血の色がほどよくさして**　健康そうな血色をしている様子。

＊「さす」＝ここでは、何かの様子や気配などが表面に出てくる、の意。

5 **むろん**　もちろん。言うまでもなく。

5 **とうてい**　（下に打ち消しの語を伴って）どうしても（……ない）。

6 **自分も確かにこれは死ぬなと思った**　「女」の血色のよさから「とうてい死にそうには見えない」と思っていたはずなのに、「もう死にます」と「女」に言われすぐ納得してしまっている。現実の世界で考えると妙に感じるが、夢の世界という設定であるので、非合理的であってもここではおかしくない、と受け止められる。

8 **女はぱっちりと目を開けた**　女がまだ生きていることを強調している。

8 **大きな潤いのある目**　生気を含んだ目の様子を表す。

＊「潤い」＝ここでは、湿り気や趣があること、の意。

9 **ただ一面に真っ黒であった**　白目の部分がなく、目全体が真っ黒だった。

1 **「その真っ黒なひとみ…浮かんでいる。」とは、どのようなことを表現しているか。**

考え方　「自分」の姿が「女」の目にしっかりと写っているのは何を意味するか。

答　死にゆく「女」と「自分」がお互いを一途に思い合っていること。

11 **透きとおる**　透けて見える、透明である。

11 **これでも**　こんなにも目に潤いがあり元気そうなのに、それでも。

教75ページ

1 **ねんごろに**　親密な様子で。親しみを込めて。

2 **みはったまま**　目を大きく見開いたまま。

4 **一心に**　ここでは、心を一つのことに集中して熱心に、の意。

2 **「そこ」とは、どこを指すか。**

考え方　「わたしの顔が見えるかい」という質問に対して、わたしのひとみにあなたの顔が写っているじゃありませんか、と、自分自身の「真っ黒なひとみ」のことを「そこ」と言って、不思議な答えを返している。

答　「女」の真っ黒なひとみの奥。

8 **真珠貝で穴を掘って…星の破片を…**　現実に穴を掘ったり墓標にしたりするものとして似つかわしくなく、夢の中で起こっている幻想的なイメージを表している。

9 **墓標**　墓のしるしにする石や木。普通は「ぼひょう」と読む。

15 **一段張り上げて**　声の調子を一段階大きくして。

3 **「百年待っていてください。」には、「女」のどのような気持ちが込められているだろうか。**

考え方　「百年」は、とても待ってはいられないような長い時間。日本人の平均寿命は戦前まで五十歳に満たず、明治の世に「百年」生きることは、想像しがたいことであった。百年待っていてくれという願いは、永遠の愛を誓ってほしい、という願いに等しいと言える。永遠の愛は、「自分」が死の世界に行くことを前提としてかなえられる。「女」が「思いきった声」で言っていることにも注意。

答　永遠の愛を誓ってほしいと願う気持ち。

教76ページ

2 **自分はただ待っていると答えた**　「自分」が永遠の愛を誓ったことを示している。こののち「女」は、安心して死んでいく。

4 **「黒いひとみの中に…崩れてきた。」とは、どのような様子を表したものか。**

答　（「待っている」という返事を聞いて）「女」の目に涙がにじんできた様子。

3 **静かな水が動いて写る影を乱したように、流れ出した**　ひとみに写る「自分の姿を乱すように」涙が流れ出したことを表す。

4 **目がぱちりと閉じた**　教74ページ8行の「ぱっちりと目を開けた」に対応している。

4 **頬へ垂れた**　ここでは（涙が）頬をつたって流れた、の意。

＊「垂れる」＝長いものの端が下がる、したたる。

第二段落（第二節）　教76ページ5行〜77ページ1行

自分は庭へ降りて、女から言われたとおりに真珠貝で穴を掘り、女をその中に入れてそっと土をかけ、星の破片の落ちたのを拾ってきて、土の上へ乗せて墓石とした。苔の上に座って待っていると、女の言ったとおり赤い日が東から出て西へ落ちた。自分は一つ、二つとそれを勘定した。

5 **滑らかな**　すべすべとした様子、つるつるとした様子を表す。

6 **貝の裏に月の光がさしてきらきらした**　夢の中らしい幻想的な光景の描写である。

7 **上からそっとかけた**　9 **かろく土の上へ乗せた**　どちらの動作にも、「女」を優しくいたわるような気持ちが表れている。

＊「かろく」＝軽く。古語「かろし（軽し）」の連用形。

11 **自分の胸と手が少し温かくなった**　「女」の遺言のとおりに埋葬を終えて、悲しみで冷えきった「自分」の心が少しほぐれてきたと考えられる。

12 **苔**　「星の破片（＝隕石）」と同様に、長い時間を象徴している。

13 **丸い墓石**　星の破片で作った墓標をさす。同ページ9行の「星の破片は丸かった。」を受けている。

15 **のっと**　ぬっと。

15 **一つ**　一日という意味。教77ページ2行の「二つ」も二日の意。

15 **勘定した**　ここでは、数えた、の意。

16 **のそりと**　動きが鈍い様子。

16 **黙って沈んでしまった**　太陽が、「自分」の心中にはおかまいなしに無情にも東から出て西へ落ちていくことを、擬人化して表現している。

第三段落（第三節）　教77ページ2行〜77ページ13行

赤い日をいくつ見たかわからず、勘定しつくせないほど赤い日が頭の上を通り越していったが、百年はまだ来ない。自分は女にだまされたのではなかろうかと思いだした。すると石の下から自分の方へ青い茎が伸びてきて自分の胸のあたりまで来て止まり、茎の頂のつぼみが真っ白な百合の花びらを開いた。自分は露の滴る白い花びらに接吻した。百年はもう来ていたんだな、とこの時初めて気がついた。

教77ページ

3 **勘定しても、勘定しても、しつくせないほど**　数えきれないほど長い年月が過ぎたことを示した表現。

4 **しまいには**　最後には。

4 **苔の生えた丸い石**　墓標として置いた丸い星の破片にも苔が生えるほど、長い年月が過ぎたことを示している。

5　どのようなことについて、「だまされた」と思ったのか。

答　百年待っていたら「また会いに来ます」と言った（約束した）こと。

6 **斜に**　ななめに。

7 **すらりと揺らぐ茎の頂に、……ふっくらと花びらを開いた**　ほっそりとした茎の上で、細長い一輪のつぼみが柔らかくふくらみ花開いたことを表している。ほっそりとたおやかな女性を思わせる表現。

＊「頂」＝てっぺん。高いもののいちばん高いところ。

9 **骨にこたえるほどにおった**　まるで骨までがにおいを感じると思われるほど、百合の花の香りが強烈で、身にしみたこと。

9 **はるかの上から**　遠い上のほうから。天から。

＊「はるか」＝距離が遠く離れている様子。

10 **滴る**　液体がしずくとなって垂れて落ちること。

10 **接吻**　口づけ。キス。

11 **……拍子に**　ここでは、……したはずみに、……した途端、の意。

11 **暁の星**　明けの明星（明け方、東の空に出る金星）のこと。

＊「暁」＝夜明け。明け方。

11 **瞬いていた**　ここでは、星がちらちらしていた、の意。

13 **百年はもう来ていたんだな**　「自分」が、真っ白な百合が「女」であることを悟ったことを表している。また、永遠の時間の中に「自分」がいつの間にか組み込まれていたことを表している。

学習のポイント

1　「百年はもう来ていたんだな。」（77・13）と気がついたのはなぜか、考えてみよう。

考え方　さらに、遠い空に暁の星が瞬いているのを見て、今日が百年目だったのだと気がついている。

解答例　真っ白な百合の花が開き、「女」が姿を変えて約束どおり会いに来たのだと悟ったから。

2 この作品の中で描かれている色彩にはどのようなものがあるか。また、それぞれの色彩が象徴するイメージについて各自の考えを発表してみよう。

解答例 白…清らかさ・はかなさ 「真っ白な頬」

「真っ白な百合」→清楚で、匂うように美しい女のイメージ。

「白い花びら」→女の白い頬

赤・唐紅…生命・エネルギー 「唇の色は…赤い」「赤い日」「唐紅の天道」

黒…死・闇 「真っ黒なひとみ」「黒い目」

青…幻想性 「青い茎」

3 「夢」を描いている古典や近現代の文学作品を調べ、「夢」をどのようにとらえているか考えてみよう。

解答例 西洋の古典では『不思議の国のアリス』、中国の古典では『荘子』の「胡蝶の夢」や『枕中記』の「邯鄲の夢(邯鄲の枕)」が有名。「胡蝶の夢」では蝶になった自分と人間の自分のどちらが夢でどちらが現実なのかわからなくなって、夢が現実と区別のつかないものとされ、「邯鄲の夢」では飯が炊き上がるまでひと眠りしているあいだに自分が死ぬまでの出来事を夢に見たことから、現世のはかなさを思わせるものと捉えられている。日本の古典では、世阿弥の夢幻能でワキ(シテの思いを聞き出す役割を担う)の人物の夢の中にシテ(能の主人公。夢幻能ではシテが超自然的な存在を演じる)の霊が現れるという手法が用いられている。その他上田秋成の作品など。

その他の作品や、近現代の作品についても調べてみる。

(例1)三島由紀夫『豊饒の海』

作者の最後の長編小説。『浜松中納言物語』を典拠とした夢と転生の物語で、『春の雪』『奔馬』『暁の寺』『天人五衰』の全四巻から成る。

(例2)安部公房『笑う月』(以下本文より)

ぼくが経験した限りでは、どんなたのしい夢でも、たのしい現実には遠く及ばない反面、悪夢のほうは、むしろ現実の不安や恐怖を上まわる場合が多いような気がする。

たとえば、何度も繰返して見た、いちばんなじみ深い夢は、ぼくの場合、笑う月に追いかけられる夢だ。最初はたしか、小学生の頃だったと思う。恐怖のあまり、しばらくは、夜になって睡らなければならないのが苦痛だったほどだ。

……そいつは、直径一メートル半ほどの、オレンジ色の満月で、地上三メートルばかりのところを、ただふわふわと追いかけてくる。……恐怖の極限のイメージが、なぜ笑う月なのか、理由はぼく自身にも分らない。

語句と漢字

1 次の傍線部の漢字を用いて別の熟語を書いてみよう。

①山頂 ②水滴 ③瞬発力 ④滑走

解答例 ①頂上 ②点滴 ③瞬間 ④円滑

青が消える(Losing Blue)

村上春樹

教科書P.79～87

教材のねらい

・「僕」が体験したできごとと、それに対する「僕」の心情を整理する。

・「僕」の生きている〈世界〉はどのような世界か、私たちの生きている世界と対照しながら考える。

主　題

新しいミレニアムを迎えるために、世界中の人が理由もなく浮かれ騒ぎ、「僕」だけが青が消えてしまったことを心配する。ある存在が消えても無関心な人々、高度に管理され、新しいものばかりを追いかける社会を、別の〈世界〉を舞台に風刺的・戯画的に描く。

段　落

時間の推移や、「僕」が会話を交わしている相手などから四つに分ける。第四段落は、さらに二つに分けることも可能。

一　教P79・1～P82・4　青の消滅に戸惑う「僕」

二　教P82・5～P83・12　青の消滅に無関心な別れたガールフレンド

三　教P83・13～P85・8　青の消滅を政治のことと切り捨てる地下鉄の駅員

四　教P85・9～P86・15　青の消滅を「歴史」「経済」と言うコンピューターの総理大臣、そして「僕」

段落ごとの大意と語句の解説

第一段落　教79ページ1行～82ページ4行

「僕」がシャツにアイロンをかけているときに、青が消えた。明るい場所に移動してもう一度見ても、クローゼットや引き出しの服や、アルバムの写真にも青はなかった。それは1999年の大晦日の夜で、世界中の人間はひとり残らずパーティーに出かけていた。「僕」は少し前にガールフレンドと喧嘩別れをして落ち込み、ひとりで家に閉じこもってアイロンをかけていたら、青が消えたのだ。

教79ページ

2 **バッテリー**　充電して、繰り返し使うことのできる蓄電池。

5 **断片的**　きれぎれでまとまりがなく、全体像が見えない様子。

5 **居心地の悪い沈黙だけが残った**　なぜ指揮者が指揮棒を振るのをやめたのか誰にもわからず、その疑問を声にも出せないため、いたたまれなくなった、ということ。青が薄くなって消えてしまい、それにひどく動揺していることの比喩表現。

＊「居心地」＝あるところにいるときの感じや気持ち。

1 **「そう思う」とは、どのように思うことか。**

考え方 「最初は」と「自分の目が……と思った。」のあいだに挿入されており、指示語があとの内容を指していることに着目する。

答 自分の目がどうかしてしまったせいで青が見えなくなっただけで、本当に青が消えたわけではないと思うこと。

12**しばらく目を閉じ……もう一度よく見てみた**　自分の目に映った現象が信じられず、冷静になろうとし、幻覚なら早く覚めてくれと願う気持ちの表現である。

教80ページ

3**棍棒で殴られて……白にとって換わられていた**　棍棒で殴られて記憶を失うと、考えにまとまりや明確さがなくなるように、かつてそこにあったはずの青の部分がとりとめのない白に換わっているのを眺めている。

*「とりとめのない」＝つかみどころのない。

2 **「長いあいだ…眺めていた」から、「僕」のどのような心理を読み取れるだろうか。**

答 シャツから青の部分が消えたという事態が信じられず、受け入れ難い気持ち。

10**僕は青という色が……よく似合うと言った**　ここでいう「青」とは、単に「好き」で「似合う」色というだけのものではないだろう。これまでの自分にとって大切なもの、自分を支えてきた価値観・信条などのことを象徴していると思われる。

教81ページ

2**それらはみんな、まるで……骨のような白に染まっていた**　自分が愛用し、みんなからも似合うと言われた「青」が、その名残の全くない、しかも人間的な温かみのない寒々しい白に変わってしまったという困惑と喪失感を表している。

3 **なぜハワイ旅行の写真を取り出したのか。**

答 青いものといえば、ハワイで見た青い海が印象に残っていて、それを写真で確認することを思いついたから。

6**でもそこには……なかった**　彼女と過ごした青い海は、「僕」にとって大切な思い出だっただろう。その思い出の「青」さえ写真から消えてしまったのである。

7**まるでシベリアの……白い広野だった**　「青い海」にとって換わったのは、まるで生きるものを寄せつけないような、白い世界であったということ。

*「氷原」＝一面が厚い氷で覆われた広い原野。

*「茫漠」＝ここでは、広くてとりとめがない、の意。

9**青が消えてしまったのだ。**　ここまでは半信半疑で青いはずのものをいくつか確認しており、ここに至って青が消えたことを認めている。ゴシック体で失望の大きさが強調されている。

教82ページ

1**世界が何か変わるっていうわけでもないんだ**　「僕」がそう認識していたにもかかわらず、青が消えるという事態が起きている。

2**くだらない**　みんながミレニアムのパーティーを楽しんでいるのに、自分はガールフレンドと喧嘩別れして落ち込み、ひとりで家にこもってアイロンをかけている。その寂しさの裏返しとしての強がりと開き直りが、この突き放したような言葉にこもっている。

4 **「そんなわけで」とあるが、どのような「わけ」があったのか。**

答 少し前にガールフレンドと喧嘩別れをして非常に落ち込んでいたから、新しいミレニアムを迎えるパーティーに出かける気にはなれなかったうえ、年号が2000年になることはたいした変化ではないと思っていた、というわけ。

第二段落　教82ページ5行〜83ページ12行

「僕」は青の消滅について情報を得ようと友人たちに電話をかけたが、誰もつかまらない。仕方なく、別れたガールフレンドのアパートに電話をかけると、やはりパーティーが繰り広げられており、彼女は青の消滅にはなんの関心もないようで、喧嘩腰に応対し、電話を切った。

6 **誰もつかまらなかった**　作品発表当時は固定電話が主流だったため。

13 **喧嘩腰**　喧嘩をしかけるような、威圧的な態度。

教83ページ

2 **用事はそれだけなの？**　ガールフレンドは、青が消えたことを知らないのか、知っていても意に介していないのかはわからないが、どちらにしても無関心であることがわかる。

4 **辛気臭い**　気がめいってやりきれない。じれったくいらだたしい。

5 **このガールフレンドの言葉からどのようなことが感じ取れるだろうか。**

答 青が消えたという話には全く関心がなく、二十世紀最後の夜のパーティーを楽しんでいる最中に、喧嘩別れした男から電話がかかってきたことを迷惑に思っている。また、「僕」のことを辛気臭い人間だと思っていること。

6 **目一杯**　精一杯。力の限り。

8 **ロクでもない**　なんの値打ちもない。

11 **水をささなくちゃならないのよ**　せっかく楽しんでいるのに、どうして邪魔をして不愉快にしなくてはならないのよ、という元ガールフレンドのいらだちが込められた言葉。

＊「水をさす」＝うまくいっている状態に、横から邪魔をする。

第三段落　教83ページ13行〜85ページ8行

十一時半。外に出て、何もかもがブルーでできていた地下鉄のブルーラインの駅に行ったが、そこでも何もかもが白に変わっていた。駅員に青はどうしたのかと聞いたが、駅員は、政治のことは私に聞かないでください、中央コンピューターに聞いてくださいと言うばかりだった。十一時四十五分になり、「僕」の不安はだんだん高まってきた。

教84ページ

4 **スターリングラードの……思い出させた**　白一色の殺伐・荒涼とした世界が、「僕」に冬の攻防戦を思い出させたのである。

6 **駅員にとって「政治」とはどのようなものと考えられているか。**

答 自分が関知しないこと。関心もないし、それについて考えたりしないから聞かれても困るが、一方的にコントロールされてしまうもの。

教85ページ

1**大晦日の夜には書店は開いていない**　作品発表当時の社会状況による。

5**時計は十一時四十五分を指していた**　第三段落初めに「時計は十一時半を指していた」とあり、十五分が経過している。ミレニアムの変わり目が迫っていることをカウントダウン的に表現している。

7　ここでの「不安」はどのようなことに対する不安か。

考え方　青が消えたことに対する喪失感と、「僕」以外誰も気にしていないことに対する孤立感が合わさった不安である。

答　こんな風に青という色を失ったまま、そして自分以外は誰もそれについてとくに心配もしていないまま、新しいミレニアムに入ってしまうこと。（そうなったら、すごくよくないことが起こるんじゃないかという不安。）

第四段落　教85ページ9行～86ページ15行

内閣総理府広報室に電話をかけ、総理大臣の合成された声と話した。青がなくなってしまったと怒鳴る「僕」に、総理大臣は歴史や経済を説くばかりだった。やがて、時計が十二時を打ち、新しいミレニアムになる。誰も消えた青のことを気にしていない中、「僕」は、「でも青がないんだ」「そしてそれは僕が好きな色だったのだ」と小さな声で言った。

14**「青は……色であります、岡田さん。」**　「岡田さん」という呼びかけは総理大臣の言葉の中で繰り返し発せられるが、「国民の疑問や苦情に、……個人的に答えてくれるコンピューター・システム」が個人情報を認識して発音したものであり、個人名でありながらシステマチックな印象がある。

教86ページ

1**僕は電話に向けて怒鳴った**　「僕」はこのコンピューター・システムに、なぜ青が消えてしまったのか聞いたのであろう。しかし、コンピューターは、若山牧水の短歌をあげ、「僕」の問いに答えようとしない。「僕」はその言葉に、これまで抱えていた不安と怒りを爆発させたのである。

4**それが歴史なのですよ**　「かたちのあるものは必ずなくなる」ことが「歴史」であると言っている。過去の教訓、過去の価値観などは顧みることはない、と言っているようなものである。

10**それが経済なのですよ**　なくなったら新しいものを作ればいい、そのほうが経済的だと、経済の効用性を説くが、これも「僕」の問いの答えになっていない。青の消滅という問題を曖昧にしてしまおうという意向が感じられる。

15**でも青が……好きな色だったのだ。**　「青」は「僕」が好きだった色で、これまでの自分の生活の中に確かに存在していたかけがえのないものである。この言葉には、その「青」が消えるという事態をどうしても受け入れられないという「僕」の思いがこめられている。ゴシック体で喪失感の大きさが強調されている。

学習のポイント

1 **「それは1999年の大晦日の夜だった。」(81・11)と、この小説の時間が設定されているのには、どのような意味があるか、考えてみよう。**

考え方 世間の人々はミレニアムの変化に騒ぎ、「僕」は「年号が2000年になったからといっていったい何が変わるというのだ……ただの日付の違いにすぎないじゃないか」と言うが、前者は青が消えるという変化に鈍感で、後者は激しく動揺している。この矛盾を含む対比に着目する。

解答例 世の中の人々が、古いものがなくなってゆくのを気にせず、新しい世紀へ期待を向ける時流の中で、自分の好きなものがなくなった主人公の喪失感・孤立感を強調している。

2 **「青が消える」という事態は、現実の生活の中で何が消えることを暗示しているのだろうか。「青」という色彩のイメージにも注目して、各自の考えをまとめてみよう。**

考え方 「青」という色彩のイメージ…自然、落ち着き、地味

解答例 目立たないが、現実の生活の多くを支える、主要で安定的な要素。主人公にとっては、愛着のある、価値の高いもの。

3 **本文中から印象的な比喩表現を選び出し、どのような効果があるか、指摘してみよう。**

解答例 「まるでオーケストラの指揮者が演奏の途中で気を変えて……沈黙だけが残った——という風に。」(79・3〜6)…なぜ指揮者が棒を振るのをやめてしまったのかわからず、演奏者が名残惜しそうに出していた音も消えて居心地の悪さが残ったというたとえによって、青が消えてしまったことに対する思い(理由のわからない出来事に対する驚き、とまどい、違和感)をリアルに伝えている。

「棍棒で殴られて記憶を失ってしまったようなとりとめのない白にとって換わられていた。」(80・3)…乱暴な行為にたとえることで、青が白に換わってしまったことに対する衝撃の大きさ、受け入れ難い驚きを伝えている。

「まるで歳月に洗われた見知らぬ人の骨のような白に染まっていた」(81・2)・「まるでシベリアの氷原のような茫漠とした白い広野だった。」(81・7)…白を寒々とした無味乾燥な色として表現することで、青という色が持つ美点を感じさせる。

語句と漢字

1 **次の傍線部の漢字の読みを書いてみよう。**

①試合で惜敗した。 ②淡水魚を飼育する。 ③製靴業を営む。 ④多数派の意見に迎合する。 ⑤哀歓を共にする。

解答 ①せきはい ②たんすい ③せいか ④げいごう ⑤あいかん

2 **次の傍線部の漢字を用いて別の熟語を書いてみよう。**

①指揮 ②沈黙 ③攻防 ④民衆

解答例 ①発揮・揮発 ②黙読・寡黙 ③専攻・攻撃 ④大衆・衆議

良識派

安部公房（あべこうぼう）

教科書P.88～90

学習のねらい

・風刺・寓話（ぐうわ）としての表現を理解し、筆者が言わんとすることを人間社会に照らして考える。

主題

自由で原始的に生きていたニワトリたちが人間に飼われるようになったいきさつを創作した寓話。人間が提案したうまい話にのるべきかのらざるべきか。ニワトリたちの判断は無難で角が立たぬよう振る舞う「良識派」に委ねられ、人間の思うつぼになってしまった。

段落

時間の推移や場面の転換から五つに分ける。

一　教P88・1～8　ニワトリ小屋がたつまで
二　教P88・9～P89・1　ニワトリと人間の話し合い
三　教P89・2～5　一羽が疑いをもつ
四　教P89・6～10　「良識派」が勝つ
五　教P89・11　その後のこと

段落ごとの大意と語句の解説

第一段落　教88ページ1行～88ページ8行

昔はニワトリたちも自由だったが、ネコやイタチの危険におびえ、エサをさがしに遠征しなければならなかった。ある日人間がやってきて、金網つきの家をたててやろうと申し出た。ニワトリたちが警戒し迷っているうちに、人間はニワトリ小屋をたててしまった。

教88ページ

2 **遠征**（えんせい）　ある目的のために遠くまで出かけること。

3 **しっかりした金網（かなあみ）つきの家（いえ）**　「ニワトリ小屋」のこと。文章末尾では「オリ」とも表現されている。ここではネコやイタチから身を守るための家、という表現をとっている。

7 **決心（けっしん）しかねて**　決心するのをためらって。

第二段落　教88ページ9行～89ページ1行

ドアにはカギがかかっていた。ニワトリたちがこんな不自由なところには住めないというと、人間は、危険な外に出かける必要はない、エサは毎日はこんであげると笑って答えた。

10 **とても住（す）めない**　どうしても住めない、なんとしても住めない。

12 **必要（ひつよう）もあるまい**　必要はないだろう。「まい」は打消意志や打消推量を表す助動詞。

第三段落　教89ページ2行～89ページ5行

一羽のニワトリが人間の真意を疑うと、人間は強く否定し、逆にそのニワトリにネコに雇われたスパイの嫌疑をかけた。

教89ページ

2 首をかしげ　おやっと、疑問に思って。

4 私の誠意　危険な目に遭わないよう、しっかりした家をたててあげよう、エサも運んであげようという人間の申し出のこと。

＊「誠意」＝まごころ。

第四段落　教89ページ6行〜89ページ10行

スパイの疑いをうけたニワトリは仲間はずれにされ、結局、「良識派」が勝って、ニワトリたちは自らオリの中にはいっていった。

7 そうであること　スパイであること。

7 立証　証拠を示して真実を明らかにすること。

7 そうでないこと　スパイでないこと。

8 仲間はずれにされてしまった　ニワトリたちにとっては「少々むずかしすぎる問題」であって、一羽のニワトリが抱いた疑惑が最悪なケースだったため、「良識派」はその考えを受け入れづらかったと考えられる。

9 良識派　健全な判断力をもち、それをもとに行動する人。

第五段落　教89ページ11行

その後のことは、周知のとおりだ。

11 だれもが知っているとおりのこと　ニワトリが家畜化したことを指す。

1 「少々むずかしすぎる問題」とあるが、何がむずかしいのか。

答 一羽のニワトリが抱いた疑問と、人間の言うことのどちらが正しいのかを判断すること。

学習のポイント

1 **本文の中から副詞を抜き出し、それぞれの意味・用法について整理してみよう。**

解答例 主なものを以下に挙げる。

状態の副詞…(用法)動作の様子や事物の性質・状態を表す。

「たえず」(88・2)…たえまなく。いつも、の意。

「しばしば」(88・2)…たびたび。何度も、の意。

「どんどん」(88・7)…勢いよく物事が進む様子を表す。

程度の副詞…(用法)動作や性質・状態の程度を表す。

「少々」(89・6)…少しばかり。いくらか。

陳述の副詞…(用法)あとにくる言い方と呼応して心情を表す。

「まったく」(88・6)…全然。まったく。(＋打ち消し表現)

「とても」(88・10)…どうしても。何としても。(＋打ち消し表現)

「どうも」(89・2)…なんだか。どう考えても。

2 **この小説を人間社会の風刺としてとらえた場合、それは何を表そうとしたものだと考えられるだろうか。「良識派」という言葉を中心にして各自の考えを説明してみよう。**

解答例 人間社会では良識のある意見や行動がよしとされ、良識を欠いた意見や行動は非難される。人々の不安をあおるからだ。「良識派」の考えは無難で理屈が通っているので多くの人に妥協策として受け入れられるものの、十分に検討されないまま、それ以外の少数派の考え方や感じ方が排除されてしまう。そうした「良識派」が多数を占める人間社会の問題点を浮き彫りにしている。

3 **ニワトリたちを「オリの中」(89・10)に追いやったのは結局何だったのか、話し合ってみよう。**

考え方 ニワトリたちは、ニワトリたちを支配したいという人間に従わされたのではなく、自らの意志で「オリの中」に入っている。ニワトリたちにこのような行動をとらせた「意志」が何によるものなのかと考える。

解答例 「良識派」の言葉や、その言葉を厳しい検証もなく受け入れたニワトリたち自身。

語句と漢字

1 **次の漢字の読みを書いてみよう。**

①網羅　②戒律　③理屈　④強盗

解答 ①もうら　②かいりつ　③りくつ　④ごうとう

単元課題

1 **作品ごとの比喩や象徴の使われ方や役割を調べて比較してみよう。**

考え方 どんな効果をねらってどんな使われ方がされているのかを確認し、テーマとの関係性をつかむ。

解答例 『夢十夜』…色彩がもつイメージを生かした表現や「百合の花」の擬人化、「暁の星」など、ちりばめられた比喩や象徴が作品の幻想性を高めている。

『青が消える』…ある現象(青が消えて白に換わった)を比喩を用いて表現することで、主人公が価値を置くものが無意味化されることを暗示している。

『良識派』…ニワトリたちを擬人化することでユーモラスな印象を与えつつ、人間社会を重ねてその危うさを鋭く衝いている。

解釈の視点③　比喩と象徴

教科書P.91

課題① **これまでに読んだ作品の中から、象徴的だと感じる表現を抜き出し、どのようなイメージを受けるか考えてみよう。**

考え方 情景描写に登場人物の心情の明暗などが象徴されていることが多い。また、特定の事物が象徴性を帯び、作品の魅力をよりひきたてていることもある。

解答例 『羅生門』…下人のにきび→若さ・未熟さ・迷い

『良識派』…「しっかりした金網つきの家」→人間とニワトリが対等な関係にある。

「ニワトリ小屋」→ニワトリが人間に飼われている。

「オリ」→自由が奪われ、閉じ込められ支配されている。

5 日本と世界

外国語の不思議・日本語の不思議

石井洋二郎（いしいようじろう）

教科書P.94〜100

●学習のねらい

・日本語と外国語の特徴を理解し、その違いについて考える。
・日本語を相対化する視点を意識して、日本語を再認識する。

●要旨

外国語に触れて自分とは違うものの考え方や慣習に出会うと、それを不自然で奇妙だと感じてしまうが、自分が普通だと思っていたことのほうが普通ではないのかもしれない。外国語を学ぶことは、自分とは異なる思考法や世界観に触れて今ある自分や日本語を相対化することであり、日本語の不思議さにあらためて気づくことになる。

●段落

話題や論の展開上、四つに分かれる。

一 教P94・1〜P95・8 《I am a cat.》の和訳は多数
二 教P95・9〜P97・6 主語の省略の有無
三 教P97・8〜P98・12 数え方の違い・何が普通なのか
四 教P98・13〜P99・7 外国語を学ぶ効用

段落ごとの大意と語句の解説

第一段落 教94ページ1行〜95ページ8行

英語は一人称単数の主語が原則として《I》だけだが、日本語は代名詞が場合によって変化する。そのため、《I am a cat.》の日本語訳はいろいろあって、「吾輩は猫である。」と訳せば、尊大な滑稽味が生まれる。

教94ページ

8 **これらの中（なか）** 《I am a cat.》に対して考えられる、いくつもの日本語訳の中。

10 **引き合い（ひきあい）** 証拠として引用される事柄。

教95ページ

1 「このようなこと」とは、どのようなことか。

答 「吾輩は猫である。」の英訳は《I am a cat.》以外考えにくいが、《I am a cat.》の和訳は、この猫がどんな猫かによって、いくつもの可能性があること。

2 **一人称**（いちにんしょう）　話し手自身を表す代名詞。自称。

4 **おのずと**　自然に。

7 **尊大**（そんだい）　いばりかえって、人をあなどること。

2　答　**「尊大な滑稽味」は、なぜ生まれるのか。**

「吾輩」という一人称代名詞は、人間の男性が用いる尊大で昔風な自称だが、その言葉を猫が用いるとするのは似つかわしくなく、芝居がかっているから。

第二段落　教95ページ9行~97ページ6行

英語やフランス語では主語を省略することはまずないが、日本語では主語を省略することが多い。状況や文脈しだいでは、わざわざ言わなくても誤解の余地はないからだ。

教96ページ

1 **文脈**（ぶんみゃく）　文章の続き具合。文章の筋道。

2 **誤解**（ごかい）**の余地**（よち）**はない**　誤解する可能性はない。

＊「余地はない」＝見込みがない。ゆとりがない。

3　答　**「以上のこと」とは、どのようなことか。**

日本語では主語を省くことが多いが、英語やフランス語では主語を省略することはまずないこと。

教97ページ

4 **三つ**（みっ）**の単文**（たんぶん）　「吾輩は猫である。」「名前はまだ無い。」「どこで生まれたかとんと見当がつかぬ。」の三つを指すが、厳密に言えば三文目の構成は「(吾輩は)〈(自分が)どこで生まれたか〉とんと見当がつかぬ。」であり、複文である。

＊「単文」＝主語・述語の関係が一つしか含まれていない文。

第三段落　教97ページ8行~98ページ12行

フランス語の数の数え方には、二十進法の名残りがある。そうした違ったものの考え方や慣習に出会うと、私たちは相手のほうを不自然で奇妙だと決めつけてしまうが、もしかすると自分が普通だと思っていたことのほうが普通ではないのかもしれない。日本語のものの数え方も、外国人からすれば、ずいぶん不思議で面倒なことにちがいない。

教98ページ

15 **名残り**（なごり）　あとにまだ残っているもの。余波。

15 **慣**（な）**れている身**（み）　慣れている立場。

4　答　**なぜ「『不思議』で面倒」なのか。**

日本語のように、数える対象によって異なる数え方を使い分けるという考え方や習慣があることを知らなかったため、慣れていないから。

12 **外国人**（がいこくじん）**ならずとも**　外国人でなくても。

第四段落　教98ページ13行~99ページ7行

外国語を学ぶということは、自分とは異なる思考法や価値観に触れて、今ある自分を相対化し、日本語を世界に数ある言語のひとつとしてもう一度学び直すことである。「外国語の不思議」を経験することは、「日本語の不思議」に目を開くことでもある。

13 **不思議なのはおたがいさま**　それぞれの言語はそれぞれの歴史や文化が背景にあるのだから、どの言語が変わっているということはなく、不思議さは立場によって異なるということ。

16 **今ある自分を相対化する**　外国語を学ぶ際に、自国語と比較する視点を持つことで、その違いを考えること。

＊「相対化」＝他と比較したり、条件を変えたりして認識すること。

教99ページ

1 **自明**　証明するまでもなく、明らかなこと。

2 **日本語もひとつの外国語である**　日本人から見れば母国語だが、相対化して外国人の視点に立ってみれば、日本語も外国語であるということ。

4 **どっぷり漬かっている**　身を浸すように、深くその中に入り込んでいる。

6 **「外国語の不思議」を経験することは同時に、「日本語の不思議」に目を開くことでもある**　自明のものとして使っている言葉の中には、自然に当たり前に身に付けたからこそ、その考え方がわかっていないこともある。そのことを逆説的に指摘し、外国語を学ぶことが自らの言語や文化を新たな視点から見直すことになると結んでいる。

＊「目を開く」＝それまで認識できなかったことが、認識できるようになること。

学習のポイント

1　**本文で取り上げられた、日本語、英語、フランス語の特徴を次のような表にまとめてみよう。**

解答例

	日本語	英語	フランス語
主語・人称代名詞	省略することが多い。	(日記やメールなど以外は)省略することはまずない。	(日記やメールなど以外は)省略することはまずない。
数の数え方	十進法		70以上は二十進法の名残りがあり、複雑になる。

2　**「日本語もひとつの外国語であると考えたほうがいいかもしれない。」(99・2)とあるが、筆者がそのように考える理由をまとめてみよう。**

解答例　日本語もひとつの外国語と考えて、自分がいつもその中にどっぷり漬かっている日本語の世界から身を引き離してみると、常日頃自然であり普通だと思って慣れ親しんでいた日本語の不思議さに気づけるから。

3　**複数の言語のものの数え方を、次の例も参考として調べて比較してみよう。**

【例】　日本語／英語

・ズボン…一着／A pair of pants

・靴…一足／A pair of shoes
・魚の群れ…一群／A school of fish

考え方 日本語と英語では発想のしかたがどう違うのか、比較してみよう。その他の例は次の通り。

・紙…一枚／A piece of paper
・ケーキ…一切れ／A piece of cake
・ピザ…一枚／A slice of pizza
・コーヒー…一杯／A cup of coffee
・チップス…一袋／A bag of chips
・パン…一斤／A loaf of bread
・レタス…一個／A head of lettuce

解答例 日本語ではズボンや靴を一着・一足とそれぞれ異なる数え方をするが、英語では右足の分と左足の分、二つで一組であることをpairと表現し、同じ数え方をしている。また、日本語では魚の群れを一群というが、英語では群れであることをschoolと表現する。

---

4 「『外国語の不思議』を経験することは同時に、『日本語の不思議』に目を開くことでもある。」(99・6)とあるが、外国の言葉を知ることを通じて自国の文化や言葉についてあらためて考え直した経験を話し合ってみよう。

考え方 外国語に触れて、日本語や日本の文化との違いを感じたことはなかっただろうか。思い返してみよう。

(例)・表現に多様性がある言葉／ない言葉
・自然現象についての表現の違い
・漢字が示す意味の違い
・似た言葉のニュアンスの違い

語句と漢字

1 次の傍線部の漢字を用いて別の熟語を書いてみよう。

①拙者 ②虚構 ③誤解 ④契機

解答例 ①拙宅・拙著 ②虚実・空虚 ③解明・正解 ④契約・契印

橋のたもとの老人

アーネスト・ヘミングウェイ
高見浩 訳

教科書P.101〜107

学習のねらい

・登場人物がそれぞれどのように描き出されているかを読み取る。
・翻訳された表現を味わう。

主題

兵士の「私」は、人々が避難するなか、路傍にずっとすわり込んでいる老人が気にかかり、声をかけた。生まれ故郷から十二キロの道のりを歩いてきたという老人は、置きざりにしてきた動物たちをしきりに心配していた。避難を促すが、ふらついてもう歩けない。老人に与えられたわずかな幸運を思うほか、「私」は彼をどうすることもできなかった。

段落

時間の推移や場面の転換から三つに分かれる。

一 教P101・1〜P102・3 老人を見かける
二 教P102・4〜P105・14 老人との会話
三 教P105・15〜P106・2 老人の運命

段落ごとの大意と語句の解説

第一段落 教101ページ1行〜102ページ3行

鉄縁の眼鏡をかけ、埃だらけの服を着た老人が路傍にすわり込んでいた。川には浮橋がかかっており、荷車やトラック、人々は橋を渡り切ると険しい堤を登っていき、遠ざかってゆくが、老人はまだそこにいた。「私」が敵の様子を探る任務を終えて引き返してきても、老人はまだそこにいた。

教101ページ

2 **路傍にすわり込んでいた** 老人は橋を渡り切ったものの、さらに登らなければならない険しい堤を前にして、座わり込んでしまったのである。

2 **川** 「エブロ川」(105・16)のこと。

10 **身じろぎもせず** 身動きもしないで。じっと動かずに。

10 **へたり込んで** 疲れて立てなくなって。力が抜け、その場に座り込んで。

教102ページ

2 **荷車の数はかなり減っていて、……人間もごくわずかしかいない** やがて避難が終わろうとしていることがわかる。

1 「そこにいた。」とあるが、どこにいたのか。

答 浮橋を渡ったあたりの、堤の前の路傍。

第二段落 教102ページ4行〜105ページ14行

「私」が声をかけると、避難するように言われてサン・カルロスからやってきたが、置きざりにしてきた動物たち(山羊二頭、猫一匹、鳩のつがい四組)のことが心配だという。不安な気持ちをしきりに言葉にする老人に、「私」は対岸の様子(敵の襲来)を気にかけながら避難を促すが、疲弊した老人はもう歩けなかった。

10**しんがり**　順番や隊列の最後。最後尾。

11**老人は羊飼いにも牛飼いにも見えない**　「動物の世話をしてた」という老人の言葉から「羊飼い」や「牛飼い」を連想したが、老人はそれを生業にしている人らしくはない風貌だった。

15**相見える**　ここでは、顔を合わせる、対面する、の意。

15**あの神秘的な出来事**　〝敵との接触〟が突然始まり、その後は非日常的な戦闘が続き、勝敗の行方はわからないといった要素から、「神秘的」と表現されていると考えられる。

2　**「神秘的な出来事を告げる最初の音」とは何の「音」か。**

答　敵との戦いが始まった最初の砲撃の音。

教103ページ

3　**なぜ「橋の反対側のたもとを見ていた。」のだろうか。**

答　避難する人たちや味方の荷車が無事に橋を渡る様子を確認するため。

11**最後の荷車が数台、急いで堤を下ってくるところだった**　避難がまさに終わろうとしている。「荷車の数はかなり減っていて、……人間もごくわずかしかいない」(102・2)から時間が経過していることがわかる。

教104ページ

4　**「政治的には、…属しているんだい?」とたずねたのはなぜだろうか。**

答　内乱中であって、老人が敵・味方どちらの側に属するのかを確認するため。

2**「どことも関係ないさ。」**　動物たちとの生活を愛する老人にとって、スペインの政治事情は遠い出来事だが、いやおうなしに内乱に巻き込まれていく庶民の姿を描いている。

4**トルトサ**　スペイン北東部、カタルーニャ地方の都市。エブロ川上流で狭い谷をつくる地域。

7**バルセロナ**　スペイン北東部、カタルーニャ地方の主都。地中海有数の港を持つ、工業・商業都市。

16**そこにはもう、荷車は一台もなかった**　味方の避難が終わったことを表している。「最後の荷車が数台、急いで堤を下ってくるところだった。」(103・11)からさらに時間が経過して猶予がなくなり、敵が近づいてくること、老人が置きざりにされそうなことが懸念される。

教105ページ

5　**「ほかの連中」とは何を指すか。**

考え方　「ほかの動物たち」(104・12)は猫以外の動物たち(山羊二

頭・鳩のつがい四組)を指すが、ここではさらに、飛んでいける鳩以外の動物を指す。心配するあまりに「連中」という擬人表現になっている。

答 山羊二頭。

13 **物憂げな口調** 置きざりにしてきた動物を心配する気持ちと疲れ切っている状況が表れている。

＊「物憂い」＝だるくて気がすすまない。

13 **もはや、私に話しかけているのではなかった** 先には「不安を自分だけの胸にしまっておけなくなって」(104・10)「私」に話しかけたが、「私」との会話が終わっても不安は消えないどころか、口について出てしまうほどに大きくなっている。

第三段落 教105ページ15行～106ページ2行

老人をどうすることもできなかった。曇っていて敵の飛行機は飛んでいなかったことと、猫はなんとかやっていけるという事実だけが、老人の望めそうな幸運だった。

16 **たれこめていた** 雲などが低くたれて、辺りを覆っていた。

教106ページ

1 **敵の飛行機** フランコ将軍派の軍隊には、ドイツ・イタリアの空軍が支援していた。

2 **老人の望めそうな唯一の幸運だった** 「雲が低くたれこめていたため、敵の飛行機は飛んでいなかった(今日は攻撃されないだろう)」ことと「猫は自分でなんとかやっていける」ことは望めそうだが、それ以外の幸運(老人や猫以外の動物が助かること)は望めそうにないということ。

学習のポイント

1 **本文の描写を根拠に挙げながら「私」と「老人」の人物像を比較してみよう。**

解答例 「私」…「その任務(敵がどの辺まで進出したかを探ること)を果たしてから、また橋を渡って引き返してきた。」(102・1)「橋と……地形を眺めながら、あとどれくらいしたら敵と相見えるのだろう、と私は考えていた。その間終始、〝敵との接触〟というあの神秘的な出来事を告げる最初の音をとらえようと、耳をすましていた。」(102・14～16)「たずねながら、私は橋の反対側のたもとを見ていた。」(103・10)「答えながら、私は対岸の橋のたもとに目を凝らしていた。」(104・16)など、有能なたくましい兵士として、任務をしっかり遂行しており、社会の体制や状況を象徴するような存在である。

「老人」…「埃だらけの服を着た老人が、路傍にすわり込んでいた。」(101・1)「その老人は身じろぎもせずにへたり込んでいた。」(101・10)「その地名を口にするのが嬉しくて、微笑したのだろう。」(102・6)「老人は羊飼いにも牛飼いにも見えない。薄汚れた黒い服、埃まみれの灰色の顔、その顔にかけている鉄縁の眼鏡」(102・11)「『(政治的には)どことも関係ないさ。』老人は言った。」(104・2)「疲れ切った虚(うつ)ろな目つきで、老人は私を見た。」(104・10)など、疲れ果てた弱々しい避難民であり、生まれ故郷を愛し、小さな自分だけの世界に生きている非社会的な存在である。

2 **「ただ、動物の世話ばかりしてきたんだがな。」(105・14)とつぶやいた老人の言葉にある「ただ、……だがな。」という言い回しに込められた、老人の心情について考えてみよう。**

考え方 政治的には、どこに属しているのかという「私」の質問に対して「どことも関係ないさ。」と答えているように、動物の世話ばかりしてきて政治とは無関係なのに、なぜこんな目に遭うのか納得がいかずにいること、しかしその現状を受け入れざるを得ないことに無力感を感じていることが想像できる。

解答例 生まれ故郷で動物の世話をして暮らしてきたが、戦争によってそんな日常生活が突然奪われ、故郷を追われなくてはならなくなったことに対して、不条理な失望や悲しみ、やるせなさを感じている。

3 **「唯一の幸運だった。」(106・2)という表現は、「私」が感じた老人のその後の運命をどのように暗示しているか、話し合ってみよう。**

考え方 その日は曇っていて敵の飛行機が飛んでいなかったため、飛行機からの攻撃はなさそうで、猫も自分でなんとかやっていけるだろうが、避難に遅れた老人はこれから真っ先に攻撃の対象になるだろうし、置きざりにされた猫以外の動物たちは死んでしまうだろうと想像できる。

解答例 避難場所まで歩けない以上、敵が迫っている現在の事態に対処する具体的手段は失われ、無事に生き残れるという未来の希望がなくなったことを暗示している。

4 **「……でも、ありがとうよ。おおきに世話になったな。」(104・8)の部分は、原文では次のように表現されている。両者を比較してみよう。ほかにも気になる表現を、原文やほかの翻訳と比較してみよう。**

「but thank you very much, thank you again very much.」

考え方 原文をそのまま直訳するだけでは雰囲気やニュアンスが伝わらない。原文が含むそれを表現するために、翻訳者が工夫を凝らしたことだろうと推測できる箇所がほかにないか探す。

解答例 前の文は「but thank you very much」を「……でも、ありがとうよ。」とほぼ直訳しているが、次の文は原文が「thank you very much.」に「again」を加えて、自分のことを気にかけてくれた兵士に対する感謝の気持ちをシンプルに伝えており、訳文は前の文とは全く別の表現で原文のニュアンス(素朴な感謝の気持ち)を表現している。また、西崎憲(にしざきけん)訳の「ヘミングウェイ短篇集」(ちくま文庫)では「けど、ありがとう、あんた。すごくありがたいよ」と訳されており、こちらは原文の表現を生かしつつ、そのニュアンスをうまく表現している。

語句と漢字

1 **次の傍線部の漢字を用いて別の熟語を書いてみよう。**

①路傍　②砲撃　③鍵　④物憂い

解答例 ①傍観・傍聴・傍若無人　②大砲・砲丸・鉄砲
③鍵穴・鍵盤　④憂慮・杞憂・一喜一憂

サーカス

中原中也

教科書P.108〜109

教材のねらい

・繰り返し音読して、七五調のリズムが生み出す情感を理解する。
・比喩表現やオノマトペの意味を捉え、その表現効果を考える。
・描かれている情景を捉え、詩の主題を考える。

主題

戦争や苦難の時代を経て、今夜催されるサーカス。空中ブランコが揺れ、魅せられたように人々の体も揺れるが、その華やぎもサーカスが終われば、人々は再び闇の中に戻っていくしかない。倦怠と憂愁の中で、郷愁の思いを歌う。

詩の形式・構成

全八連の口語自由詩。三つのまとまりで構成されている。

語句の解説

教108ページ

1 **幾時代かがありまして**　この詩句を三回繰り返して時の重なりを表し、詩の描く世界への導入の役割をしていると考えられる。

2 **茶色い戦争**　日清・日露戦争を指すと考えられる。「茶色い」は、セピア色の古い写真、あるいは戦場や軍服の色のイメージを表したものか。過去の戦争の暗さが心象として残る言葉である。

一　教P108・1〜P108・9　苦難の時代を経て、今夜サーカスが催されるという場面の説明。

二　教P108・11〜P109・11　空中ブランコの曲芸と、それを見つめる観客の様子の描写。

三　教P109・13〜P109・16　屋外の様子と、「郷愁」を誘うサーカス小屋の描写。

表現技法

七五調の繰り返しがリズムを生み出すとともに、哀感を感じさせ、童謡調の言い回しが昔語りのような懐かしい雰囲気を醸し出している。また、特徴的な比喩表現によってイメージが広がり、三度繰り返される「ゆあーん ゆよーん ゆやゆよん」という擬態(音)語が、倦怠感と「ノスタルジア」(郷愁)をもたらしている。

5 **冬は疾風吹きました**　「幾時代か」の間には、厳しい冬の時代もあり、激しい風が吹いたという意。

12 **そこに一つのブランコだ**　高い梁にブランコが一つぶら下げてある。当時、空中ブランコの曲芸は、サーカスの花形であった。

13 **見えるともない**　見えるのか見えないのかはっきりしない。ブランコが非常に高い位置にあることを強調している。

教109ページ

3 **汚れ木綿の屋蓋**　サーカス小屋の、汚れた木綿生地のテントを表す。過去をひきずったわびしげな印象を与える表現。

4 **ゆあーん ゆよーん ゆやゆよん**　ブランコが弧を描いて大きく揺れる様子を、感覚的に表したもの。

7 **安値いリボンと息を吐き**　ブランコの近くにある電灯の、安っぽいリボンのような弱々しい、白い光線の様子の比喩表現。

9 **観客様はみな鰯**　空中ブランコの動きに合わせて顔の向きを変える観客の様子を、鰯の群れにたとえた比喩表現。

10 **咽喉が鳴ります牡蠣殻と**　固唾を飲んで見入る観客がたまにあげる驚きの歓声を、牡蠣殻をこすり合わせた音にたとえた比喩表現。あるいは咽喉の形や開いた口の様子が牡蠣殻のように見えるとも考えられる。

13 **闇の闇**　全くの暗闇であることを、リズムを整えて表したもの。

14 **劫々と更けまする**　テントの外は「真ッ闇」な世界であり、その闇は永遠に明けないかのようにますます深くなっていく。

15 **落下傘奴のノスタルヂアと**　落下傘の開いた形をしたそのサーカス小屋が、暗闇のなか郷愁を誘っている様子を表している。

Circus

アーサー・ビナード　訳／解説

教科書P.110～112

●学習のねらい

・翻訳された英語の詩を読んで、情感を味わう。

・「サーカス」と比較しながら翻訳の工夫を理解する。

●主　題

「ゆあーん ゆよーん ゆやゆよん」というオノマトペが特徴的な「サーカス」を「Circus」として英訳した際の苦労を解説している。

語句の解説

上5 **試行錯誤**　失敗を重ねながら目標に近づくこと。

上9 **ネック**　物事の進行をはばむもの。

上10 **スペル**　アルファベットで単語を書くときの文字のつづり方。

上11 **英語を母語とする人間でも……おぼつかない**　英語は子音と母音の組み合わせによって発音の仕方が複雑になるため。

＊「おぼつかない」＝たよりない。はっきりしない。

下7 **ろれつの回らない**　舌がよく動かず、言葉がはっきりしない。

下11 **「見る見た」の意味合いが……響き合う**　「見る見た」（＝seesaw）の対象が何かと考えると、「幾時代か」の時の流れを見てきたと言え、意味が通じるということ。

学習のポイント

1 次の部分は、この詩において、どのようなことを表現しているか、考えてみよう。

①「幾時代かがありまして」(108・1)
②「茶色い戦争ありました」(108・2)
③「冬は疾風吹きました」(108・5)

解答例 ①(作品の背景から)明治・大正時代　②過去には苦い出来事があったこと　③厳しい環境や状況の中で生きてきたこと

2 この詩の中の「ブランコ」はどのようなブランコだろうか、詩の表現をもとに考えてみよう。

解答例 サーカス小屋の高い梁につるされた、一つだけのブランコ。

3 各連の表現をふまえながら、この詩の構成を説明してみよう。

解答例 詩の形式・構成参照。

4 この詩の中の比喩表現を抜き出し、それらがどのようなことを表現しているのか、考えてみよう。

解答例 「安値いリボンと息を吐き」「観客様はみな鰯」「咽喉が鳴ります牡蠣殻と」「落下傘奴のノスタルヂア」…語句の解説参照。

5 アーサー・ビナードによる英訳「Circus」と解説を読み、もとの詩と比較して考えたことを話し合ってみよう。

考え方 訳者は「ゆあーん　ゆよーん　ゆやゆよん」を「SEEEEEEESAAAAAAAW, SEE and SAW」と表記した。この訳をどう思うか、訳者の解説もふまえて話し合う。

単元課題

1 日本語を翻訳することについて、また、日本語に翻訳することについて、考えたことを話し合ってみよう。

考え方 各言語がもつ特質(表現の仕方や意味の違い、リズム、語感など)をふまえて考える。

解釈の視点④　文化と言葉

教科書P.113

課題❶ 「牛」を英語では何と呼ぶかを調べ、日本語と英語の違いを考えよう。

解答例 英語ではcow(雌牛)、bull(雄牛)、cattle(家畜牛全般)、ox(去勢牛)、calf(子牛)など、別の言葉で呼ぶが、日本語は「牛」の字が共通して入る。

課題❷ 「橋のたもとの老人」の中の次のような表現は、どのようなイメージをもつのか、話し合ってみよう。

・羊飼いにも牛飼いにも見えない。(102・11)
・復活祭の日曜日(105・15)

解答例 ・前者…職業人(プロ)らしくない。　・後者…特別な日

6　文学と人生

城(き)の崎にて

志賀直哉(しがなおや)

教科書P.116~124

●学習のねらい

・自然や動物のありさまを目にすることで、死に対する主人公の思いがどう変化していったかを読み取ろう。

・三つの小動物の死と関連して心境が語られる構成を読み取り、作中に示された死生観について考えを深める。

●主　題

電車に跳ね飛ばされてけがをした主人公は、養生(ようじょう)に城の崎温泉に来ている。町の様子や自然を観察しながら自分のけがや死について考える日々のなか、蜂の死の静かさに親しみを感じ、瀕死(ひんし)のねずみが逃げ回る様子に死の恐ろしさを感じ、いもりの偶然の死に生き物の寂しさを感じ、生と死の不確かさを思う。

●段　落

時間の推移や場面の転換から六つに分かれる。

一　教P116・上1~P117・下3　城の崎温泉に来た理由
二　教P117・下4~P119・上12　蜂の死
三　教P119・上13~P121・上12　ねずみの死
四　教P121・上13~P122・上1　一枚の桑の葉
五　教P122・上2~P123・下9　いもりの死
六　教P123・下10~P123・下11　その後の「自分」

段落ごとの大意と語句の解説

第一段落　教116ページ上段1行~117ページ下段3行

電車に跳ね飛ばされてけがをした後(あと)養生に、城の崎温泉に出掛けた。致命傷になることはあるまいが、要心は肝心だからと医者に言われて来た。

頭ははっきりしないが、気候もよく、落ち着いたいい気持ちがしていた。一人きりで誰も話し相手はない。読むか書くか、ぼんやり外を眺めるか、散歩をして暮らした。自分はよくけがのことを考えた。一つ間違えば、今ごろは青山の土の下にあお向けになって寝ているところだった。そのことを思うと寂しいが、それほど恐怖は感じなかった。妙に自分の心は静まり、何かしら死に対する親しみが起こっていた。

教116ページ

上3**致命傷**　生命に関わるような重い傷。

上3**なりかねない**　なるかもしれない。

＊「……かねない」＝……しそうだ。……するかもしれない。

上4**二、三年で出なければ**　二、三年で脊椎カリエスの症状が出なければ。

上5**要心は肝心だから**　体に注意することがいちばん大切だから。「要心」は現代では「用心」と書くことが多い。また、「肝心」は「肝腎」とも書く（肝臓も腎臓も大切なものである、ということから）。

＊「肝心」＝（肝臓と心臓は人体にとって大切なものであることから）非常に大切なこと。

上10**稲の取り入れの始まるころ**　季節が秋であるということがわかる表現。直哉は一九一三年（大正二年）一〇月一八日に城崎温泉に来ている。

上12**一人きりで誰も話し相手はない**　孤独ではあるが、同時に自分自身を見つめる時間ができたことを示している。

上13**往来**　ここでは、道路、街道、の意。

下3**山の裾**　山のふもと。

下7**冷え冷えとした夕方、寂しい秋の山峡を……やはり沈んだことが多かった。寂しい考えだった**　一人であるためだけでなく、秋という季節や夕方の冷気のために、自然と寂しく沈んだことを考えがちになる、ということ。

＊「山峡」＝山と山との間。

下7**小さい清い流れについて行くとき**　澄んだ小川に沿って散歩をするとき。

下8**沈んだこと**　ここでは、気持ちが晴れ晴れとせず、落ち込んでしまうようなこと、の意。

下9**寂しい考え**　山の手線に跳ね飛ばされた事故で、一つ間違えば、今ごろは死んでいただろうという考え。すぐあとに「一つ間違えば、……――こんなことが思い浮かぶ」（同ページ下10行～117ページ上2行）と具体的に述べられている。

下9**それには静かないい気持ちがある**　「それ」は寂しい考え。あとにある「死に対する親しみ」に通じる感覚である。

下10**けがのこと**　山の手線に跳ね飛ばされて負った、致命傷になりかねなかったけがのこと。

下10**一つ間違えば、今ごろは青山の土の下にあお向けになって寝ているところだった**　あと少しで死ぬところだった、ということを言っている。青山墓地には志賀家の墓がある。

下12**青い冷たい……傷もそのままで**　主語は「自分」。前の文と倒置の関係である。

下13**祖父や母の死骸がわきにある**　直哉の母は、直哉が中学に進んだ明治二八年に死んでいる。祖父は明治三九年死去。

教117ページ

上1**もうお互いに何の交渉もなく**　祖父や母の脇に埋葬されているのだが、死んでいるので何らの交渉もないということ。

＊「交渉」＝ここでは、かかわりあい、つきあい、の意。

上3**いつかはそうなる**　いつかは死んで墓に入る、というような意。

上4**知らず知らず**　いつのまにか。無意識のうちに。

上5**しかし今は、それが本当にいつか知れないような気がしてきた**　以前は死ぬのは遠い将来のことだと考えていたが、今は「いつか」は本当にわからない、明日死ぬのかもしれない、という気がしてきた、ということ。

上9**そう思うこと**　自分は死ぬはずだったのを助かった、何かが自分を殺さなかった、自分にはしなければならぬ仕事があるのだ、と思うこと。

上10**激励される**　はげまされる。元気づけられる。

上10**そういうふうに**　クライブが、自分は死ぬはずだったのを助かった、何かが自分を殺さなかった、自分にはしなければならぬ仕事があるのだ、と思ったように。

下1**危うかった出来事**　電車事故で危険な目に遭ったことをさす。

下3**何かしら**　それが何であるかはわからないが。

第二段落　教117ページ下段4行～119ページ上段12行

ある朝、一匹の蜂が玄関の屋根で死んでいるのを見つけた。生きている蜂が忙しく立ち働いていて、いかにも生きている物という感じを与えるのに対し、死んだ蜂は全く動かずに転がっていて、いかにも死んだものという感じを与えて、寂しく、それはいかにも静かだった。雨が降って流された蜂の死骸を思ってみても、全く動かなくなった蜂は静かである。自分はその静かさに親しみを感じた。

教117ページ

下4**座敷**　ここでは、畳を敷いた部屋。客間の意。

下5**縁**　縁側。

下9**あわい**　あいだ。ここでは、物と物との間、の意。

教118ページ

上5**欄干**　橋や廊下などのへりに設ける柵。ここでは、「自分」が滞在している二階の部屋の手すりのこと。

上8**ほかの蜂は一向に冷淡だった**　仲間の蜂が死んでいるにもかかわらず、ほかの蜂たちはまるで気にもとめない様子で働いている光景を見て、「自分」は、ほかの蜂たちを「冷淡」に感じたのである。「自分」がこのとき、働いている蜂でなく死んだ蜂に共感していることを示す表現。

＊「冷淡」＝物事に興味・関心を見せなかったり、同情心を持たなかったりする様子。

上9**拘泥**　こだわること。

上10**いかにも生きている物という感じ**　忙しく立ち働いている蜂は当然生きているが、もう少しで死ぬような事故を経験した「自分」は、蜂の忙しく活動する姿から、あらためて命あるものの生のエネルギーを感じたのだと考えられる。

＊「いかにも」＝ここでは、どう見ても。たいそう、の意。

上11**朝も昼も夕も、見る度に**　「自分」が死んだ蜂のことを気にして、何度も見ていたことがわかる。

上14**そのまま**　玄関の屋根の一つ所に全く動かずにうつむきに転がっているまま。

上15**それは見ていて、いかにも静かな感じを与えた。寂しかった**

「それ」は、三日程そのままになっている蜂の死骸。「自分」は死に対して静かさと同時に寂しさを感じているが、このことは直後の二文の「……冷たい瓦の上に一つ残った死骸を見ることは寂しかった。しかし、それはいかにも静かだった。」にも表れている。

教119ページ

上1**それ**　冷たい瓦の上に一つ残った蜂の死骸。

上3**そこ**　屋根の瓦の上。

上8**次の変化**　前の変化(夜の間にひどい雨が降って、瓦の上からどこかへ流し出されたこと)に続いて起こる変化。

上8**そこ**　最初の変化によって流されたどこかの場所。

上9**それにしろ、それはいかにも静かであった**　蜂の死骸がありに引かれていくにしろ、蜂の死骸は非常に静かだった、の意。

上12**自分はその静かさに親しみを感じた**　教117ページ下2行の「自分の心には、何かしら死に対する親しみが起こっていた。」と同じ心境。

1　**「自分はその静かさに親しみを感じた。」とあるが、それはなぜだろうか。**

答　山中で過ごすうちに心が安まり、自分の死について親しみを感じるようになっていた。同様に死によって静かになった蜂にも親しみを感じ始めていたから。

第三段落　教119ページ上段13行～121ページ上段12行

ある午前、散歩に出ると、七寸ばかりの魚ぐしを首に刺して川へ投げ込まれたねずみに向かって、子供や車夫が石を投げていた。どうかして助かろうと一生懸命に逃げる。ねずみを見た自分は、ねずみの最期を見る気がせず、寂しい嫌な気持ちになった。死後の静寂に到達するまでのあのような苦しみは恐ろしいと思う。自分もけがをしたとき助かろうとしたが、もし死が決定的だった場合でも、恐怖に襲われたくはないが、実際に死に直面してみてどうなるかは「あるがまま」であるよりしかたがない。

教119ページ

上13**眼界**　ここでは、目に見える範囲、視界、の意。

下2**緩やか**　激しくない様子。ここでは、川がゆったりと流れている様子を表す。

下5**一生懸命**　「一所懸命」とも言う。

下6**首の所に七寸ばかりの魚ぐしが刺し通してあった**　誰かがねずみを殺そうとして魚ぐしを刺したのであろう。

下9**車夫**　人力車を引く職業の人。

下12**しかし這入ろうとすると魚ぐしがすぐにつかえた**　ねずみの頭の上とのどの下に三寸程ずつ魚ぐしが出ているので、それが邪魔になって石垣に這い上がれない様子であることがわかる。「つかえた」は、ここでは、物が妨げとなって進めない状態になった、の意。

教120ページ

上1**動作の表情**　ねずみがどうかして助かろうと、泳いで石垣へ這い上がろうとする動作。「表情」は、一般には顔に表れる感情や様子を言うことが多いが、身体や身ぶりに表れる感情や様子のことも言う。

上5**あさっていた**　餌や獲物を探し求めていた。

上8**あひるはとんきょうな顔をして首を伸ばしたまま、……泳いで行った**　あひるは生の象徴として、死から必死に逃れようとするねずみと対比的に描かれている。

＊「とんきょう」＝突然、その状況に合わないような調子外れのことを言ったり行ったりすること。

上10**自分はねずみの最期を見る気がしなかった**　死にゆくねずみの様子に、電車に跳ね飛ばされた自分を重ねたのであろう。

＊「最期」＝死にぎわ。末期。一般的な物事の終わりを表す「最後」と区別する。

上11**死ぬに決まった運命**　七寸もの魚ぐしが首を貫通した状態で川に投げ込まれたのだから、たとえ石が当たらず石垣に這い上がれたとしても、いずれは死んでしまうだろう、ということ。

上12**頭についた**　ここでは、強く感じられた、頭から離れなくなった、の意。

上13**自分は寂しい嫌な気持ちになった**　「自分」は、蜂の死骸を見て静かな死に親しみを感じていたが、死を前にして逃げようと必死にもがくねずみの姿を見て、同ページ上16行「死に到達するまでのああいう動騒は恐ろしい」と感じたのである。

2　**「あれが本当なのだと思った。」とあるが、「あれ」とはどのようなことか。**

答　死ぬ運命を目前にすれば、生き物は苦しみながらも全力を尽くして抵抗しようとすること。

上15**死後の静寂に親しみを持つにしろ、……ああいう動騒は恐ろしい**　すでに死骸だった蜂とは違い、ねずみの場合、「自分」は死の前に苦しむ姿を見てしまったので「恐ろしい」と思ったのである。

下1**あの努力**　魚ぐしが刺さったねずみのように、死が目前にあっても、最期のときを迎えるまで必死に死から逃れようとする努力。

下3**しはしまいか**　するのではないだろうか。

下4**それに近い自分**　電車に跳ね飛ばされたとき、川へ投げ込まれたねずみと同様に、一生懸命死から逃れようとした自分。

下4**思わないではいられなかった**　二重否定の表現。打ち消しの言葉を重ねることで、肯定の意味がより強まる。ここでは、「強く思った」という意になる。

下16**こう言われると……非常に快活になった**　致命的な傷ではないと言われ、死の恐怖から解放されて元気になったのである。

教121ページ

上2**その自分**　フェータル(致命的)な傷だと言われた「自分」。

上4**襲われなかったろう**　ここでは、(恐怖に)見舞われることはなかっただろう、ということ。

＊「襲う」＝いきなり危害を加えること。

上4**そう言われても**　自分の傷が致命的なものだと言われても。

上6**それ**　傷が致命的なものでもしたであろう、助かろうとするための努力。

上7**…に相違ない**　～にちがいない。

＊「相違」＝ちがい。

上7**それが今来たら**　致命的な傷を負っていることを今告げられた

ら。

上8あまり変わらない自分　「助かろうと思い、何かしら努力をしたろうという気がする」自分。ねずみとそう変わらない自分。「気分で願うところが、そう実際にすぐは影響しない」の根拠に当たる。

上9「あるがまま」　ありのまま。自然の状態。「」は強調する表現。

上9気分で願うところ　ねずみのように暴れ騒ぐのでなく、静かに死にたいと願う気分。

上10そう実際にすぐは影響はしないものに相違ない　静かに死にたいと願っても、実際の死の局面では、そうすぐにはその気持ちが反映されず、願いどおりにはならないだろうということ。

3　**「両方」とは、何を指すか。**

考え方　「実際」とは、実際に死に直面したときに感じる気持ちであり、「気分で願うところ」と同じく静かであるかもしれないし、必死に抵抗しようとするかもしれないが、「(気分で願うところが影響してもしなくてもどちらでも)それでいいのだ」と述べている。

答　「気分で願うところ」が「実際」に影響した場合と、「実際」に影響しない場合。具体的に言えば、静かな気持ちになる場合と、必死に生きようとする場合、ということ。

上11影響した場合は、それでよく、しない場合でも、……それはしかたのないことだ　影響してもしなくてもどちらでもよく、どちらもしかたのないことだ、ということ。

第四段落　教121ページ上段13行〜122ページ上段1行

ある夕方、小川に沿って歩いていると、桑の木の葉が風もないのにヒラヒラと動き、不思議に思う。風が吹くと動かなくなった。

教121ページ

上14沿うて　沿って。

下5物静かさが……自分をそわそわとさせた　人気のない場所に一人でいるので、心細く、不安になっている。

下14こういう場合　人が感じないようなごく弱い風で、風上にまっすぐ向いているある葉だけが揺れ続け、人が感じるほど強い風が吹くと、かえってその葉の動きがとまるような場合。前述の「ある一つの葉だけがヒラヒラヒラヒラ、同じリズムで動いている。……そうしたらその動く葉は動かなくなった」(教121ページ下7行〜下14行)を指している。直哉は、実際にこうした場面を何度か経験したことがあると述べている。

第五段落　教122ページ上段2行〜123ページ下段9行

薄暗くなってきた。何気なくわきの流れを見ると、石の上に黒い小さないもりがいた。驚かそうとして川の水へ入れようとして石を投げると、いもりに当たって死んでしまった。偶然の死をかわいそうに思うと同時に、生き物の寂しさを感じた。死んでしまった蜂やねずみも思い返され、死ななかった自分と比べると、そのことに感謝しなければならないような気もしたが、喜びの感じはわき上がってはこなかった。生と死にそれほど差はないような気がした。

教122ページ

上2**いつまで行っても、先の角はあった**　教121ページ下3行「あの見える所までというふうに角を一つ一つ先へ先へと歩いていった」とあるので、角が続く限り歩き続けることになる。

上5**半畳敷き**　畳一畳の半分の広さ。

上5**まだぬれていて、それはいい色をしていた**　蜂やねずみが死や死に近い状態であったのに対し、いもりは生のさなかにいて、異変もなく健康であったことを印象づけている。

上7**滴れた**　しずくとなって垂れ落ちた。

上9**先ほど**　以前ほど。

上17**そんなことを考えなくなっていた**　「そんなこと」は、自分がいもりだったらと思い浮かべること。いもりを嫌って、危害を加えようと石を投げたのではないことがわかる。

下1**不器用に体を振りながら歩く形が思われた**　「自分」が、いもりが驚いて体を振りながら歩いていく様子を想像したということ。胴体が長いわりに足が短いため体を振りながら歩くいもりの姿を、「不器用」と表現している。

下11**傾斜に堪えて**　体を斜めにしたまま踏ん張って。

＊「堪える」＝我慢してもちこたえる、の意。

下13**のめってしまった**　前へ倒れてしまった。

＊「のめる」＝前方に傾いて倒れたり、倒れそうになったりする。

下13**尾は全く石についた**　いもりが死んだことを表している。

下14**とんだこと**　取り返しのつかないこと。ここでは、いもりを殺してしまったことをさす。

下15**その気が全くないのに殺してしまった**　いもりを殺す気が全くないのに殺してしまった。蜂やねずみとは違い、いもりの死の場合は、偶然とはいえ、「自分」が直接関わったことになる。

下17**偶然**　たまたまそうなること。

教123ページ

上1**不意な死**　突然の死。思いがけない死。

上2**いもりと自分だけになったような心持ち……心持ちを感じた**　死んでしまったいもりに、「自分」の思考のすべてが集中し、一体化していることを示している。

上4**生き物の寂しさをいっしょに感じた**　ここでの「生き物」は、「自分」も含む。続けて「自分は偶然に死ななかった。いもりは偶然に死んだ。」とあるように、不意の事故に襲われかろうじて生き残った「自分」にも、死んでしまったいもりにも、偶然に生死が左右される寂しさがあると感じているのである。

4　**「寂しい気持ち」になったのは、なぜだろうか。**

答　電車に跳ね飛ばされて偶然に死ななかった自分と、石に当たって偶然に死んだいもりを比べて、生き物の生死には本人の意志が及ばず、運命のようなものに委ねられていることに寂しさを感じたから。

下2**それ**　死ななかった「自分」が今こうして歩いていること。

下3**しかし実際喜びの感じはわき上がってはこなかった**　「自分」が偶然生き残った喜びよりも、偶然に生死を支配される生き物の寂しさ、はかなさのほうを強く感じていたためであろう。

下4両極（りょうきょく）　両極端。ひどく隔たりのあること。

下5それほどに差（さ）はないような気（き）がした　いもりの死で示されたように、生と死は偶然に支配されているもので、表裏一体である、というようなことを言っている。

下6足（あし）の踏（ふ）む感覚（かんかく）も視覚（しかく）を離（はな）れて、いかにも不確かだった　辺りが暗いため、足元を目で確かめることができず、足の感覚もおぼつかなくなっている。頭だけが勝手に働いて不安定な精神状態にあることも影響していよう。

＊「踏む」＝足でおさえつける、の意。

5　「そういう気分」とは、どのようなものか。

答　生と死は両極ではなく、生きていることと死んでいることにそれほど差はないように感じる気持ち。

第六段落　教123ページ下段10〜11行

三週間で城の崎温泉を去り、三年以上になるが、致命傷になる運命からは免れた。

教123ページ

下10三週間（さんしゅうかん）いて、……助（たす）かった　冒頭の段落（教116ページ上1行〜116ページ上7行）の内容と呼応している。

学習のポイント

1　三つの小動物の死について、「自分」はそれぞれどのような感想をもったか。本文に即してまとめてみよう。

解答例　蜂…ほかの蜂が忙しく立ち働いているわきに全く動かずに転がっているのを見て、いかにも死んだものという静かな感じを覚え、寂しく感じた。雨に流されていった死骸を想像してみても、せわしく働いてばかりいた蜂が全く動かなくなったのだからいかにも静かで、その静かさに親しみを感じた。

ねずみ…全力を尽くして逃げ回っている様子が頭について寂しい嫌な気持ちになり、（死後の静寂に親しみを持つにしろ、）死に到達するまでの苦しみを恐ろしく思った。

いもり…その気がないのに殺してしまったことに嫌気がさし、かわいそうに思うと同時に、生き物の寂しさをいっしょに感じた。

2　次の部分について、「自分」の気持ちを考えてみよう。

①「寂しい考えだった。……気持ちがある。」（116・下9）

②「三週間いて、自分は……助かった。」（123・下10）

解答例　①けがの一件から死について考えてしまうが、気候のよい城の崎温泉へ来て以来感じている「近年になく静まって、落ち着いたいい気持ち」が保たれており、死後の自分を想像して何かしら死に対する親しみが起こっている。

②自分も生死を偶然に左右される寂しい生き物であることを受け入れている。城の崎の地で死に親近感を覚えたものの、自分がまだ死ぬ運命にはないことを、どこか安堵（あんど）している気持ちも感じられる。

3　この小説から、擬音語や擬態語を抜き出し、その表現上の効果について話し合ってみよう。

解答例　「ぼんやりと」「そわそわと」→主体は自分(主人公)
「ぶーんと」→主体は蜂　「きょろきょろと」→主体はあひる　「ヒラヒラヒラヒラ」→主体は桑の葉
…生き物(人間・動物・植物)のありさまを、特徴を捉えて目に浮かぶように視覚的に表現している。
「カチッカチッと」→投げた石が石垣に当たる音　「スポッ、スポッと」→石が水へ投げ込まれる音　「コツと」→石がいもりに当たる音
…人が投げた石の音を丁寧に描き分け、場面の状況を音が聴こえてくるかのように聴覚的に表現している。

4　作品全体を通じて、「自分」の大けがの体験が、どのような過程を経て人間の生死に対する感想に深まっていくか、話し合ってみよう。

考え方　次のプロセスをふまえて話し合ってみよう。
けがをした(九死に一生を得た)
↓
養生に城の崎温泉へ来て、散歩中に思索を深めた
↓　…今まで遠く感じていた死を身近に感じた。
死んだ蜂を見た
↓　…死の静かさに親しみを感じた。
瀕死のねずみを見た
↓　…死に到達するまでの苦しみを思い、自分が死に直面した場合どうなるかを考えてみた。
「あるがまま」よりしかたがないと思う。
いもりを偶然死なせてしまった
↓　…生死が運命のようなものに委ねられている生き物の寂しさを思い、生と死は両極ではないと感じた。
致命傷になることなく助かった。

5　人間の生死に関して、作品中の「自分」の考えをふまえて考察を深め、意見を発表してみよう。

考え方　生と死は普通、正反対のものと考えられるが、三つの小動物の生死を見た「自分」は、生死とは偶然に左右されるもので、両者にそれほど違いはなく、つながっているものだと捉えられるようになる。このことに同意できるか、やはり生と死は違うものだと考えるか、自分の考えを理由とともにまとめる。

語句と漢字

1　次の漢字の読みを書いてみよう。

①山峡　②拘泥　③緩和　④舞踏

解答　①さんきょう　②こうでい　③かんわ　④ぶとう

2　次の傍線部の漢字を用いて別の熟語を書いてみよう。

①致命傷　②交渉　③座敷　④偶然

解答例　①致死量・一致　②渉外・干渉　③敷物・敷設　④偶数・配偶者

セメント樽（だる）の中の手紙

葉山嘉樹（はやまよしき）

教科書P.125〜131

学習のねらい

・登場人物が生きる時代背景や環境を踏まえて、作品世界をイメージする。
・動作や行動、会話、文面から登場人物の心情や生き方を理解する。

主題

工事現場で働く松戸与三（よぞう）は、苛酷な労働環境で働いている最中、セメント樽から木箱を見つける。その中には、セメント会社で働く女工からの手紙が入っていた。破砕器の中へはまって砕かれ、セメントになってしまった恋人の行方を教えてほしいというのだった。手紙を読み終えた与三は酒をあおるが、いつもの生活に戻るしかないのだった。労働者階級の彼らが、自分の運命を生きる姿を描く。

段落

時間の推移や場面の転換から三つに分かれる。

一 教P125・1〜P127・9 与三の労働生活
二 教P127・11〜P129・14 女工の手紙
三 教P129・16〜P130・7 与三の家庭生活

段落ごとの大意と語句の解説

第一段落 教125ページ1行〜127ページ9行

セメントあけに従事する与三は、自分の身をかまう余裕もなく十一時間働き続ける最中、セメントの樽から小さな木箱を見つけた。長屋へ帰る道中、やり切れない生活苦を嘆いていると、ふと腹かけの中へしまった小箱のことを思い出し、頑丈な箱を踏みつけると、中から紙切れが出てきた。

教125ページ

0**セメント樽（だる）** 昭和七年に厚手の紙袋に替わる以前は、木の樽に詰められており、一八〇キロの重さがあった。

1**セメントあけ** 樽詰めにされたセメントの樽をあけ、セメント枡（ます）で量を量り、舟と呼ばれる箱型の容器にあける作業。

2**鉄筋（てっきん）コンクリートのように、鼻毛（はなげ）をしゃちこばらせている、コンクリート** 「鉄筋コンクリート」は鉄の棒を芯にして周りをコンクリートで固めたものだが、鼻毛についたセメントの粉が湿り気を帯びてコンクリートになり、鼻毛が鉄筋コンクリートの芯のように硬くなっている状態を表す。

＊「しゃちこばる」＝緊張して硬くなる。「しゃちほこばる」とも言う。

4**一分間（いっぷんかん）に十才（じっさい）ずつ吐（は）き出す、コンクリートミキサー** 「コンクリートミキサー」を擬人化することで、機械に使われているかのような労働者の姿をリアルに伝えている。
＊「コンクリートミキサー」＝セメントを砂、砂利、水と合わせて均質なコンクリートを作る機械。

6 **三時休み**　休んでいるのは機械（ミキサー）で、与三はそれを掃除しているという環境である。

8 **彼の鼻は石膏細工の鼻のように硬化した**　鼻の穴の中に入ったセメントがコンクリートになって硬化した結果、鼻全体が石膏のように硬くなったのである。

10 **しまい時分**　おしまいの頃。一つのセメント樽のセメントをあける作業の最終段階。

答1　**「そんなものにかまってはいられなかった。」とあるが、それはなぜか。**

コンクリートミキサーの動きに間に合うよう、作業し続けなければならず、気になったことがあっても、そのために時間をとる余裕がなかったから。

教126ページ

1 **セメン枡**　セメント、砂、砂利、水などの混合比率を正確に量る枡。この作業を誤るとコンクリートの凝固力が下がる。

3 **セメント樽から箱が出るって法はねえぞ**　セメント樽から箱が出るはずはないぞ。
＊「（…という）法はない」＝（…という）やり方は考えられない。（…という）手段はない。「法」は決まり、方法などの意。

4 **腹かけ**　胸や腹を覆い、背中にたすきがけしてとめる作業衣。

7 **コンクリ**　セメント、砂、砂利などを混ぜ合わせる作業のこと。

9 **専門に**　もっぱらそれだけを。

9 **長屋**　労働者とその家族のための仮住まい。一棟の家をいくつかに分けて、一区切りに一世帯ずつ住むように設計されている。

10 **発電所は八分どおりできあがっていた**　与三が発電所の建設現場で働いていることがわかる。木曽川のダム工事現場である。
＊「八分どおり」＝八割ほど。

11 **汗ばんだ体は、急に凍えるように冷たさを感じ始めた**　「一杯飲んで食うことを専門に考え」ていたが、帰る途中に寒さを自覚しすると、家庭での苦労が思い起こされ、「チェッ！　やり切れねえなあ……」とつぶやいている。
＊「汗ばむ」＝汗がにじみ出る。

11 **木曽川の水が白く泡をかんで、ほえていた**　擬人法を用いて、川の流れが激しく、岩にぶち当たった水が白い泡をたてている様子を表している。

13 **腹を膨らかしやがった**　妊娠したことを迷惑がる言い方。

13 **ウヨウヨしてる子供**　子供がたくさんいること、子供たちに愛情を感じる精神的な余裕がないことがわかる。

14 **寒さをめがけて**　寒い時期をねらったかのように。

16 **一円九十銭の日当の中から……どうして飲めるんだい！**　自分の稼ぎが家族を養うためにおおかた消えてしまい、自分の楽しみとして酒を飲むことも満足にできないことを嘆き、やり場のない怒りをぶつけている。
＊「べらぼう」＝程度がはなはだしい様子。「べらぼうめ」はののしる言葉。

教127ページ

5 **思(おも)わせぶりしやがらあ**　頑丈に釘づけして、簡単には開けられないようにしてあるのを、秘密めかして中に何が入っているんだろうと思わせていると、悪態をついている。

＊「思わせぶり」＝意味ありげに見せて期待をもたせるような言動。

2　**答**

「この世の中でも…踏みつけた。」には、与三のどのような思いが込められているだろうか。

苛酷な労働と思い通りにならない生活の苦しさから、世の中へ八つ当たりしたいような思い。

第二段落　教127ページ11行～129ページ14行

箱の中には女工の手紙が入っており、恋人が破砕器の中にはまって砕かれ、焼かれて、セメントになってしまったこと、その樽の中の（粉砕された恋人を含んだ）セメントが何に使われたのかを知りたい旨が綴(つづ)られていた。恋人の着ていた仕事着の切れ（手紙を包んだボロ）をあげるから、セメントを使った月日と、詳しい所書きと、どんな場所へ使ったか、それにあなたの名前を知らせてほしいというのだった。

11 **破砕器(クラッシャー)**　セメントの原料である石灰岩を細かく砕く機械。

15 **赤(あか)い細(こま)かい石(いし)**　破砕器の中でいっしょに砕けた恋人の体から出た血に染まって赤くなった石。

16 **粉砕筒(ふんさいとう)**　細かくなったものをさらに粉状に粉砕する機械。内部に鋼鉄球が入っていて、回転することで鋼鉄球と石が擦れ合い、石が粉状に粉砕される。この後、粘土と攪拌(かくはん)され、回転がまに入れて焼成され、セメントになる。

教128ページ

1 **のろいの声(こえ)を叫(さけ)びながら**　粉砕筒の立てる音が、粉状にまで砕かれていく女工の恋人が、無念のあまりに発したのろいの声に聞こえたという表現である。

2 **りっぱにセメントになりました**　恋人の姿形が完全に失われ、セメントになってしまったという胸に迫る思い。

11 **左官屋(さかんや)**　壁を塗る職人。

12 **見(み)るに忍(しの)びません**　見ることに耐えられません。

教129ページ

4 **経帷子(きょうかたびら)を着(き)せる代(か)わりに、セメント袋(ぶくろ)を着(き)せている**　セメントになってしまった恋人を思い嘆いた表現。

6 **私(わたし)はどうして、あの人(ひと)を送(おく)っていきましょう**　私はあの人をどうやって弔ったらいいのかわからない、ということ。

6 **西(にし)へも東(ひがし)へも、遠(とお)くにも近(ちか)くにも葬(ほうむ)られている**　バラバラになってあちこちのセメントの中に散っていることを表す。

3　**答**

「あなたも御用心なさいませ。」には、女工のどのような思いが込められているだろうか。

亡くした恋人を案じるかのように、すべての労働者に関わる問題として危険性を警告し、自分たちのような悲劇を起こしてほしくないと願う思い。

第三段落　教129ページ16行～130ページ7行

手紙を読み終えた与三は酒をあおり、「へべれけに酔っぱらいてえなあ。そうして何もかもぶち壊してみてえなあ。」とどなったが、彼の身の回りにはいつもと変わらず困窮した家族との日常があり、七人めの子供が想像された。

16 **わきかえるような、子供たちの騒ぎを身の回りに覚えた**　手紙を読んでいるあいだは周囲の様子に気づかず、手紙の内容に集中していたことがわかる。

教130ページ

1 **酒をぐっと一息にあおった**　酒を飲むのを唯一の楽しみにしていた与三だが、その大切な酒を一息であおるほど、気持ちが高ぶっていることがわかる。

3 **へべれけ**　ひどく酒に酔った様子。

7 **彼は、細君の大きな腹の中に七人めの子供を見た**　手紙の内容に引き込まれていた与三が、現実に戻る場面。余裕のない困窮した生活がこれからも続くことが予想される。

学習のポイント

1　松戸与三の苛酷な労働の描写を抜き出してみよう。

解答例　・「頭の毛と、鼻の下は、セメントで灰色に覆われていた。彼は鼻の穴に指を突っ込んで、鉄筋コンクリートのように、鼻毛をしゃちこばらせている、コンクリートをとりたかったのだが、一分間に十才ずつ吐き出す、コンクリートミキサーに、間に合わせるためには、とても指を鼻の穴にもっていく間はなかった。」(125・2)→機械中心の非人間的な作業

・「鼻の穴を気にしながらとうとう十一時間——その間に昼飯と三時休みと二度だけ休みがあったんだが、昼のときは腹のすいてるために、も一つはミキサーを掃除していて暇がなかったため、とうとう鼻にまで手が届かなかった——の間、鼻を掃除しなかった。」(125・6)「考える間もなく次の樽をあけ、次の枡を量らねばならなかった。」(126・6)→余裕のない長時間労働

・「しまい時分に、ヘトヘトになった手」(125・10)→重労働

2　「労働者だったら」(128・7)という言葉が繰り返されているが、この表現には女工のどのような気持ちが込められているか。

考え方　「労働者だったら」という言葉は三度繰り返されている。

・「あなたが労働者だったら、私をかわいそうだと思って、お返事ください。」(128・7)…仲間意識を喚起し、理解を求めている。

・「あなたが、もし労働者だったら、このセメントを、そんな所に使わないでください。」(128・13)…労働者を犠牲にして利潤を得ている者を敵と見なすべきだと訴えている。

・「あなたが、もし労働者だったら、私にお返事をくださいね。」(129・8)…再度仲間意識を喚起し、連帯を求めている。

解答例　同じ立場の仲間である労働者なら、同じ悩みや苦しみを背負う仲間であり、自分の悲しさをわかってくれるだろう、そして自分の願いにこたえてくれるだろうという気持ち。

3　次の部分から、女工のどのような思いが読み取れるか、考えてみよう。

①「このセメントを、そんな所に使わないでください。」(128・14)

②「いいえ、ようございます、どんな所にでも使ってください。」(128・15)

考え方　①「そんな所」とは「劇場の廊下」や「大きな邸宅の塀」を指しており、前者は劇場に出入りする人の足で踏みつけられるもの、後者は資本家の邸宅を囲んで守るものである。

解答例　①過酷な労働による事故で死んだ恋人を、労働者を虐げる側の生活の道具として死後なお使われたくはない、という思い。
②恋人のしっかりした気性を思い出して信頼感を取り戻し、無理な要求を考え直す思い。

4　**「仕事着の切れを、あなたにあげます。」(129・9)とあるが、仕事着の切れをあげる行為にどのような意味が込められているか、考えてみよう。**

考え方　直前に「あなたが、もし労働者だったら、私にお返事をくださいね。その代わり……」とあり、返事をくれることを交換条件にしている。

解答例　仕事着の切れは彼女にとって恋人の形見であり、とても大切なものである。それを手紙を読む人に託すことによって相手の心を打ち、セメントになった恋人の行方を知らせる返事を切望していることを伝える意味が込められている。返事をくれることを前提とした御礼の意味でもある。

5　**「彼は、……子供を見た。」(130・7)とあるが、この一文は、小説全体の中でどのような意味をもっているか、話し合ってみよう。**

考え方　女工の手紙を読んで他の労働者に起こった不幸を知り、女工の言葉に心が動かされたものの、彼の、生活に困窮した労働者としての現実が変わらず存在することを印象づけている。彼は「何もかもぶち壊してみてえなあ。」とどなったものの、自分が置かれた立場や生活は、手紙を読む前と変わらないことを確認する結末となっている。

6　**この小説の構成や、登場人物の言葉遣いに着目し、表現上の特色を考えてみよう。**

解答例　・冒頭で苛酷な労働に従事する与三の様子、結びに困窮した彼の家庭の様子を描き、その間に彼がセメント樽の中から拾った手紙の文面を挿入することで、手紙が与三に与える意味を効果的に読者に考えさせる構成になっている。
・与三の言葉遣いを荒っぽく、「へべれけになって暴れられてたまるもんですか、子供たちをどうします。」(130・5)という細君の言葉はしっかり者らしく、女工の言葉遣いを丁寧な敬語で理性的に表現することで、三人の心持ち(与三…自暴自棄　細君…冷静　女工…手紙の読者として想定する労働者への連帯感)や相手との距離感や関係性を的確に表現している。

語句と漢字

1　**次の傍線部の漢字の読みを書いてみよう。**

①精巧な細工　②寒さに凍える
③頑丈な建物　④立派な邸宅

解答　①さいく　②こご　③がんじょう　④ていたく

わたしが一番きれいだったとき

茨木(いばらぎ)のり子(こ)

教科書P.132〜135

学習のねらい

・「わたし」が体験したこと、「わたし」の思いを理解する。
・作品の背景となっている社会状況をふまえて、詩の主題を考える。

主　題

人生を謳歌(おうか)できるはずの青春期に戦争を体験し、つらくさびしい思いをしたことを歌っており、青春を失った代わりに長生きして心豊かに生きることを誓っている。

詩の形式・構成

八連から成る口語自由詩。第一連〜第四連、第五連〜第七連、第八連の三つのまとまりで構成されている。

一　教P132・1〜P133・9　戦争中の様子
二　教P133・11〜P134・9　敗戦後の様子
三　教P134・11〜P134・14　未来への決意

表現技法

「わたしが一番きれいだったとき」の繰り返しにより、青春と戦争、明と暗の対比を印象づけている。「わたし」自身のことを語った第四連と第七連はひらがな表記が多用され、やわらかな印象を与えている。また、第四連の「で」の反復、第七連の体言止めは詩のリズムを整え、第八連の倒置は作者の決意と比喩表現を強調している。

語句の解説

教132ページ

1 **わたしが一番(いちばん)きれいだったとき**　作者は小学校五年生のときに満州事変を、十五歳から十九歳のときに太平洋戦争を経験し、敗戦を迎えたときは専門学校の薬学部に在籍していた。

3 **とんでもないところ**　建物の中など、本来青空が見えるはずはないところ。

8 **工場(こうじょう)で**　軍需工場での勤労が国民の義務となっていたが、爆撃の対象となり、学徒の命が喪(うしな)われた。

8 **海(うみ)で　名(な)もない島(しま)で**　海戦の戦地となった南方諸島では、多くの軍人が戦死した。

9 **おしゃれのきっかけを落(おと)してしまった**　戦時にふさわしい格好が求められ、一九三七年に「パーマネント禁止」が決議され、一九四二年には婦人標準服の作業衣としてモンペが制定された。

教133ページ

2 **だれもやさしい贈物(おくりもの)を捧(ささ)げてはくれなかった**　当時は自由な男女交際は認められていなかった。

14 **ブラウスの腕をまくり……のし歩いた**　戦前の子女にふさわしくない所作であり、力強く振る舞おうとする姿が想像される。

14 **卑屈な町**　敗戦後、生活に困窮し、闇市に食を求める人がひしめき、米兵にチョコレートをねだる子供たちの姿も多く見られた。

教134ページ

4 **むさぼった**　満足することを知らずに欲張った。ここでは、音楽

学習のポイント

1　次の部分は、この詩において、どのようなことを表現しているか、考えてみよう。

①「男たちは挙手の礼しか知らなくて／きれいな眼差だけを残し皆発っていった」（133・3）

②「わたしの頭はからっぽで／わたしの心はかたくなで／手足ばかりが栗色に光った」（133・7）

解答例　①兵士になること以外人生の選択肢を与えられず、戦争に命を捧げることを名誉なこととして、戦地に旅立っていったこと。

②戦争について自由に思考することができず、心は固くこわばり、手足だけは丈夫で軍事練習や勤労奉仕に従事していたこと。

2　戦争後、私と周りの人びとはどのように生きたのか、第五連と第六連の対比に着目して説明してみよう。

単元課題

1　作者や作品の背景を調べ、作品を読み直してみよう。

にのめり込んだ、の意。

9 **めっぽう**　法外に。はなはだしく。

12 **年とってから……ルオー爺さんのように**　一九五三年に東京国立博物館でルオー展が開催された。作者はこの展覧会を目にしたと思われる。

解答例　戦争に負けた当初は、自信を失って敵に取り入ろうとする風潮に対して、「わたし」は悔しさや憤りを感じていた（第五連）が、目新しいアメリカの文化が日常に入ってくると、それに飛びつき、新しい時代を受け入れて生きた（第六連）。

3　第七連における「わたし」の心情を考えてみよう。

解答例　人生で一番輝かしい青春時代を戦争に奪われ、幸せとはほど遠くにしか暮らせなかった欠落感や孤独感を抱いている。

4　第八連における「ね」の表現効果を考えてみよう。

解答例　過去の青春時代は不幸だったが、長生きすることに決めた未来への明るい希望、期待を感じさせる。

解答例　志賀直哉…宮城県生まれ。学習院に進み、武者小路実篤と知り合った頃に文学への道が開けた。「白樺」創刊号の「網走ま

で」を皮切りに、次々と作品を発表した。一九一三年八月に山の手線の電車に跳ねられて負傷し、十月半ばから十一月にかけて城崎温泉に滞在している。「城の崎にて」を発表したのは一九一七年。

葉山嘉樹…福岡県生まれ。早稲田中退後、様々な職業を転々としながら労働運動に従事した。一九二〇年(大正九年)、名古屋のセメント工場に勤務、そこでの労働事故をきっかけに労働組合を作ろうとして失敗、解雇される。大正十五年に「セメント樽の中の手紙」を「文芸戦線」に発表し、プロレタリア文学の代表的作家となった。

茨木のり子…一九二六〜二〇〇六年。大阪府生まれ、愛知県育ち。上京し、専門学校の薬学部に進学する。童話作家・脚本家として評価されたのち、詩作を始める。「わたしが一番きれいだったとき」は一九五八年刊行の第二詩集『見えない配達夫』に収録された作品。

解釈の視点⑤　作品の背景

教科書P.136

課題❶　「はたちが敗戦」の引用部分は「わたしが一番きれいだったとき」のどの部分を読む際の参考になるだろうか、考えてみよう。

解答例　「小旗をふり、出征兵士を見送るのも学校行事の一つだった」→「男たちは挙手の礼しか知らなくて／きれいな眼差だけを残し皆発っていった」

「増産のため農家へ……なんでもやった」→「手足ばかりが栗色に光った」(勤労奉仕のため、日焼けしていたことが想像できる。)

探究　災害の記録

教科書P.137〜142

課題①　「治承の辻風」と同年のできごとを調べ、作者のものの見方にどのような影響があったか考えてみよう。

考え方　治承四年(一一八〇年)は平安時代の末期で、平清盛が朝廷の最高権力者となった一週間後、京都は「治承の辻風」に襲われる。六月に福原遷都が強行されたが、平氏討伐の勢いが高まり、八月には源頼朝が挙兵、十一月には再び京都に還都され、清盛は追いつめられていった。

「治承の辻風」の結びに「ただ事にあらず、さるべきもののさとしか」(ただごとではない。神仏のしかるべきお告げであろうか)とあり、災害が起こるのを凶兆と考えている。天変地異と世の乱れが重なって、現世を幸せに生きることへの諦めもあったことだろう。

課題②　社会に大きな影響を及ぼした災害に言及した文章を調べ、その災害がどのように取り上げられているかまとめてみよう。

考え方　東日本大震災や、新型コロナウイルス感染拡大をはじめ感染症についてなど、災害に言及した文章は多数ある。どんな切り口から述べたものかの見当をつけて本や文章を選び、読んでみよう。

1　古文に親しむ

田舎(ゐなか)の児(ちご)、桜の散るを見て泣くこと

〔宇治拾遺物語(うぢしふゐものがたり)〕

教科書P.144～145

【大　意】 教144ページ1行～145ページ4行

昔、田舎から比叡山延暦寺(ひえいざんえんりやくじ)に登って修行をしていた児がいた。桜が満開の時、風が激しく吹くと泣いたので、僧は桜が散るのを惜しんでいるのだと思い慰めたが、児は田舎の父が育てている麦の花が散って実がならないと思うとつらいと答えた。

【品詞分解／現代語訳】

これ（代） も（係助） 今 は（係助） 昔、田舎 の（格助） 児 の（格助） 比叡の山 へ（格助） 登り（四・用） たり（助動・完・用）
これも今となっては昔のことだが、田舎の子で　比叡山延暦寺に登って

ける（助動・過・体） が、（格助） 桜 の（格助） めでたく（ク・用） 咲き（四・用） たり（助動・存・用） ける（助動・過・体） に、（格助） 風 の（格助） 激しく（シク・用）
修行していた子が、桜がみごとに咲いていたところに、風が激しく

吹き（四・用） ける（助動・過・体） を（格助） 見（上一・用） て、（接助） こ（代） の（格助） 児 さめざめと（副） 泣き（四・用） ける（助動・過・体） を（格助）
吹いたのを見て、この児がしくしくと泣いたのを

見（上一・用） て、（接助） 僧 の（格助） やはら（副） 寄り（四・用） て、（接助）
見て、僧がそっと近寄って、

「など（副） かう（副（音）） は（係助） 泣か（四・未） せ（助動・尊・用） たまふ（補尊・四・体） ぞ。（係助） こ（代） の（格助） 花 の（格助） 散る（四・体） を（格助）
「どうしてこのようにお泣きになるのですか。この花が散ることを

惜しう（シク・用（音）） おぼえ（下二・未） させ（助動・尊・用） たまふ（補尊・四・体） か。（係助） 桜 は（係助） はかなき（ク・体） もの に（助動・断・用） て、（接助）
惜しいとお思いになるのですか。桜ははかないものであって、

語句の解説

教144ページ

1 **めでたく**　「めでたし」は、「立派である。すばらしい。」という意味。

4 **かう**　副詞「かく」のウ音便。「このように」「こんなに」という意味。

4 **たまふ**　動詞に付いて、尊敬の意味を添える補助動詞で、「お～になる」「～なさる」などと訳す。僧の、児に対する敬意を示す。

4 **惜しう**　形容詞「惜し」の連用形「惜しく」のウ音便。

4 **おぼえ**　「おぼゆ」は、「(自然に)思われる」という意味。

5 **はかなき**　「はかなし」は、ここでは現代語と同じで、「消えてなくなりやすい」という意味。他に、「取るに足らない」という意味もある。

副　ク・用　四・用　補丁・四・体　助動・断・終　接助　（連語）　係助（係）　四・体（結）
かく程なくうつろひさぶらふなり。されども、さのみぞさぶらふ。」
このようにすぐ散っていくのです。けれども、ただそれだけのことでございます。

格助　下二・用　助動・過・已　接助
となぐさめければ、
と慰めたところ、（児は）

格助　四・未　助動・婉・体　係助　ナリ・用　副　サ変・未　助動・意・終　シク・未
「桜の散らむは、あながちにいかがせむ、くるしから
「桜が散るようなことは、しいてどうしようもないことです、かまいません。

助動・打・終　（代）　格助　格助　四・用　助動・存・体　格助　四・用　接助　格助
ず。わが父の作りたる麦の花散りて、実の
私の父が作った麦の花が散って、実が

四・未　助動・打・未　助動・推・体　四・体　格助　シク・体
入らざらむ、思ふがわびしき。」
つかないのではないかと思うことがつらいのです。」

格助　四・用　接助　下二・用　接助　副　格助　四・用　助動・過・已　接助　ク・終
と言ひて、さくりあげて、「よよ。」と泣きければ、うたてし
と言って、しゃくりあげて、「おいおい」と泣いたので、情けないこと

終助
やな。
だなあ。

5さぶらふ（ロウ）　「あり」「をり」の丁寧語。「〜でございます。」と訳す。

5さのみ　副詞「さ」（意味は「そう。そのように」）に、副助詞「のみ」（意味は「…だけ」という限定）が付いた連語。

教145ページ

2あながちに　打ち消しや反語表現を伴って「しいて〜ない。必ずしも〜ない。」という意味を表す。

3わびしき　「わびし」は、ここでは、「つらい」という意味。他に、「困ったことだ」という意味もある。

4うたてし　「情けない。がっかりする。」という意味。

学習のポイント

1　仮名遣いに注意して、本文を繰り返し音読してみよう。

考え方　「やはら」（144・3）は「ヤワラ」、「などかうは」（144・4）は「ナドコウワ」となる。単語の途中にある「は」行の発音に注意。「惜しう」（144・4）は「オシュウ」と読む。「散らむ」（145・2）など、「む」を「ン」と読む発音にも注意。

2　桜が散るのを見て泣いた「児」について、「児」の真意と僧の思い込みとの違いを整理してみよう。

考え方　僧の「この花の散るを惜しうおぼえさせたまふか。」（144・4）と、児の「わが父（てて）の作りたる麦の花散りて、実の入らざらむ、思ふがわびしき」（145・2〜3）に注目。

解答例　僧は、激しい風が吹いて桜が散るのを児が悲しんでいると思ったが、児は、田舎の父が農作物として育てている麦の花が散って、実がならなくなることを思って泣いた。

3　語り手が「うたてしやな。」（145・4）と結んだのはなぜか、話し合ってみよう。

考え方　[2]で答えた、児が泣いた理由と僧の思い込みとの違いから、何がどう「情けない」のか考える。

解答例　僧は、児が桜の美しさに感動し、それが散るのを悲しむという風流な理由で泣いていると思っていたが、児は田舎の父が作っている麦の花が散るのではないかと、極めて現実的な理由で泣いていた。風流がわからない児、児の泣く理由を勘違いしてもっともらしく慰めた僧、また、そのちぐはぐな様子が、情けない。

児のそら寝

〔宇治拾遺物語〕

教科書P.146～147

【大意】　1　教146ページ1～11行

昔、比叡山に一人の児がいた。ある夜、僧たちがぼたもちを作ろうと言っているのを聞き、寝たふりをしながら楽しみに待っていたところ、ぼたもちが出来あがった。

【品詞分解／現代語訳】

これ(代) も(係助) 今 は(係助) 昔、比叡の山 に(格助) 児 あり(ラ変・用) けり(助動・過・終)。僧たち、宵 の(格助) つれづれ に(格助)、「いざ(感)、かいもちひ せ(サ変・未) む(助動・意・終)。」 と(格助) 言ひ(四・用) ける(助動・過・体) を(格助)、こ(代) の(格助) 児、心寄せ に(格助) 聞き(四・用) けり(助動・過・終)。さりとて(接)、しいださ(四・未) む(助動・婉・体) を(格助) 待ち(四・用) て(接助) 寝(下二・未) ざら(助動・打・未) む(助動・婉・体) も(係助)、わろかり(ク・用) な(助動・強・未) む(助動・推・終) と(格助) 思ひ(四・用) て(接助)、片方 に(格助) 寄り(四・用) て(接助)、寝(下二・用) たる(助動・存・体) よし にて(格助)、出で来る(カ変・体) を(格助) 待ち(四・用) ける(助動・過・体) に(接助)、すでに(副) しいだし(四・用) たる(助動・完・体) さま にて(格助)、ひしめき合ひ(四・用) たり(助動・存・終)。

これも今となっては昔の話だが、比叡の山に児がいた。僧たちが、夜になってからすることがなくて退屈なときに、「さあ、ぼたもちを作ろう。」と言ったのを、この児は、期待して聞いた。そうであるからといって(ぼたもちを)作り出すのを待って、寝ないのもよくないだろうと思って、(部屋の)片隅に寄って、寝たふりをして、(ぼたもちが)できあがるのを待ったところ、もう作り上げた様子で、集まって騒いでいる。

語句の解説 1

教146ページ

2 **宵のつれづれ**　「宵」は、夜になってから それほどたたない頃。「つれづれ」は、することがなく、退屈なこと。

3 **いざ**　さあ、それ。相手に行動をうながす時に発する語。

4 **心寄せ**（こころよせ）　関心を持つこと。期待すること。

5 **さりとて**　「さありとて」が変化した語。

1　「…わろかりなむ」と思ったのはなぜか。

答　「わろし」は「よくない」の意。寝ないで待っていると、食い意地が張っていると思われてきまりが悪いと思った。

8 **よし**　そぶり。様子。

10 **ひしめき合ひたり**（あい）　「ひしめく」は、大勢の人が集まって騒ぐ。「たり」は存続の意。

【大意】　2　教146ページ12行～147ページ5行

児が、起こしてくれるだろうと待っていたら、僧が声をかけた。一度で返事をするのも体裁が悪いと思い、もう一度呼ばれるのを待っているうちに、僧たちはぼたもちを食べ始めた。しかたなく、だいぶたったあとで「はい。」と返事をすると、僧たちは大笑いした。

【品詞分解／現代語訳】

(代)　格助　副　四・未　助動・意・終　助動・推・終　格助　上一・用　助動・存・体　接助
この児、定めて驚かさむずらむと待ちゐたるに、僧
この児は、(僧が)きっと起こそうとするだろうと　待っていると、　僧

格助　名　四・用　補丁・四・未　助動・意・終　四・未　助動・尊・用　補尊・四・命　格助　四・体　格助
の、「もの申しさぶらはむ。驚かせたまへ。」と言ふを、
が、「もしもし。　目をお覚ましなさいませ。」と言うのを、

シク・終　格助　係助　四・已　接助　副　格助　下二・未　助動・婉・体　係助　四・用　助動・過・体
うれしとは思へども、ただ一度にいらへむも、待ちける
うれしいと思うけれども、ただ一度で返事をするというのも(ぼたもちを寝ないで)待っていた

係助　格助　(連語)(係)　四・体(結)　格助　副　四・未　助動・受・用　接助　下二・未
かともぞ思ふとて、今一声呼ばれていらへ
のかと(僧たちが)思うといけないと思って、　もう一度呼ばれて返事をしようと

助動・意・終　格助　サ変・用　接助　下二・用　助動・存・体　格助　感　副　四・用　補謙・四・用
むと、念じて寝たるほどに、「や、な起こしたてまつり
がまんして寝ているうちに、　「これ、お起こしするな。

終助　ク・体　係助　四・用　補尊・四・用　助動・完・用　助動・詠・終　格助　四・体　格助　サ変・用
そ。幼き人は、寝入りたまひにけり。」と言ふ声のし
幼い人は　眠ってしまわれた。」　と言う声がしたので、

助動・過・已　接助　感　シク・終　格助　四・用　接助　副　四・命　終助　格助
ければ、あなわびしと思ひて、今一度起こせかしと、思ひ寝
ああ、困ったと思って、　もう一度起こしてくれよと思いながら寝

格助　四・已　接助　副　副　四・用　格助　四・体　格助　サ変・用　助動・過・已　接助
に聞けば、ひしひしとただ食ひに食ふ音のしければ、
て聞くと、　むしゃむしゃと、ひたすら食べに食べる音がしたので、

ク・用　接助　格助　格助　感　格助　下二・用　助動・完・用　助動・過・已　接助
すべなくて、無期の後に、「えい。」といらへたりければ、僧
どうしようもなくて、長い時間がたった後で　「はい。」と返事をしたので、　僧

語句の解説　2

教146ページ

12 **定めて**(さだ)　下に推量の表現を伴う。ここでは、推量の助動詞「らむ」が後ろにある。

13 **驚かせたまへ**(おどろ・エ)　「驚く」は「目を覚ます」の意。尊敬の意を示す助動詞「せ」と補助動詞「たまへ」は、「お～なさいませ」という意。

13 **いらへむも**(エン)　「いらふ」は、「返事をする」「答える」。

教147ページ

1 **もぞ**　係助詞「も」に「ぞ」が付いた連語で、「～したら困る」の意。係り結びで、「ぞ」を受ける「思ふ」は連体形になる。

1 **念じて**(ねん)　「念ず」は、「我慢する」の意。

2 **たてまつり**　ここでは、動詞に付いて、「…申し上げる」という意を添える。僧の、児に対する敬意を表している。

3 **わびし**　ここでは、「困ったことである」の意。他に、「つらい」「興ざめだ」という意味もある。

4 **すべなくて**　「すべ」は、手段・方法の意。「対処すべき方法がなくて」という意味。

たち　笑ふ（四・体）　こと　かぎりなし（ク・終）。
たちは　笑いが止まらなかった。

学習のポイント

1　児の思いが表現されている部分を、順を追って抜き出してみよう。

考え方　主語が児である部分を追いながら、心情を表す表現を抜き出していく。なぜそう思ったのかについても確認しながら読む。

解答例　1「心寄せに聞きけり」。（146・4）　僧たちが「いざ、かいもちひせむ。」と言ったのを聞き、ぼたもちが作られるのだと期待する。

2「さりとて、……わろかりなむ」（146・5〜7）　なぜそう思ったかは、教科書の1に対する答えを参照。

3「定めて驚かさむずらむ」（146・12）　どうやらできあがったようだと察し、きっと声をかけてくれるだろうと期待して待つ。

4「うれしとは思へども」（146・13）　思った通り声がかかり喜ぶ。

5「ただ一度に……待ちけるかともぞ思ふ」（146・13〜147・1）　しかし、すぐに返事をしたら待ち構えていたんだなと思われてきまりが悪い。そこで、もう少しがまんして、

6「今一声呼ばれていらへむ」（147・1）と思う。

7「あなわびし」（147・3）　起こされてすぐに答えなかったら、「寝てしまったのだろう、起こすな。」という僧の声が聞こえた。このままだとぼたもちが食べられなくなってしまうと焦る。

8「今一度起こせかし」（147・3）　どうかもう一度起こしてほしいと切に願う。

2　僧たちはなぜかぎりなく笑ったのか、考えてみよう。

考え方　児が「えい。」と答えたのを受けてであるが、①児の寝たふりに気がついていなかったか、②寝たふりに気がついていたかで理由は変わってくる。①②どちらの場合でも、僧たちが児のことをかわいがっていることに変わりはない。

解答例　①の場合。寝てしまったと思って起こすのをやめたが、実は児は起きていて、本当はすぐにでも起きて食べたいのに我慢していたことがわかったから、児のことを微笑ましいと思って笑った。

②の場合。寝たふりをしているとわかっていて、わざとじらしていたら、とうとう我慢できなくなった児が、変なところで返事をしたのがおかしくて、笑った。「ほら、やっぱり起きていたのだろう。」と、自分たちの予想が当たった、という思いもあるだろう。

3　児のもくろみが外れたきっかけとなった発言を、指摘してみよう。

考え方　「あなわびし」（147・3）が、もくろみが外れた児の気持ちを表しているので、その直前の部分に注目する。

解答例　「や、な起こしたてまつりそ。幼き人は寝入りたまひにけり。」（147・2）

絵仏師良秀（りやうしう）

〔宇治拾遺物語〕

教科書P.148〜150

【大意】1　教148ページ1〜4行

昔、良秀という仏の絵を描く絵師がいた。ある時隣の家が火事になり、火が迫ってきた。逃げ出した良秀は、まだ家の中に妻子や自分の作品が取り残されているのに、かまわず家の向かい側に立っていた。

【品詞分解／現代語訳】

これ（代）　も（係助）　今　は（係助）　昔、　絵仏師良秀　と（格助）　いふ（四・体）　あり（ラ変・用）　けり（助動・過・終）。　家　の（格助）
これも今となっては昔のことだが、絵仏師良秀という者がいた。家の

隣　より（格助）　火　出で来（カ変・用）　て（接助）、　風　おしおほひ（四・用）　て（接助）、　せめ（下二・用）　けれ（助動・過・已）　ば（接助）、
隣から火が出て、（その火に）風が覆いかぶさって、迫ってきたので、

逃げ出で（下二・用）　て（接助）、　大路　へ（格助）　出で（下二・用）　に（助動・完・用）　けり（助動・過・終）。　人　の（格助）　書か（四・未）　する（助動・使・体）
逃げ出て、大通りへ出てしまった。人が（良秀に注文して）書かせた

仏　も（係助）　おはし（尊・サ変・用）　けり（助動・過・終）。　また（接）、　衣　着（上一・未）　ぬ（助動・打・体）　妻子　など（副助）　も（係助）、
仏画も（家の中に）おいでになった。また、着物も着ていない妻子なども、

さながら（副）　内　に（格助）　あり（ラ変・用）　けり（助動・過・終）。　それ（代）　も（係助）　知ら（四・未）　ず（助動・打・用）、　ただ（副）
そのまま家の中にいた。（良秀は）それも知らず、ただ（自分が）

逃げ出で（下二・用）　たる（助動・完・体）　を（格助）　こと　に（格助）　し（サ変・用）　て（接助）、　向かひ　の（格助）　つら　に（格助）
逃げ出たことを　よいことにして、　向かいの側に

立て（四・已）　り（助動・在・終）。
立っていた。

【大意】2　教148ページ5行〜149ページ3行

良秀は、自分の家の焼けるのを見て時々笑った。見舞いに来た人たちが不審に思って聞

語句の解説 1

教148ページ

2 おしおほひて　「おし」は接頭語。動詞の上に付いて、意味を強める。風が火を覆うような勢いで吹いている様子を表している。

2 せめければ　「せむ」は「迫む」と書き、「近づき迫る」という意味を表す。

2 人の書かする仏　「の」は、上にある「人」が主語であることを示す格助詞。

3 おはし　「あり」「居り」の尊敬語。作者の、仏に対する敬意を表す。

3 さながら　「そう。そのように。」という意味の副詞「さ」に「…のまま」という意味の接続助詞「ながら」が付いた語。「そっくりそのまま」という意味。

4 つら　ここでは、あるものに面している「側」の意。自分の家の向かい側。

語句の解説 2

教148ページ

くと、良秀は、この火事によって不動明王の炎の描き方が理解できた、と喜んでいるのであった。その後、良秀の描く不動明王の絵は「よぢり不動」と呼ばれ、称賛された。

【品詞分解／現代語訳】

見れ ば、すでに 我 が 家 に 移り て、煙、炎 くゆり ける まで、
上一・已／接助／副／(代)／格助／格助／四・用／接助／四・用／助動・過・体／副助
見ると、すでに自分の家に燃え移って、煙や炎がくすぶるまで

おほかた、向かひ の つら に 立ち て 眺め けれ ば、「あさましき
副／格助／格助／四・用／接助／下二・用／助動・過・已／接助／シク・体
(その)大部分を、道の向かい側に立って眺めていたので、「大変なことでしたね」

こと。」とて、人ども 来 とぶらひ けれ ど、騒が ず。「いかに。」
格助／カ変・用／四・用／助動・過・已／接助／四・未／助動・打・終／副
といって、人々は来て見舞ったが、(良秀は)騒がない。「どうしたのです

と、人、言ひ けれ ば、向かひ に 立ち て、家 の 焼くる を 見
格助／四・用／助動・過・已／接助／格助／四・用／接助／格助／下二・体／格助／上一・用
か。」と人が言ったところ、(道の)向かいに立って、家の焼けるのを見て、

て、うちうなづき て、時々 笑ひ けり。「あはれ、し つる
接助／四・用／接助／副／四・用／助動・過・終／感／サ変・用／助動・完・体
うなずいて、時々笑った。「ああ、大変なもうけもの

せうとく かな。年ごろ は、わろく 書き ける もの かな。」と 言ふ
終助／係助／ク・用／四・用／助動・過・体／終助／格助／四・体
をしたなあ。この何年間はへたに書いていたものだ」と言う時に、

とき に、とぶらひ に 来 たる 者ども、「こ は いかに、かくて は
格助／格助／カ変・用／助動・完・体／(代)／係助／副／副／係助
見舞いに来た人たちが、「これはまあ、どうしてこのように立って

立ち たまへ る ぞ。あさましき こと かな。物 の つき たまへ
四・用／補尊・四・已／助動・存・体／係助／シク・体／終助／格助／四・用／補尊・四・已
いらっしゃるのですか。あきれたことだなあ。物の怪がとりつきなさったのか。

る か。」と 言ひ けれ ば、「なんでふ、物 の つく べき ぞ。年
助動・存・体／係助／格助／四・用／助動・過・已／接助／副／格助／四・終／助動・当・体／係助
と言ったので、どうして、物の怪がとりつくはずがあろうか、いや、とりついてなどいない。長年、不動尊の

ごろ、不動尊 の 火炎 を 悪しく 書き ける なり。今 見れ ば、かう
格助／格助／シク・用／四・用／助動・過・体／助動・断・終／副／上一・已／接助／副(音)
炎を悪く書いていたのだ。今見ると、このように

5くゆりける 「くゆる」は、「煙が立ち上る。くすぶる。」という意味。

6あさましきこと 「あさまし」は、ここでは、「(思いがけないことが起こって)大変だ」という意味。他に、「あきれて興ざめだ」という意味もある(10行目はこの意味)。

7いかに 疑問の意を表す。ここでは、大変なことが起こったのにちっとも騒がない良秀への疑問を表している。

8あはれ(ワ) 感動した時に発する語。

9年ごろ(とし) これまでの何年間。「ころ」はある程度のまとまった時間を示す。

9わろく 「わろし」は、他と比べて、相対的によくない様子、普通よりも劣っている様子を表す語。現代語の「悪い」ほど強い意味ではない。

11つき 「つく」は、「憑く」と書いて、「霊や物の怪がとりつく」という意を表す。

1 人々が「物のつきたまへるか。」と言ったのはなぜか。

答 自分の家が燃え、妻子もまだ中にいるというのに、取り乱すこともなくうなずいて時々笑っている様子を異様だと思ったから。

係助(係)　下二・用　助動・詠・已(結)　格助　下二・用　助動・完・体　助動・断・終　(代)　係助
こそ燃えけれと、心得つるなり。これこそ、せうとく
(火炎は)燃えていたのだなあとわかったのだ。これこそもうけものだ。

間投助　(代)　格助　格助　下二・用　接助　格助　ラ変・未　助動・仮・体　格助　係助　副助
よ。この道を立てて世にあらむには、仏だに
この(絵の)道を職業として世を生きていくならば(せめて)仏だ

ク・用　四・用　補謙・四・未　接助　格助　係助　カ変・用　助動・強・未　助動・推・終
よく書きたてまつらば、百千の家も出で来なむ。
けでも上手く描き申し上げるならば、百軒千軒の家もきっと出来るだろう。

(代)　接尾　係助(係)　連体　係助　サ変・未　助動・打・已　接助　格助　係助　四・用
わ党たちこそ、させる能もおはせねば、物をも惜しみ
おまえさんたちこそ、これといった才能もおありにならないので、物を惜しみなさるのだ。」

補尊・四・已(結)　格助　四・用　接助　四・用　接助　係助(係)　四・已　助動・存・用　助動・過・已(結)
たまへ。」と言ひて、あざ笑ひてこそ立てりけれ。
と言って、あざ笑って立っていた。

(代)　格助　助動・断・用　係助(係)　格助　格助　格助
その後にや、良秀がよぢり不動とて、今に、人々、
その後であろうか、(良秀の絵は)良秀のよぢり不動といって、今でも人々は

四・已　助動・存・終
めで合へり。
称賛している。

---

12 **悪(あ)しく**　「悪し」は、「わろく」(148・9)に対し、絶対的によくない様子を表す。現代語の「悪い」とほぼ同じ。

12 **心得(こころえ)つる**　「心得」の終止形は「心得(う)」で、「理解する。」という意味。

13 **仏(ほとけ)だに**　「だに」は、後に命令・意志・願望・仮定の表現がある場合、「せめて……だけでも」という最小限の限定を表す。

教149ページ

1 **書(か)きたてまつらば**　「たてまつる」は、ここでは、謙譲の意味を表す補助動詞。良秀の、「仏」に対する敬意を示す。

2 **物(もの)をも惜(お)しみたまへ(エ)**　係り結びで、「たまへ」は「こそ」を受け、已然形になる。命令形ではないので、訳す時に注意。

3 **その後(のち)にや**　係助詞「や」を受ける結びの語「あらむ」が省略されている。

3 **めで合(あ)へ(エ)り**　「めづ」は、「愛(め)づ」とも書き、「愛する」「称賛する」「感動する」などの意味を表す。ここでは、「称賛する」。

学習のポイント

1 **良秀は自分の家が焼けるとき何をしていたのか、本文から抜き出してみよう。**

考え方　「家が焼けるとき」とあるので、良秀の家が焼けたのは、第二段落の「見れば、すでに我が家に移りて」(148・5)以降。「家

の焼くるを見て」(148・7)以下に、注目する。

解答例 向かひに立ちて、家の焼くるを見て、うちうなづきて、時々笑ひけり。(148・7〜8)

2 **「とぶらひに来たる者ども、」(148・9)の「物のつきたまへるか。」(同・11)という問いに、良秀はどのように答えているか、まとめてみよう。**

考え方 「なんでふ」(148・11)から「惜しみたまへ。」(149・2)までの良秀の言葉の内容をまとめる。

解答例 物の怪などつくわけがない。これまで自分は不動尊の火炎の書き方が下手だった。今この火を見て、なるほど、こう燃えるのだと心得ることができた。絵仏師としてこの世で生きていくのならば、仏を上手く描くことができれば、百でも千でもきっと家を建てられるだろう。あなたたちは才能がないので、物を惜しむのだ。

3 **「その後にや、…めで合へり。」(149・3)とある理由を話し合ってみよう。**

考え方 この最後の一文がある場合とない場合で、良秀の行動や、良秀の人間性について、印象がどう変わるか考えてみる。

まず、この文があることによって、良秀がその後、後世に残る芸術家となったことがわかる。あくまでも結果だが、「後世に残った」という価値が加わることによって、良秀の奇行のみが強調される話ではなくなる。芸術家として、表現を追求する良秀の生きざまも印象づけられる話となる。

家が焼けた時の良秀の行動は、人々から「物のつきたまへるか。」と言われたように、常識からは外れている。妻子が逃げ遅れているというのに、全く気にすることなく時々笑って火事を眺めているのは、非人間的でもある。その異様さが強い印象を与えるので、そのまま終わると良秀という人間の奇人変人ぶりを描いた話となるかもしれない。しかし、最後に「優れた芸術作品は後世に残る」という視点が加えられたことで、それだけでは終わらなくなっているのである。

解釈の視点① 古典の言葉

教科書P.151

古典の言葉は、原題の言葉と共通する点もあるが、違う点もある。古典を読む際は、《違う点》を覚えておくことが大切である。

◆発音　歴史的仮名づかいの発音

・「ゐ・ゑ」は「イ・エ」と読む。

〈例〉「まゐる」(参る)→マイル　「ゑみ(笑み)」→エミ

・語頭にない「は・ひ・ふ・へ・ほ」は、「ワ・イ・ウ・エ・オ」と読む。

〈例〉「あはれ」→アワレ　「あぢはひ」(味はひ)→アジワイ

「ゆふ」(夕)→ユウ　「こたへ」(答へ)→コタエ

「かほ」(顔)→カオ

・「ぢ・づ」は「ジ・ズ」と読む。

〈例〉「あぢ」(味)→アジ　「みづ」(水)→ミズ

・助動詞「む」「らむ」や助詞「なむ」などの「む」は「ン」と読む。

〈例〉「いざ、かいもちひせむ」→イザ、カイモチイセン

「いつしか梅咲かなむ」→イッシカウメサカナン

・**「くわ・ぐわ」は「カ・ガ」と読む。**

〈例〉「くわんゐ」（官位）→カンイ　「ひぐわん」（悲願）→ヒガン

・**母音が重なる場合は、次のように長くのばして読む。（「う」が「ふ」の場合も同じ）**

①ア段の仮名＋「う」（-a＋u→ō）

〈例〉やうす（yausu）→ヨース（yōsu）

②イ段の仮名＋「う」（-i＋u→yū）

〈例〉やさしう（yasasiu）→ヤサシュー（yasasyū）

③エ段の仮名＋「う」（-e＋u→yō）

〈例〉けふ（kehu）→キョー（kyō）

◆**語彙**

現在では使われなくなった語や、現在使われている語と意味が異なる言葉がある。古典によく出てくる語はしっかり覚えておく。

・現在使われていないが、よく出てくる語の例

いみじ（「程度が甚だしいさま」。好ましい場合にも好ましくない場合にも用いる。どちらの意味かは文脈から判断する。）

・現在使われている語と意味が異なる、よく出てくる語の例

あはれ（「かわいそう」という意味ではなく、「しみじみとした趣（おもむき）がある」「かわいい」「悲しい」という意味）。

◆**文法　古典の文法を古典文法という。**

現代の文法（口語文法）とは違う点に注意する。

1　動詞は、下二段活用・上二段活用など、口語文法にはない活用があり、また活用の仕方も違う。

2　形容詞・形容動詞も活用の仕方が違う。

3　助動詞・助詞は口語文法にないものが多い。

4　口語文法の仮定形が、文語文法では已然形となっている。

5　主語を表す「が」「は」などの助詞が省略されることが多い。

6　係助詞「ぞ」「なむ」「や」「か」「こそ」があると、文末は終止形ではなく連体形か已然形になる。（「係り結び」）

阿蘇（あそ）の史（さくわん）、盗人（ぬすびと）にあひてのがるること

〔今昔物語集（こんじゃくものがたりしゅう）〕

教科書P.152〜154

【大意】　1　教152ページ1〜2行

昔、阿蘇のなにがしという、肝っ玉の太い役人がいた。

【品詞分解／現代語訳】

今　は（係助）　昔、阿蘇　の　なにがし　と（格助）　いふ（四・体）　史　あり（ラ変・用）　けり（助動・過・終）。

今では昔のことになったが、阿蘇のなにがしという史官がいた。

たけ　短なり（ナリ・用）

背丈は低かったが、

語句の解説 1

教152ページ

1 今（いま）は昔（むかし）　今となっては昔のことだが。『今昔物語集』は、「今は昔」で始まり「となむ語り伝へたるとや」で終わる形式を持つ。

1 なにがし　だれそれ。

けれ(助動・過・已) ども、(接助) 魂 は(係助) いみじき(シク・体) 盗人 に(助動・断・用) て(接助) ぞ(係助(係)) あり(ラ変・用) ける。(助動・過・体(結))
肝っ玉はすばらしく太いやつであった。

【大意】 2 教152ページ3〜10行

史は宮中を退出して家に帰るとき、着ていたものをみな脱いで、牛車の畳の下に置き、冠と襪(しとうず)だけの裸の姿で牛車の中に座っていた。

【品詞分解/現代語訳】

家 は(係助) 西の京 に(格助) あり(ラ変・用) けれ(助動・過・已) ば、(接助) 公事 あり(ラ変・用) て(接助) 内 に(格助) 参り(四・用) て、(接助)
家は西の京にあったので、公務があって宮中に参上して、

夜 更け(下二・用) て(接助) 家 に(格助) 帰り(四・用) ける(助動・過・体) に、(格助) 東 の(格助) 中の御門(名) より(格助) 出で(下二・用)
夜が更けて家に帰ったときに、東の中の御門(待賢門)から出て、

て、(接助) 車 に(格助) 乗り(四・用) て(接助) 大宮下り に(格助) やら(四・未) せ(助動・使・用) て(接助) 行き(四・用) ける(助動・過・体) に、(接助)
牛車に乗って東大宮大路を南の方へ(牛車を)進ませて行った途中で、

着(上一・用) たる(助動・存・体) 装束 を(格助) みな(副) 解き(四・用) て、(接助) 片端 より(格助) みな(副) たたみ(四・用) て、(接助) 車
(史は)着ていた装束をみな脱いで、つぎつぎにみなたたんで、牛車

の(格助) 畳 の(格助) 下 に(格助) うるはしく(シク・用) 置き(四・用) て、(接助) そ(代) の(格助) 上 に(格助) 畳 を(格助) 敷き(四・用)
の(敷物の)畳の下にきちんと置いて、その上に畳を敷いて、

て、(接助) 史 は(係助) 冠 を(格助) し、(サ変・用) 襪 を(格助) 履き(四・用) て、(接助) 裸 に(格助) なり(四・用) て(接助) 車 の(格助)
史は冠をつけ、したぐつをはいて、裸になって牛車の

内 に(格助) ゐ(上一・用) たり。(助動・存・終)
中に座っていた。

【大意】 3 教153ページ11行〜153ページ14行

美福門のあたりで盗人が現れたが、史が裸で座っていて、衣類はみな取られてしまった

1 いみじき　程度の甚だしい意を表す。

語句の解説 2

教152ページ

3 内(うち)　内裏(だいり)。宮中のこと。

答 1　大内裏周辺図の上で、史が通った経路をたどってみよう。
待賢門(たいけん)を出て東大宮大路(ひがしおおみやおおじ)を南へ、二条(にじょう)大路を西へ、美福門(びふく)のあたりで盗人に遭う。

5 車(くるま)　古文では「牛車」をさすことが多い。

6 やらせて　「やら」は行かせる、進ませる意の動詞「やる」の未然形。「せ」は使役の助動詞「す」の連用形。

8 うるはしく　きちんと整っていて美しい意の形容詞「うるはし」の連用形。

8 その上(うえ)に　たたんで置いた装束の上に。

10 ゐ(イ)たり　「ゐ」はワ行上一段活用の動詞「ゐる」の連用形。座る動作を表す。

語句の解説 3

教153ページ

とすまして言うのを聞いて驚きあきれ、笑って去って行った。

【品詞分解／現代語訳】

接　格助　格助　四・未　助動・使・用　接助　四・体　接助　格助
さて、二条 より 西様 に やら せ て 行く に、美福門 の
さて、(東大宮大路を折れ)二条大路から西の方向に(牛車を)進ませて行くときに、美福門のあたりを

格助　上二・体　格助　格助　副　カ変・用
ほど を 過ぐる 間 に、盗人、傍ら より はらはらと 出で来
を通り過ぎる間に、盗人が、傍らからばらばらと出てきた。

助動・完・終　格助　格助　四・用　接助　格助　四・已　接助　係助
ぬ。車 の 轅 に 付き て、牛飼ひ童 を 打て ば、童 は 牛
(盗人たちは)牛車の轅に取り付いて、牛飼いの者をなぐったので、牛飼いの者は牛を

格助　下二・用　接助　下二・用　助動・完・終　格助　格助　ラ変・用
を 棄て て 逃げ ぬ。車 の 後 に 雑色 二、三人 あり
捨てて逃げてしまった。牛車のあとに下働きの者が二、三人いた(者たち)も、

助動・過・体　係助　副　下二・用　接助　ナ変・用　助動・過・終　カ変・用　接助　格助
ける も、みな 逃げ て 去に けり。盗人 寄り来 て、車 の 簾
みな逃げて去ってしまった。盗人が(牛車のそばへ)寄ってきて、牛車の簾

格助　下二・用　接助　上一・体　接助　助動・断・用　接助　上一・用　助動・存・已　接助
を 引き開け て 見る に、裸 に て 史 ゐ たれ ば、盗人、
を引き開けて(中を)見ると、裸で史が座っていたので、盗人は、

シク・終　格助　四・用　接助　(代)　係助　副　格助　四・已　接助
「あさまし。」と 思ひ て、「こ は いかに。」と 問へ ば、史、「東
「あきれたことだ。」と思って、「これはどうしたことか。」と(史に)尋ねると、史は、

格助　格助　副　格助　助動・比・用　四・用　助動・完・体　カ変・用　接助　(代)
の 大宮 にて かく の ごとく なり つる。君達 寄り来 て、己
「東の大宮大路でこのようになってしまった。あなたがたのような君達(＝盗人)

格助　格助　係助　副　四・用　助動・完・終　格助　格助　四・用　接助　ク・体
が 装束 を ば みな 召し つ。」と 笏 を 取り て、よき 人
が寄って着て、私の装束をみなお取り上げになってしまわれた。」と、笏を持って、高貴な人に

格助　四・体　助動・断・用　四・用　接助　下二・用　助動・過・已　接助
に もの 申す やう に かしこまり て 答へ けれ ば、盗人
ものを申し上げるようにかしこまって答えたので、盗人は

四・用　接助　下二・用　接助　ナ変・用　助動・過・終　(代)　格助　格助　下二・用　接助
笑ひ て 棄て て 去に けり。その 後、史、声 を 上げ て
笑って(史と牛車とをそのまま)放って去っていった。その(盗人がいなくなった)後で、史が、声を上げて

1ほど　様子や程度を表し、文脈の中でさまざまに用いられる。ここは「あたり」の意。

2　この「盗人」と前ページ二行目の「盗人」の違いは何か。

答　この「盗人」＝本物の盗人。前ページの「盗人」＝盗人のように豪胆な者の意で、比喩的な用法。

5去にけり　「去に」はナ変動詞「去ぬ」の連用形。ナ変の動詞は「去ぬ(＝往ぬ)」と「死ぬ」の二語のみ。

7あさまし　驚きあきれる意の形容詞。良い意味でも悪い意味でも用いられる。

7こはいかに　「こ」は近称の代名詞で、これ、ここ、の意。牛車の中に史が裸でいることをさしている。

8かくのごとく　「かく」は、このように。ここでは史が裸になったことをさしている。「ごとく」は、～のように。

3　史の言葉の中で「よき人にもの申す」言い方はどれか。

答　「君達」「召しつ」(「召す」は尊敬語で、ここはお取り上げになる意。)

11かしこまりて　「かしこまる」は、畏れ敬う意の動詞。ここでは史が盗人に対して丁

牛飼い童〔格助〕を〔係助〕も〔四・用〕呼び〔助動・過・已〕けれ〔接助〕ば、〔副〕みな〔カ変・用〕出で来〔助動・完・用〕に〔助動・過・終〕けり。〔(代)〕それ

(雑色や)牛飼いの者も呼んだので、みんな出て来た。(史は)

〔格助〕より〔係助(係)〕なむ　家〔格助〕に〔四・用〕帰り〔助動・完・用〕に〔助動・過・体(結)〕ける。

それから家に帰ったのだった。

【大　意】　4　教153ページ15〜16行

家に帰って妻に話すと、妻は盗人より肝が太いと言って笑った。

【品詞分解／現代語訳】

〔接〕さて、妻〔格助〕に〔(代)〕こ〔格助〕の　由〔格助〕を〔四・用〕語り〔助動・過・已〕けれ〔接助〕ば、妻〔格助〕の〔(連語)〕いはく、

さて、(史が)妻にこの出来事を語ったところ、妻が言うことには、

「〔(代)〕そ〔格助〕の　盗人〔格助〕に〔係助〕も〔四・用〕増さり〔助動・存・用〕たり〔助動・過・体〕ける　心〔助動・断・用〕に〔接助〕て〔サ変・用〕おはし

「(あなたは)その盗人より勝っている心(肝っ玉の持ち主)でいらっしゃるなあ。」

〔助動・詠・体〕ける。」〔格助〕と〔四・用〕言ひ〔接助〕て〔係助(係)〕ぞ〔四・用〕笑ひ〔助動・過・体(結)〕ける。

と言って笑った。

【大　意】　5　教154ページ1〜2行

史のしたことは、まったく他の人が思いつくようなことではない。

【品詞分解／現代語訳】

〔副〕まことに〔副〕いと〔シク・体〕恐ろしき　心〔助動・断・終〕なり。装束〔格助〕を〔副〕みな〔四・用〕解き〔接助〕て

本当にたいそう驚くべき心である。装束をみな脱いで

〔四・用〕隠しおき〔接助〕て、〔副〕しか〔四・未〕言は〔助動・意・終〕む〔格助〕と〔四・用〕思ひ〔助動・過・体〕ける　心ばせ、

隠しておいて、こう言おうと思った心の働きは

重に振る舞う様子を表している。

13 **みな出で来にけり**　逃げた牛飼い童や雑色たちが、隠れていたところから出て来た。この「みな」は主語としても可。

14 **それより**　「それ」は、みなが出て来たことをさしている。

語句の解説 4

教153ページ

15 **この由**　この出来事。「由」は理由や事情など、文脈によって多様な意味を表す。

15 **いはく**　言うことには。「いは」は「いふ」の未然形。「く」は体言化する接尾語。漢文の「曰く」からの転用とされる。

15 **その盗人**　襲ってきた本物の盗人。

16 **おはしける**　「おはし」は「〜でいらっしゃる」意の尊敬の補助動詞「おはす」の連用形。

語句の解説 5

教154ページ

1 **いと恐ろしき心**　「いと」は、たいそう。「恐ろし」は、不気味でぞっとする様子を表し、恐ろしい、驚くべきだ、などと訳される。史の「心」をいったもの。

1 **しか言はむ**　そのように言おう。「しか」は

さらに〔副〕 人 の〔格助〕 思ひ寄る〔四・終〕 べき〔助動・当・体〕 こと に〔助動・断・用〕 あら〔ラ変・未〕 ず〔助動・打・終〕。

決して他の人が思いつくようなことではない。

【大　意】　6　教154ページ3～4行

この史は、非常に能弁な者であったので、このように伝えられているのだ。

【品詞分解／現代語訳】

こ〔(代)〕 の〔格助〕 史 は〔係助〕 極めたる〔連体〕 物言ひ に〔助動・断・用〕 て〔接助〕 なむ〔係助〕 あり〔ラ変・用〕 けれ〔助動・過・已〕 ば〔接助〕、

この史はこの上ない口達者（な者）であったので、

かく〔副〕 も〔係助〕 言ふ〔四・体〕 なり〔助動・断・用〕 けり〔助動・詠・終〕、 と〔格助〕 なむ〔係助(係)〕 語り伝へ〔下二・用〕 たる〔助動・存・体(結)〕 と〔格助〕 や〔係助〕。

このようにも言うのであるなあ、と（人々は）語り伝えているということだ。

盗人に問われて史が言った言葉（教153ページ8～10行目「東の大宮にて～みな召しつ。」）と、そのときの様子をさす。

2 **さらに人の思ひよるべきことにあらず**　「さらに～ず」は、決して～ない。「人」は他人の意。史以外の人には決して思いつけないことだ、という意味。

語句の解説 6

教154ページ

3 **極めたる**　非常にすぐれている、この上ないという意味の連体詞。

3 **言ふなりけり**　言うのだなあ。「～なりけり」の形で詠嘆を表すことが多い。

3 **となむ語り伝へたるとや**　冒頭の「今は昔」と呼応して物語を結ぶ。「とや」の後に「言ふ」が省略されている。

学習のポイント

1 史の次の行動について考えてみよう。

①「裸になりて車の内にゐ」（152・9）たのはなぜか。

②「笏を取りて、よき人にもの申すやうにかしこまりて」（153・10）答えたのはなぜか。

考え方　冒頭の「魂はいみじき盗人にてぞありける」にも注意して史がどんな人物かを想像する。また、①・②のように振る舞った結果、襲ってきた盗人たちはどうしたか、ということにも注意して史がとった行動の意味を考える。

解答例　①帰り道で盗人に襲われたとき、すでに襲われて身ぐるみはがされ、もう奪い取るようなものはないということを、盗人に信じこませるため。

②盗人を「君達」と呼んだり、奪い取ることを「召す（お取り上げになる）」と敬語で表現したり、かしこまった態度で接することによって、盗人の自尊心をくすぐり、気持ちを和らげるため。

2 **盗人はなぜ「笑ひて棄てて」（153・12）行ってしまったのか、考えてみよう。**

考え方 「あさまし。」「こはいかに。」（153・7）という盗人の言葉にも注意して、場面の様子を想像する。

解答例 牛車の中に史が裸で座っていて、その人が丁寧な口調でかしこまってものを言うのが、あまりに意外で、おかしかったから。また、史の様子から、取るもの（装束）はないと判断したから。

3 **『今昔物語集』には、近代小説の題材になった作品が多くある。どのような作品があるかを調べて読んでみよう。**

考え方 図書館や教科書の補助教材（図録や文学史など）で近代小説と関連する記事を探してみる。特に芥川龍之介には『今昔物語集』に取材した小説がいくつもある。次に他の作家の作品もあげておくので、一つ選んで実際に読んでおくとよい。なお、芥川龍之介の『地獄変』は、『宇治拾遺物語』の「絵仏師良秀」（教148ページ）を元にしている。

●芥川龍之介の作品
『羅生門』『鼻』『芋粥』『藪の中』『六の宮の姫君』など

●他の作家の作品
菊池寛…『女盗賊』『六宮姫君』／杉本苑子…『五位の休日』
谷崎潤一郎…『少将滋幹の母』／福永武彦…『風のかたみ』

単元課題

1 **それぞれの説話について、現代の身近なできごとにも通じるところがないか、話し合ってみよう。**

考え方 登場人物の心の動きや気持ちの持ち方について、共感したことや連想したことを自由に出し合う。自分の経験や見聞きしたことをもとに、具体的に考えてみるとよい。

2 **この単元で読んだ説話を一つ選び、設定を現代に置き換えて書き直してみよう。**

考え方 面白いと思った話を選び、人物や場面を身近なものに置き換えて想像する。違いが生まれて別の話になってもよい。

2 自然へのまなざし

をりふしの移り変はるこそ

〔徒然草〕

教科書P.156〜158

【大　意】 教156ページ1行〜158ページ7行

季節の移り変わりは、それぞれ趣深い。最も趣深いのは秋だという人が多いが、春こそ心が浮き立つ。鳥の声が春めき、草が萌えはじめ、桜の花が咲き、青葉になるまで、人の心を悩ませる。夏は灌仏会、若葉の梢が茂る頃、人恋しくなり、端午の節句、早苗、水鶏の声、夕顔の花や蚊遣り火、六月の祓など、趣深い。秋は七夕、雁が来る頃に萩が色づき、早稲の田を刈るなど、趣深いものが多い。台風の翌朝など特によい。みな『源氏物語』『枕草子』にあることだが、人に見せるようなものではないので、思うまま書き記す。

【品詞分解／現代語訳】

をりふし　の(格助)　移り変はる(四・体)　こそ(係助(係))、ものごと　に(格助)　あはれなれ(ナリ・已(結))。

季節が移り変わっていくのは、何ごとにつけても趣を感じる。

「もののあはれ　は(係助)　秋　こそ(係助(係))　まされ(四・已(結))。」と(格助)、人ごと　に(格助)　言ふ(四・終)　めれ(助動・婉・已)

「しみじみとした情趣は秋こそ優れている」と、誰もが言うようだが、

ど(接助)、それ(代)　も(係助)　さる(連)　もの　に(助動・断・用)　て(接助)、いま(副)　ひときは(副)　心　も(係助)　浮きたつ(四・体)　もの

それももっともなことだが、なおいっそう心も浮き立つものは、

は(係助)、春　の(格助)　気色　に(助動・断・用)　こそ(係助(係))　あ(補動・ラ変・体(音))　めれ(助動・婉・已(結))。鳥　の(格助)　声

春の様子であるようだ。鳥の鳴き声なども、

など(副助)　も(係助)　ことのほかに(ナリ・用)　春めき(四・用)　て(接助)、のどやかなる(ナリ・体)　日かげ　に(格助)、垣根　の(格助)　草

とりわけ春めいて、のどかな日差しに、垣根の草が

語句の解説

教156ページ

1 **あはれなれ**　「あはれなり」は、「しみじみとした趣がある」意。心に深い感動を受けた時の感情を表す。

1　「さるもの」とはどのような意味か。

答　もっともなこと。「そのようである」という意の複合ラ変動詞「さり(然り)」の連体形「さる」に名詞「もの」が付いた語。

3 **気色**　ここでは「(自然界の)様子。情景。」他に「(人の)表情。そぶり。」など。

4 **あめれ**　動詞「あり」の連体形に婉曲の助動詞「めり」の已然形が付いた「あるめれ」の、撥音便化した語「あんめれ」の、撥音無表記。

4 **日かげ**　「かげ(影)」は、「光」の意。

萌え出づるころより、やや春深くかすみわたりて、花もやうやう気色だつほどこそあれ、をりしも雨風うち続きて、心あわたたしく散り過ぎぬ。青葉になりゆくまで、よろづにただ心をのみ悩ます。花橘は名にこそ負へれ、なほ、梅のにほひにぞ、いにしへのことも立ち返り恋しう思ひ出でらるる。山吹の清げに、藤のおぼつかなきさましたる、すべて、思ひ捨てがたきこと多し。

芽を出すころから、しだいに春も深まり一面に霞がかかって、桜の花も次第に咲き出しそうになるころ、ちょうどその折、雨や風が続いて、気ぜわしく散ってしまう。（その桜が）青葉になるまで、何かにつけてただ人の心ばかりを悩ますのである。橘の花は（その香が昔のことを思い出させるものとして）有名であるが、やはり、梅の香にこそ昔のことも（当時に）立ち返って恋しく思い出される。山吹（の花）がさっぱりとして美しく（咲き）、藤（の花）がぼんやりとしている様子など、すべて、（春は）見捨てがたいことが多い。

「灌仏のころ、祭りのころ、若葉の、梢涼しげに茂りゆくほどこそ、世のあはれも、人の恋しさもまされ。」と人の仰せられしこそ、げにさるものなれ。五月、あやめふくころ、早苗とるころ、水鶏のたたくなど、心細からぬかは。六月のころ、あやしき家に夕顔の白く見えて、蚊遣火ふすぶるも

「灌仏会のころ、葵祭りのころ、若葉の、梢が涼しげに生い茂っていく頃こそ、世の中のしみじみとした情趣も、人の恋しさも強まる。」とある人がおっしゃったのは、本当にその通りである。五月、（端午の節句に）菖蒲を家の軒先に挿すころ、早苗を取るころ、水鳥が戸をたたくような声で鳴くころなどは、寂しくないことがあろうか（いや、寂しいものだ）。六月のみすぼらしい家に夕顔が白く（咲いているのが）見えて、蚊を追い払うための火がくすぶ

5 **やうやう** 「やうやく」の変化した語（ウ音便）で、ここでは、「次第に。だんだん。」の意。

7 **花橘は名にこそ負へれ** 「花橘」は、「橘の花」を称賛して言う語。『古今和歌集』の「五月まつ花橘の香をかげば昔の人の袖の香ぞする」の歌が評判となって以降、その香は、昔を思い起こさせるものとされた。

8 **なほ** 「やはり」。他に、「さらに。いっそう。」という意味もある。

9 **清げに** 「清げなり」は、「清潔で美しい。さっぱりとして美しい。」の意味の形容動詞。

2 「藤のおぼつかなきさましたる」とはどのような様子か。

答 藤の花が長く垂れ下がって咲いている様子が頼りなく見えること。小さな花が群がって咲いていて、一つ一つの花の形がはっきりわからない様子。藤の花の色が淡い様子。

3 教157ページ 「心細からぬかは」とはどのような意味か。

ナリ・終 副 シク・終
あはれなり。六月祓、また をかし。
るのも、しみじみとした情趣がある。六月祓も、また趣がある。

四・体 係助(係) シク・已(結) 副 格助 四・体 四・用
七夕 祭る こそ なまめかしけれ。やうやう 夜寒 に なる ほど、雁 鳴き
七夕をまつるさまは、優雅である。しだいに夜が寒く感じられるころ、雁が鳴きながらやってく

接助 カ変・体 格助 四・体 四・体 副助 下二・用
て 来る ころ、萩 の 下葉 色づく ほど、早稲田 刈り干す など、取り集め
るころ、萩の下の方にある葉が色づくころ、早稲の田を刈り取って干すなど、(いろいろと趣の

助動・存・体 係助 副助 係助(係) ク・体(結) 接 格助 係助(係)
たる こと は 秋 のみ ぞ 多かる。また、野分 の 朝 こそ
あることを)集めているのは、秋が特に多い。また、台風の(過ぎ去った)翌朝の様子は、

シク・已(結)
をかしけれ。
趣がある。

下二・已 接助 副 副助 格助 上二・用 助動・完・用
言ひ続くれ ば、みな 「源氏物語」「枕草子」 など に ことふり に
言い続けていると、みな『源氏物語』や『枕草子』などで言い古されていることでは

助動・完・已 接助 シク・体 副 ナリ・用 四・未 助動・打意・終 格助 助動・断・用 係助
たれ ど、同じ こと、また 今さらに 言は じ と に も
あるが、同じことを、また今さら言わないでおこうというわけでもない。

補動・ラ変・未 助動・打・終 シク・体 四・未 助動・打・体 係助 下二・体 助動・断・已
あら ず。おぼしき こと 言は ぬ は、腹 ふくるる わざ なれ
思っていることを言わないのは、お腹がふくれたような(気持ちが悪い)ことなので、

接助 格助 下二・用 接助 ク・体 助動・断・用 接助 副 下二・終
ば、筆 に まかせ つつ、あぢきなき すさび に て、かつ 破り捨つ
筆(の勢い)にまかせて書いた、つまらない気晴らしで、(書いては)すぐに破り捨てるべきものだから、

助動・適・体 助動・断・已 接助 格助 上一・終 助動・適・体 助動・断・用 係助 補動・ラ変・未
べき もの なれ ば、人 の 見る べき に も あら
人が見るのに値するものでもない。

助動・打・終
ず。

答

「寂しくないことがあろうか、いや、寂しい。」「かは」は、文末用法で、反語表現。「心細し」は、「寂しい。しんみりとした情趣がある。」という意味。

4 あやしき 「あやし」は、ここでは、「みすぼらしい」の意。他に「異常だ。不思議だ。」の意もある。

5 をかし 「興味深い。おもしろい。」理知的に惹かれる情趣をいう。

教158ページ

1 なまめかしけれ 「なまめかし」は、ここでは「上品である。優雅である。」の意。他に「色っぽい」という意もある。

3 多かる 形容詞「多し」の連体形。

5 おぼしきこと 「おぼし」は「思し」とも書く。「思っている」という意味。

6 腹ふくるる 「腹ふくる」は、「満腹である」という意味ではなく、ここでは「(言いたいことがたまって)腹がふくれる。気持ちがすっきりしない。」という意味。

6 あぢきなきすさび 「あぢきなし」は、ここでは「つまらない」という意味。「すさび」は、「気の向くままに行うこと。気晴らしに行うこと。」という意味。

学習のポイント

1 作者はそれぞれの季節の中で、どのような景物を取り上げて「をりふしの移り変はり」を描写しているのか、整理してみよう。

考え方 「春」「夏」「秋」の段落の中から、それぞれの季節で取り上げられている景物を探して整理する。ただ「鳥」とするのではなく、「春めく鳥の声」のように、作者が良いと思って感想を記しているところも含めて挙げる。

解答例 春―春めく鳥の声・萌え出る垣根の草・桜の花の開花・桜の花の落花・梅の匂い・美しく咲く山吹・ぼんやりと咲く藤の花
夏―灌仏会・葵祭り・涼しげに生い茂る若葉・端午の節句に軒に挿された菖蒲の葉・田植え・水鶏の鳴き声・みすぼらしい家に咲く夕顔と、くすぶっている蚊遣り火・六月の祓
秋―七夕祭り・夜の肌寒さ・やって来る雁・下の葉が色づいた萩・早稲の刈り入れ・台風の翌朝

2 作者が景物を評価する際に使っている言葉を古語辞典で調べ、それぞれどのような評価なのか説明してみよう。

考え方 「あはれなり」などの形容動詞や、「心も浮きたつ」など、心情を表している語を探す。古語辞典には、一つの語につき、いくつかの異なった意味が載っている場合がある。その中で、本文中の意味はどれか、注意して確認する。

解答例 ・あはれなり…しみじみとした情趣がある。趣深い。
・浮きたつ……(心が)浮かれる。うきうきする。
・恋しう思ひ出でらるる……自然となつかしく思い出される。「恋し」は、「心が強く引きつけられる。なつかしい。」
・思ひ捨てがたき……気にかけずにはいられない。思い捨てがたい。「思ひ捨つ」は、「気にかけない。捨てて顧みない。」
・をかし……興味深い。面白い。
・なまめかし……上品である。優美である。

3 本文には古人の発言や作品がさまざまに引用されている。もとの作品について調べてみよう。

考え方 「言葉のタネ」(教159ページ)には、本文のもとになった古典作品が挙げられているので、本文と付き合わせてみる。また、注釈付きの古典文学全集を見てみる。新編日本古典文学全集44『方丈記(ほうじょうき)/徒然草/正法眼蔵随聞記(しょうほうげんぞうずいもんき)/歎異抄(たんにしょう)』、新日本古典文学大系39『方丈記/徒然草』などには、語句の解釈のほか、影響が認められる作品が、解説として載る。

古典作品をふまえた文章の表現は、作者の教養の深さをうかがわせることはもちろん、それを受け取る読者もまた、古典の教養があったということである。兼好(けんこう)法師は『徒然草』で、夜一人で灯火の下、昔の人の書いたものを読むのは、見ぬ世の人を友とするような心地がして、とても慰められると書いているが、こうした古典の引用は、その作品や作者への兼好法師の愛情も感じさせるものである。

解答例 「もののあはれは秋こそまされ。」(156・2)
→春はただ花のひとへに咲くばかりもののあはれは秋ぞまされる

「花橘は名にこそ負へれ」（156・7）
（よみ人知らず『拾遺和歌集』雑下）

→五月まつ花橘の香をかげば昔の人の袖の香ぞする
（よみ人知らず『古今和歌集』夏）

「なほ、梅のにほひにぞ、いにしへのことも立ち返り恋しう思ひ出でらるる」（156・8）

→人はいさ心も知らずふるさとは花ぞ昔の香ににほひける
（紀貫之『古今和歌集』春上）

「雁鳴きて来るころ、萩の下葉色づくほど」（158・1）

→夜を寒み衣かりがね鳴くなへに萩の下葉は色づきにけり
（柿本人麻呂『拾遺和歌集』雑秋）

「野分の朝こそをかしけれ。」（158・3）

→「野分のまたの日こそ、いみじうあはれにをかしけれ。」
（『枕草子』「野分のまたの日こそ」）

→「野分、例の年よりもおどろおどろしく、空の色変りて吹き出づ」
（『源氏物語』「野分」）

「おぼしきこと言はぬは、腹ふくるるわざなれば、」（158・5）

→「おぼしきこと言はぬは、げにぞ腹ふくるる心地しける」
（『大鏡』序）

※以上「言葉のタネ」による。このほか、「あやしき家に夕顔の白く見えて」（157・4）に、『源氏物語』の「夕顔」の巻の「かの白く咲けるをなむ、夕顔と申しはべる。花の名は人めきて、かうあやしき垣根になん咲きはべりける」を挙げてもよい。

4　**本文には、この後に続く冬の描写の部分が省略されている。どのような内容であるか、調べてみよう。**

考え方　3で挙げた新編日本古典文学全集など、『徒然草』の全文が掲載されている書籍を見ると、続きの部分がわかる。春・夏・秋の魅力について書き、「こうしたことは『源氏物語』や『枕草子』に言い尽くされていることだが、人が見るようなものでもないので思うことを書く」、と記したあとで語られる冬の魅力は、他の季節に比べて長文となっていて、兼好法師が特に力を入れて書いたとも考えられる。「冬」の記述をふまえたうえで、春・夏・秋についての兼好の季節観を見直すと、『源氏物語』『枕草子』などの古典作品をふまえながら、独自の価値観を打ち立てた『徒然草』という作品の魅力について、考えるきっかけにもなるだろう。

解答例　「さて冬枯の気色こそ秋にはをさをさおとるまじけれ。汀の草に紅葉の散りとどまりて、霜いと白う置ける朝、遣水より煙の立つこそをかしけれ。年の暮れはてて、人ごとに急ぎあへる比ぞ、又なくあはれなる。すさまじきものにして見る人もなき月の、寒けく澄める廿日あまりの空こそ、心ぼそきものなれ。〈略〉かくて明けゆく空の気色、昨日に変りたりとは見えねど、ひきかへめづらしき心地ぞする。大路のさま、松立てわたしてはなやかにうれしげなるこそ、またあはれなれ。」（新編日本古典文学全集44『方丈記／徒然草／正法眼蔵随聞記／歎異抄』）

挙げられている景物をまとめると、「池のみぎわの草に紅葉の落ち葉がとどまっている様子／霜が白くおりた朝に遣水から立つ煙／年の暮に人々が忙しくする様子／十二月二十日過ぎの、見る人もない月が寒々と冴（さ）えている空／仏名会（ぶつみょうえ）／荷前（のさき）の使い／年末の朝廷の諸行事／追儺（ついな）／四方拝（しほうはい）／大晦日（おおみそか）の夜の騒ぎ／東国に残っているという魂祭りの行事／新年になって、元旦の朝の空の様子／家々に門松を立てつらねた都大路の、はなやかな様子」となる。

神無月（かみなづき）のころ 〔徒然草〕

教科書P.160

【大　意】 教160ページ1〜7行

神無月のころに、栗栖野（くるすの）を過ぎてある山里に訪ねて入ったところ、心細い様子でひっそりと住んでいる庵（いおり）があり、その様子に感じ入った。しかし、庭の柑子（こうじ）の木に厳重な囲いをしてあるのを見て、少し興ざめしてしまった。

【品詞分解／現代語訳】

神無月 の（格助） **ころ、栗栖野 と**（格助） **いふ**（四・体） **所 を**（格助） **過ぎ**（上二・用） **て、**（接助） **ある**（連） **山里 に**（格助）
神無月（陰暦十月）のころに、栗栖野という所を通り過ぎて、ある山里に（人を）訪ねて

尋ね入る（四・体） **こと はべり**（ラ変・用） **し**（助動・過・体） **に、**（接助） **遥かなる**（ナリ・体） **苔 の**（格助） **細道 を**（格助） **ふみわけ**（下二・用） **て、**（接助）
入っていったことがありましたが、はるか遠くまで続く苔のはえた細い道を踏み分けて（行くと）、

心ぼそく（ク・用） **住みなし**（四・用） **たる**（助動・存・体） **庵 あり。**（ラ変・終） **木の葉 に**（格助） **埋もるる**（下二・体） **懸樋 の**（格助） **しづく**
もの寂しい状態にして住んでいる草庵があります。木の葉で覆われて見えなくなっている懸樋のしずく

なら（助動・断・未） **で**（接助） **は、**（係助） **つゆ**（副） **おとなふ**（四・体） **もの なし。**（ク・終） **閼伽棚 に**（格助） **菊・紅葉 など**（副助）
以外には、まったく音を立てるものも訪ねる人もありません。閼伽棚に菊の花や紅葉などを折って

折り散らし（四・用） **たる、**（助動・存・体） **さすがに**（副） **住む**（四・体） **人 の**（格助） **あれ**（ラ変・已） **ば**（接助） **なる**（助動・断・体） **べし。**（助動・推・終）
散らばせているのは、そうはいってもやはり住む人がいるからなのでしょう。

かく（副） **て**（接助） **も**（係助） **あら**（ラ変・未） **れ**（助動・可・用） **ける**（助動・詠・体） **よ**（間助） **と、**（格助） **あはれに**（ナリ・用） **見る**（上一・体） **ほど に、**（格助）
このようにしても（暮らして）いることができるのだなあと、しみじみと思って見ていると、

かなた（代） **の**（格助） **庭 に、**（格助） **大きなる**（ナリ・体） **柑子 の**（格助） **木 の、**（格助） **枝 も**（係助） **たわわに**（ナリ・用） **なり**（四・用）
向こうの庭に、大きな柑子（みかん）の木で、枝がたわむほどに（実が）なっている

語句の解説

教160ページ

1 **神無月（かみなづき）** 陰暦十月。現在の十一月ごろ。全国から神々が出雲（いずも）大社に集まり、諸国に神がいなくなることからという俗説が伝わる。

1 **はべりしに** 「はべり」は「あり」の丁寧語。「ございます。あります。」の意。

3 **しづく（ズ）ならでは** 断定の助動詞「なり」の未然形に打消の接続助詞「で」が付き、「しずく以外」という意味を表す。「は」は「…以外には」という他と区別する意を示す。

3 **つゆおとなふ（ウ）ものなし** 「つゆ」は、下に打消の語をともなって「少しも……ない。全く……ない。」という意を表す。「おとなふ」は「訪問する」「音をたてる」という意があり、ここでは二つの意を掛ける。

4 **さすがに** 「そうはいっても。やはり。」このように人気のないところとはいっても。

たる（助動・存・体）が、（格助）まはり を（格助）きびしく（シク・用）囲ひ（四・用）たり（助動・存・用）し（助動・過・体）こそ、（係助（係））少し（副）
のが、周りを厳重に囲ってあったのは、少し

ことさめ（下二・用）て、（接助）こ（代）の（格助）木 なから（ク・未）ましか（助動・反仮・未）ば（接助）と（格助）覚え（下二・用）しか。（助動・過・已（結））
興ざめして、この木がなければ（よかったのに）と思いました。

答 1　「かく」とは、どのようなことを指すか。
俗世間と離れ、静かに暮らしている様子。

7**なからましかば**　反実仮想の「ましかば…まし」の後半部分「よからまし」が省略されている。

7**覚えしか**　「覚ゆ」は、「思う」の意。係助詞「こそ」の結びで、助動詞「き」が已然形になっている。

学習のポイント

1　**庵の主に対する作者の心情の変化を読み取り、整理してみよう。**

考え方　心情を表す語を探してみる。第一段落は、庵の様子の描写である。第二段落で、庵の様子を見た作者の心情が記される。まず、第二段落のはじめ（160・5）に、①「あはれに見るほどに」とある。続いて、柑子の木が厳しく囲われている様子に気づくと、②「少しことさめて」（160・7）という気持ちになり、最後に、③「この木なからましかばと覚えしか」という感想が述べられる。

2　**作者はなぜ「この木なからましかば」（160・7）と思ったのか、その理由を説明してみよう。**

考え方　作者が何に感動し、またさめていったかを考える。作者兼好法師が、世俗を逃れて仏門に入った遁世者であることもふまえて考える。

解答例　世を捨てた出家者である作者は、人里を離れた山奥で、ひっそりと隠れ住む庵の主の様子に感動していた。自分と同じような境遇と想像される庵の主への、「このようにありたいものだ」という共感もあったかもしれない。しかし、柑子の木の実を誰かに取られまいとする厳しい囲いを見て、その気持ちがさめてしまった。木の囲いは、庵の主の、柑子の実は自分のものであるという執着、柑子の実に対する「欲」を作者に感じさせるものであった。もし木に囲いが設けられていなかったら、物に執着しない、庵の主のイメージがさらに良くなり、感動も深まったかもしれない。しかし、この木のせいで興ざめしてしまった。また、この豊かに実る柑子の木があるせいで、庵の主に物への執着が生まれた、とも考えられる。どち

らにしても、作者にとって「この木」は、人間の欲・執着を感じさせるものであったので、「なからましかば」と思ったのである。

解釈の視点②　係り結び

教科書P.161

文章は、ふつう終止形か命令形で終わる。しかし、係助詞の「ぞ」「なむ」「や」「か」「こそ」が文中にあると、文末は特別な活用形になる。これを**係り結びの法則**という。文章の内容を強調したり、疑問を表すのに使われる。

意味	係助詞（「係（かかり）」という）	文末（「結び」という）
強調	ぞ・なむ	連体形
疑問・反語	や（やは）・か（かは）	連体形
強調	こそ	已然形

〈例〉ものの音（ね）も、ただ夜**ぞ**、ひときは**めでたき**（連体形）。（『徒然草』）

訳　楽器の音も、ただ夜がいちだんと素晴らしい。

〈例〉ほととぎす**や**聞きたまへ**る**（連体形）。（『徒然草』）

訳　ほととぎすの声をお聞きになりましたか。

〈例〉野分のまたの日**こそ**、いみじうあはれに**をかしけれ**（已然形）。（『枕草子』）訳　台風の翌日というものは、実に趣深い。

■結びの省略

係助詞があっても、結びの語が省略される場合がある。

〈例〉飼ひける犬の、暗けれど主（ぬし）を知りて、飛びつきたりけると**ぞ**（いふ（連体形））。（『徒然草』）

訳　飼っていた犬が、暗いけれど飼い主だと知って、飛びついたということである。

＊「ぞ」を受ける結び「いふ」が省略されている。

■結びの流れ（消滅）

係助詞を受ける結びの語があるが、そこで文章が終わらず、接続助詞などが付いてさらに下に続くため、結びが消えてしまい、係り結びが成立しない。

〈例〉人々**なむ**、別れがたく思ひて、日しきりに、とかくしつつののしるうちに、夜更けぬ。（『土佐日記』）

訳　人々は、別れづらく思って、一日中あれこれ（世話を）しながら、大騒ぎをするうちに、夜が更けてしまった。

＊「なむ」……「思ふ（連体形）。」となるところが、接続助詞「て」が付いて下の文に続いたため、「思ひ」と連用形になった。

課題①　**「をりふしの移り変はるこそ」を「ぞ」や「こそ」を省いた文章に書き直してみよう。また、読んだ印象がどのように変わるか、話し合ってみよう。**

解答例　「もののあはれは秋まさる。」と人ごとに言ふめれど、

←（印象）他の季節に比べて秋が優れていると強調する感じがない。

九月ばかり 〔枕草子〕

教科書P.162

【大意】教162ページ1〜8行

陰暦九月頃、一晩中降った雨がやんで朝日が出た頃の、庭の草木の露が濡れている様子、破れかかった蜘蛛の巣に雨がかかり、白い玉を貫いたような様子、日が高くなって萩などの露が落ち、ひとりでにさっと上がった様子は、とても趣深い。

【品詞分解／現代語訳】

九月 ばかり(副助)、夜一夜 降り明かし(四・用) つる(助動・完・体) 雨 の(格助)、今朝 は(係助) やみ(四・用) て(接助)、
(陰暦)九月ごろ、一晩中降り続いた雨が、今朝はやんで、

朝日 いと(副) けざやかに(ナリ・用) さし出で(下二・用) たる(助動・完・体) に(格助)、前栽 の(格助) 露 は(係助) こぼる(下二・終)
朝日がたいそうあざやかにさし始めたころに、庭の植え込みの露がこぼれ落

ばかり(副助) ぬれ(下二・用) かかり(四・用) たる(助動・存・体) も(係助)、いと(副) をかし(シク・終)。透垣 の(格助) 羅文、軒 の(格助) 上
ちるほど濡れてかかっているのも、とても趣がある。透垣の羅文や軒の上などは、

など(副助) は(係助)、かい(四・用(音)) たる(助動・存・体) 蜘蛛 の(格助) 巣 の(格助) こぼれ(下二・用) 残り(四・用) たる(助動・存・体) に(格助)、雨
張り渡した蜘蛛の巣で破れ残っているところに、

の(格助) かかり(四・用) たる(助動・存・体) が(格助)、白き(ク・体) 玉 を(格助) 貫き(四・用) たる(助動・存・体) やう なる(助動・断・体) こそ(係助(係))、
雨がかかっているのが、白い玉を(糸で)貫いているようなのは、

いみじう(シク・用(音)) あはれに(ナリ・用) をかしけれ(シク・已(結))。
たいそう趣深く面白い。

少し(副) 日 たけ(下二・用) ぬれ(助動・完・已) ば(接助)、萩 など(副助) の(格助) いと(副) 重げなる(ナリ・体) に(接助)、露 の(格助) 落つる(上二・体)
少し日が高くなると、萩などが、(露がたくさんついて)とても重たそうであるのに、露が落ち

に(接助) 枝 うち動き(四・用) て(接助)、人 も(係助) 手 触れ(下二・未) ぬ(助動・打・体) に(接助)、ふと(副) 上ざま へ(格助)
ると枝が少し動いて、人も手を触れないのに、さっと上の方へ

語句の解説

教162ページ

1 九月ばかり　陰暦九月は、太陽暦では秋の末にあたる。

1 降り明かしつる　「降り明かす」は、「降り続いて朝になる。」「つる」は完了の助動詞。継続していた動作が完了した(終わった)ことを表す。

1 けざやかに　終止形は「けざやかなり」で、「はっきりしているさま」の意。

2 前栽　草木を植えた庭。

2 をかし　「興味深い。面白い。」の意。理知的に情趣を感じることを言い、感情的に趣を感じる「あはれ」と対比される。

3 こぼれ残る　「こぼる」は、「壊れる」の意。

4 いみじう　「いみじ」の連用形「いみじく」のウ音便。

4 あはれにをかしけれ　「あはれなり」は、「しみじみと趣がある」。「をかしけれ」は「をかし」の已然形。係助詞「こそ」の結びなので、已然形になる。

四・用 助動・完・体 係助 シク・用(音) シク・終 格助 四・用 助動・存・体 格助
上がり たる も、いみじう をかし、と 言ひ たる ことども の、「人
跳ね上がったのも、たいそう面白い、と(私が)言っていることなどが、「他の

格助 格助 係助 副 シク・未 助動・打推・終 格助 四・体 係助(係) 副
の 心 に は つゆ をかしから じ。」 と 思ふ こそ、また
人の心には、少しも面白くないだろう」と思うのが、また

シク・已(結)
をかしけれ。
面白いのだ。

8 つゆ 下に続く打消の語と呼応して、「少しも…ない」の意を表す。

1 「思ふ」の主語は誰か。

答 作者(清少納言)

学習のポイント

1 作者はどのようなものを「をかし」と見ているか、整理してみよう。

考え方 ①「いとをかし」(162・2)、②「いみじうあはれにをかしけれ」(162・4)、③「いみじうをかし」(162・7)、④「またをかしけれ」(162・8)に注目。その前の部分に「をかし」と見ていることが書かれている。

①②③は、雨の夜の翌日の景色について、朝から昼にかけての自然の景物の描写についての感想である。④は、①②③のようなことは、「他の人はまったく面白いと思わないだろう」、と想像した後に述べられた感想である。①②③の「をかし」によってとらえられた景物には、自然を観察する作者の視点の細やかさ、鋭さ、感性の豊かさがうかがえる。そうした自分を「をかし」の対象としているのが④であり、自らの感性への自信がうかがえる。

解答例 陰暦九月頃、①一晩中降った雨がやみ、朝日が差し出た頃、庭の植え込みに、露がこぼれるほどにかかっている様子。(「九月ばかり、夜一夜降り明かしつる雨の、……前栽の露はこぼるばかりぬれかかりたる」(162・1〜2))

②透垣の羅文や軒の上の蜘蛛の巣で、破れて残っているところに雨がかかって、白い玉を(糸で)貫いたような様子。(「透垣の羅文、軒の上などは、……雨のかかりたるが、白き玉を貫きたるやうなる」(162・3〜4))

③少し日が高くなって、露を置いた萩の枝などが、露が落ちるとちょっと動いて、人が手を触れていないのに、さっと上の方へ跳ね上がった様子。(「少し日たけぬれば、萩などのいと重げなるに、……ふと上ざまへ上がりたる」(162・6〜7))

④私が言っているこのようなことなどは、ほかの人はまったく面白くないだろう、と思うこと。(「(①②③のようなことを)言ひたることどもの、『人の心にはつゆをかしからじ』と思ふ」(162・7〜8))

雪のいと高う降りたるを

〔枕草子〕

教科書P.163

【大意】教163ページ1～5行

雪が降りつもっている時、中宮定子が清少納言に、「香炉峰の雪いかならむ」とお尋ねになった。意をくんで御簾を高く上げると、たいそうお喜びになり、女房たちも賞賛した。

【品詞分解／現代語訳】

雪　の（格助）　いと（副）　高う（ク・用（音））　降り（四・用）　たる（助動・完・体）　を（接助）、例　なら（助動・断・未然）　ず（助動・打・用）　御格子
雪がたいそう高く降りつもっているのに、いつもとちがって御格子を

まゐり（四・用）　て（接助）、炭櫃　に（格助）　火　おこし（四・用）　て（接助）、物語　など（副助）　し（サ変・用）　て（接助）　集まり（四・用）
お下ろししたままで、炭櫃に火をおこして、（私たち女房が）世間話などをして集まって

さぶらふ（四・体）　に（接助）、「少納言　よ（間投助）、香炉峰　の（格助）　雪　いかなら（ナリ・未）　む（助動・推・体）。」　と（格助）　仰せ（下二・未）
お仕えしていると、（中宮様が）「少納言よ、香炉峰の雪はどうであろうか。」と仰せになっ

らるれ（助動・尊・已）　ば（接助）、御格子　上げ（下二・未）　させ（助動・使・用）　て（接助）、御簾　を（格助）　高く（ク・用）　上げ（下二・用）　たれ（助動・完・已）　ば（接助）、
たので、（他の者に）御格子を上げさせて、御簾を高く上げたところ、

笑は（四・未）　せ（助動・尊・用）　たまふ（補尊・四・終）。
（中宮様は）お笑いなさる。

人々　も（係助）、「さる（連体）　こと　は（係助）　知り（四・用）、歌　など（副助）　に（格助）　さへ（副助）　歌へ（四・已）　ど（接助）、思ひ（四・用）
女房たちも、「そういうことは、知っていて、歌などにまでよんでいるが、（とっ

こそ（係助）　よら（四・未）　ざり（助動・打・用）　つれ（助動・完・已）。なほ（副詞）、こ（（代））　の（格助）　宮　の（格助）　人　に（格助）　は（係助）、さ（ラ変・体）　べき（助動・当・体）
さに）思いつきもしなかったのだった。やはり、この中宮様にお仕えする女房として、ふさわしい人

な（助動・断・体（音））　めり（助動・定・終）。」　と（格助）　言ふ（四・終）。
であるようだ」と言う。

語句の解説 1

教163ページ

1 **まゐりて**　「まゐる」は謙譲語。ここでは、「御格子まゐる」で「御格子をお下ろしする」という意味。

2 **さぶらふ**　「仕ふ」の謙譲語。高貴な人のおそばにお仕えする、という意味。

2 **いかならむ**　形容動詞「いかなり」は、「どうである。どのようである。」という意味。疑問文のときは、疑問の係助詞がなくても、文末は連体形になる。

2 **仰せらるれ**　尊敬語を重ねた表現。天皇や天皇の后など、特に身分の高い人に対して、強い敬意を示す。「笑はせたまふ」（163・3）も同じ。

問1　「さること」とはどのようなことか。

答　白居易の詩の一節に「香炉峰の雪は簾を撥げて看る」があること。

4 **思ひこそよらざりつれ**　「こそ」は、上にある語を特に強調する。自分たちにはとて

も思いつかなかった、と強調している。

5 **なほ(オ)** 「相変わらず。やはり。さらに。」という意があり、ここでは「やはり」の意。

5 **なめり(ナンメリ)** 断定の助動詞「なり」の連体形「なる」に推定の助動詞「めり」が付いた「なるめり」の撥音便「なんめり」の「ん」が無表記された形。

学習のポイント

1 **「笑はせたまふ。」(163・3)とあるが、誰がどのような気持ちでそうしたのか、考えてみよう。**

考え方 動作の主は、中宮定子。自分の問いかけに対し、清少納言が御簾を高く上げた行為を見ての反応である。

解答例 中宮定子の問いに対し、白居易の詩に「香炉峰の雪は簾を撥げて看る」という一節があることをふまえ、御簾を高く上げるという行為で答えた清少納言の機知に深く感嘆して、お笑いになった。

2 **「人々」(163・4)は、作者をどのように評価しているか、まとめよう。**

考え方 「さることは知り、」(163・4)から「さべきなめり」(163・5)までの人々の言葉の内容をまとめる。

解答例 教養として知っていても、とっさには出てこないものだ。教養が身に付いていて、機知にも富んでいる清少納言のことを、さすが、この中宮様にお仕えするのにふさわしい人物と評価している。

3 **白居易の詩と、その日本への影響について調べてみよう。**

考え方 「白居易」『白氏文集(はくしもんじゅう)』を、辞書や百科事典で調べ、インターネットで検索してみる。2で答えた人々の評価からも、当時の貴族が、教養として知っているべきものであったことがうかがえる。

解答例 『白氏文集』は、平安時代の貴族社会で、必読教養書とも言えるものであった。『枕草子』の「文(ふみ)は」という段に「文は、文集(もんじふ)。(漢文の書は、白氏文集)」と書かれ、『源氏物語』や『新古今和歌集』などにも、白居易の詩をふまえた表現が数多くみられる。

春はあけぼの

〔枕草子〕

教科書P.164〜165

【大意】 教164ページ1行〜165ページ5行

春は夜明け頃がいい。夏は夜がいい。月が出ている頃は言うまでもないが、月が出ていなくても蛍が飛んでいる夜など。秋は夕暮れがいい。烏や雁が飛んでいるのや、風の音、虫の音など。冬は早朝がいい。雪、霜、寒い朝に炭火などを運ぶ様子など。

【品詞分解／現代語訳】

春 は(係助) あけぼの。 やうやう(副) 白く(ク・用) なりゆく(四・体)、 山ぎは 少し(副) あかり(四・用) て(接助)、
春は夜明け頃(が良い)。(日が昇るにつれて)だんだんと白くなっていく、山際(の辺り)が少し明るくなって、

紫だち(四・用) たる(助動・存・体) 雲 の(格助) 細く(ク・用) たなびき(四・用) たる(助動・存・体)。
紫がかっている雲が細くたなびいているの(が良い)。

夏 は(係助) 夜。 月 の(格助) ころ は(係助) さらなり(ナリ・終)。 やみ も(係助) なほ(副)、 蛍 の(格助) 多く(ク・用)
夏は夜(が良い)。 月が出ている頃は言うまでもない。 (月の出ていない)闇夜もやはり、蛍がたくさん

飛びちがひ(四・用) たる(助動・存・体)。 また(接)、 ただ(副) 一つ 二つ など(副助)、 ほのかに(ナリ・用) うち光り(四・用) て(接助)
飛び交っているの(が良い)。 また、 ほんの一匹か二匹などが、 ぼんやりとちょっと光って

行く(四・体) も(係助) をかし(シク・終)。 雨 など(副助) 降る(四・体) も(係助) をかし(シク・終)。
飛んでいくのも面白い。 雨などが降るのも趣がある。

秋 は(係助) 夕暮れ。 夕日 の(格助) さし(四・用) て(接助) 山 の(格助) 端 いと(副) 近う(ク・用(音)) なり(四・用)
秋は夕暮れ(が良い)。 夕日が差して 山の端にとても近くなっている時に、

たる(助動・存・体) に(格助)、 烏 の(格助) 寝所 へ(格助) 行く(四・終) と(格助) て(接助)、 三つ 四つ、 二つ 三つ など(副助)
烏が寝床へ行くといって、 三羽四羽、二羽三羽などと

飛び急ぐ(四・体) さへ(副助) あはれなり(ナリ・終)。 まいて(副) 雁 など(副助) の(格助) 連ね(下二・用) たる(助動・存・体) が(格助)、 いと(副)
飛び急いでいるのまでもしみじみと趣深い。 まして雁などの列をつくって(飛んで)いるのが、(遠くに)大変

語句の解説

教164ページ

1 あけぼの　夜明け前の、空の明るくなる頃。「あかつき」は夜中過ぎから夜明けまで。「あけぼの」は「あかつき」の終わり頃と重なる。

1 やうやう　「やうやく」のウ音便。

1 4 「山ぎは」と「山の端」の違いに注意してみよう。

答 「山ぎは」は、空の、山に接する部分。「山の端」は、山の、空に接する部分。山と空、どちらを中心とするかで異なる。

2 「さらなり」とはどのような意味か。

答 「言うまでもない」という意味。「言ふもさらなり」「言へばさらなり」(あらためて言うまでもない)の略。

3 なほ　「なんといっても。やはり。」という意味。

3 5 「をかし」と「あはれなり」の意味の違いを辞書などで調べてみよう。

小さく〔ク・用〕 見ゆる〔下二・体〕 は、〔係助〕 いと〔副〕 をかし。〔シク・終〕 日 入り果て〔下二・用〕 て、〔接助〕 風 の〔格助〕 音、虫 の〔格助〕 音

小さく見えるのは、とても趣がある。日がすっかり落ちてから、風の音や虫の鳴く音など（が聞こえる

など、〔副助〕 はた〔副〕 言ふ〔四・終〕 べき〔助動・可・体〕 に〔助動・断・用〕 あら〔補動・ラ変・未〕 ず。〔助動・打・終〕

の）は、やはり言うまでもない。

冬 は〔係助〕 つとめて。雪 の〔格助〕 降り〔四・用〕 たる〔助動・存・体〕 は、〔係助〕 言ふ〔四・終〕 べき〔助動・可・体〕 に〔助動・断・用〕 も〔係助〕

冬は早朝（が良い）。雪が降っているのは言いようもなく（素晴らしく）、

あら〔補動・ラ変・未〕 ず、〔助動・打・用〕 霜 の〔格助〕 いと〔副〕 白き〔ク・体〕 も、〔係助〕 また〔接〕 さら〔ラ変・未〕 で〔接助〕 も、〔係助〕 いと〔副〕 寒き〔ク・体〕

霜がとても白いのも、またそうでなくても、とても寒い時に、

に、〔格助〕 火 など〔副助〕 急ぎ〔副〕 おこし〔四・用〕 て、〔接助〕 炭 も〔係助〕 持て〔四・用（音）〕 て〔接助〕 渡る〔四・体〕 も、〔係助〕 いと〔副〕

火などを急いでおこして、炭を持って（あちこちに）移動するのも、たい

つきづきし。〔シク・終〕 昼 に〔格助〕 なり〔四・用〕 て、〔接助〕 ぬるく〔ク・用〕 ゆるび〔四・用〕 もていけ〔四・已〕 ば、〔接助〕 火桶 の〔格助〕 火

そう（冬の朝に）ふさわしい。昼になって、少し暖かく（寒さが）やわらいでいくと、火桶に入った炭火も

も〔係助〕 白き〔ク・体〕 灰がち に〔格助〕 なり〔四・用〕 て〔接助〕 わろし。〔ク・終〕

白い灰が多くなって（見た目が）よくない。

答

「をかし」は、「面白い。興味深い。風情がある。滑稽だ。」という意味（理知的にとらえられたもの）。「あはれなり」は、「しみじみと趣深い。しみじみと心を動かされる。寂しい。かわいそうだ。立派だ。」という意味（情感でとらえられたもの）。

8 **近う**（ちこ） 「近く」のウ音便。

教165ページ

1 **はた** 「やはり」。上に述べたことを当然のこととして肯定する意を表す。

2 **つとめて** 早朝。

3 **もて渡る**（わた） 「もて」は「持ちて」の促音便「持って」の変化した語。

3 **つきづきし** 「いかにも似つかわしい。ふさわしい。ぴったりだ。」という意味。

5 **わろし** 「よろし」の対義語。「（あまり）感じがよくない。よろしくない。」という意味。

日野山の閑居

〔方丈記（はうぢやうき）〕

教科書P.166

【大 意】 **教166ページ1～9行**

（草庵での孤独な暮らしで）春、藤の花が風になびく様子は、極楽から来る仏が乗る雲の

語句の解説

教166ページ

ように見える。夏はほととぎすの声を聞き、私が死出の山を越える時はよろしくと約束する。秋はひぐらしの声がこの世を哀しむように聞こえ、冬は、人間の罪のように生じては消える雪を賞美する。読経に身が入らない時は、休み、怠ける。

【品詞分解／現代語訳】

春　は（係助）　藤波　を（格助）　見る（上一・終）。紫雲　の（格助）　ごとく（助動・比・用）　して（接助）　西方　に（格助）　にほふ（四・終）。夏

春は、藤の花が波のようにゆれる様子を見る。極楽から迎えに来る仏が乗る紫の雲のようで西方に色づく。夏

は（係助）　郭公　を（格助）　聞く（四・終）。語らふ（四・体）　ごと（接尾）　に（格助）　死出　の（格助）　山路　を（格助）　契る（四・終）。秋　は（係助）

はほととぎすを聞く。その声と語り合う度に、私が死出の山路を行くことになったら（道案内を）よろしくと約束する。

ひぐらし　の（格助）　声　耳　に（格助）　満て（四・已）　り（助動・存・終）。うつせみ　の（格助）　世　を（格助）　かなしむ（四・体）

秋はひぐらしの声が耳いっぱいに聞こえる。空蝉のようなはかないこの世を悲しむほどに

ほど　聞こゆ（下二・終）。冬　は（係助）　雪　を（格助）　あはれぶ（四・終）。積り（四・用）　消ゆる（下二・体）　さま、罪障　に（格助）　たとへ（下二・用）

聞こえる。冬は雪を趣深く思う。積もっては消えていくさまは、人間の罪にたとえること

つ（助動・強・終）　べし（助動・可・終）。

ができる。

もし（副）　念仏　ものうく（ク・用）、読経　まめなら（ナリ・未）　ぬ（助動・打・体）　時　は（係助）、みづから（副）　休み（四・用）

もし念仏を唱えるのが面倒で、読経をする気が起きない時は、自分から休み

みづから（副）　おこたる（四・終）。

自分から怠ける。

1 **紫雲**（しうん）　紫色の雲。仏教で、念仏を行う者の臨終の時、仏がこの雲に乗って極楽から迎えに来るとされる。

2 **西方**（さいほう）　西の方。仏教で、極楽浄土は西の方にあるとされる。

2 **にほふ**（オウ）　美しく咲いている。もとは、視覚でとらえる美しさを表した。後に、「香りが漂う」意を表すようになった。

2 **郭公**（ほととぎす）　現世と冥途（めいど）を往来する鳥とされた。

3 **ひぐらし**　セミの一種。夏から秋にかけての早朝と夕方、カナカナと鳴く。

8 **ものうく**　「ものうし」は、「なんとなく気が進まない。おっくうだ。」という意味。

8 **まめならぬ**　「まめなり」は、ここでは「真面目である。熱心だ。」という意味。

単元課題

1　古典の世界の季節感と、現代の季節感にはどのような違いがあるか、暦にも注目してまとめてみよう。

考え方　「月はカレンダー付き時計?」（教232ページ）にあるように、日本では明治時代のはじめまでは、月の満ち欠けをもとに、一年が十二か月が十三か月になる太陰暦（旧暦）が用いられていた。現代用いられている、地球が太陽の周りを一周する期間をほぼ十二等分して一年とする太陽暦（新暦）とは、ずれが生じている上、閏（うるう）月があると二か月ほどずれてしまうこともある。

解答例 旧暦の一月は現在の一月下旬から三月上旬頃、二月は現在の二月下旬から四月上旬頃、三月三日の桃の節句は旧暦ではちょうど桃の花が咲く四月頃だが、新暦ではまだ咲いていない。古典の「五月雨」は、ちょうど現在の梅雨の頃である。七月七日の七夕は、旧暦だと秋頃になるが、現在の暦に当てはめると夏の盛り、本州では梅雨の時期なので、天の川が見られないことも多い。お盆は、旧暦では七月十五日だが、これは旧暦の暦通りではなく、新暦の八月十五日、ちょうど一月遅れで行っている地方もある。

2 各作品を読み比べ、季節の景物として挙げられているものや、内容の特色を整理してみよう。

考え方 **解答例** 『枕草子』の作者清少納言は、平安時代中期、中宮に仕えた宮廷の女官。『徒然草』の作者兼好法師と『方丈記』の作者鴨長明は、鎌倉時代に、俗世を捨てて出家した法師。どちらも寺院に属することなく、一人孤独に粗末な草庵に隠れ住んだ「隠者」と呼ばれる人である。兼好法師と鴨長明は似たような立場であるが、季節を見つめる目に、それぞれどのような特徴があるかを考える。『徒然草』「をりふしの移り変はるこそ」・『枕草子』「春はあけぼの」・『方丈記』「日野山の閑居」の、季節（春・夏・秋）の比較

春について● 『徒然草』―「いまひとときは心も浮きたつものは、春の気色にこそあめれ」とし、鳥の声・垣根の草が萌え出ること・桜の花の開花、すぐに散ってしまうこと・梅のにおい・山吹・藤などを挙げ、「人の心がそうした景物によってどのように動かされるか」を記す。● 『枕草子』―春は明け方の空がいい。空が白々と明るくなり、紫がかった雲が細くたなびいているのがいい、と記している。自分にとって「をかし」と思えるものを記す。● 『方丈記』―春の藤波を見て、来迎（らいこう）の仏が乗る紫雲のようだと記す。

夏について● 『徒然草』―灌仏会・葵祭りのころは「世のあはれも、人の恋しさもまされ」とある人がおっしゃったが、その通りだとし、夏の行事や、貧しい家に咲く夕顔、蚊遣り火を趣深いものとして記す。庶民の暮らしを観察する視点がある。● 『枕草子』―夏は夜がいい。月が出ている時はもちろん、月が出ていなくても、蛍が飛んでいたり、雨が降る夜も「をかし」と記す。自分の感性に響くものを記している。● 『方丈記』―ほととぎすの声を聞き、自分が死出の山を越える時は道案内をしてくれることを頼む。

秋について● 『徒然草』―七夕・夜の肌寒さ・雁・萩の下葉が色づく・早稲田の刈り入れ・野分の朝。● 『枕草子』―夕暮れ・夕日が山の稜線（りょうせん）近くになる時・鳥が数羽、急いで巣に帰る様子・雁が連なって飛ぶのが小さく見えること・夜になってからの風の音・虫の音。● 『方丈記』―ひぐらしの声がこの世を悲しむほどにきこえる。

※『徒然草』には、他の二作品にはない、季節の移り変わりと人間の生活（庶民の暮らし）の関わりが挙げられている（七夕などの年中行事や、稲の刈り入れなど）。『枕草子』は、作者のみずみずしい感性に響くもの、特に「をかし」という感想で記されるものが多い。『方丈記』は、仏教者の視点が強く表れている。季節の景物は、草庵での孤独な生活で身近に感じられるものとして記されているが、それらは皆、仏教の世界と結びつけられている。

3 身のまわりの自然の情景を観察し、エッセイを書いてみよう。

考え方　この単元で読んだ古典作品の、自然を見る目を参考に、自分の生活の中で感じられる自然の景物を見つめ直してみる。自分が特にそれぞれの季節の中で引きつけられる景物は何か、どういうところが素晴らしい、美しい、面白いと思うのかを述べてみよう。

探究　季節を感じる

教科書P.168～172

《写真の解説》

①紅葉。②重陽の節句。九月九日の行事。菊の花を浸した酒(菊酒)を飲み、宴を行う。③乞巧奠(七夕の節句)。七月七日の行事。④節分。新暦二月三日頃。⑤藤。⑥灌仏会(花祭り)四月八日、釈迦の誕生を祝う行事。⑦クリスマス。⑧朝顔。旧暦では、秋の植物。⑨梅と鶯。⑩女郎花。秋の七草の一つ。⑪雛祭り。⑫門松。⑬精霊馬。盆に祖先の霊を迎えるための供え物。

《春と秋——古典歳時記　久保田淳》

語句の解説

教169ページ

上3**金盞花**　春、橙色の花を咲かせる。春の季語。

上12**菖蒲**　菖蒲湯は、五月五日に邪気を払うために菖蒲の葉を入れて沸かす風呂。

上13**冬至には柚子を浮かせたくなる**　冬至に柚子を浮かべた風呂(柚子湯)に入ると、風邪をひかないという言い伝えがある。

下1**輪飾り**　正月の飾りもの。藁を輪の形に編み、数本の藁をたらし、ウラジロや紙四手などを添え、門口や室内に飾る。

教170ページ

上5**額田王**　七世紀後半の万葉歌人。大海人皇子(天武天皇)の寵愛を受けて十市皇女を生んだが、後に天智天皇のもとに移った。

上5**「春山の……」「歌を以ちて判る歌」**　以下に引用される、額田王の長歌の詞書。「天皇が藤原鎌足に、春山に咲くいろいろな花の艶やかさと、秋山を彩る木の葉の美しさと、どちらの方に趣があるかとお尋ねになった時に、額田王が歌を以て判定した」という内容。

上13**取りてそしのふ**　「取って称賛する」という意味。

下3**中世**　日本文学史の時代区分で、平安時代を中古というのに対し、鎌倉時代と室町時代を指す。

下13**遁世者**　世俗を捨てて仏門に入った人。

下15**老醜をいとい、若さの美を愛する彼の美的志向**　『徒然草』七段に「長生きをすると恥が多い。四十歳前くらいに死ぬのがいい。その頃を過ぎると醜い容姿を恥じることもなく、世の中への執着ばかりが強くなる」と書かれている。

教171ページ

上1**とりどりに人あらそひはべりける**　「それぞれに人が言い争ったとかでございますが」

上2**げにと**　「げに」は、「なるほど。その通り。」という意味。

上3**唐土には、……言ひはべめり**　中国では、春の花の錦に及ぶものはないと言っているようですし。

上4 **やまと言の葉には**　この国の和歌では。

上6 **花鳥の色をも音をもわきまへはべらね**　花の色も鳥の声も、そのいずれがよいとも判断のしようがありません。

上9 **紫の上**　『源氏物語』の女主人公。光源氏に理想の女性として育てられ、最も深く愛された。

下9 **古代**　日本史の歴史区分で、奈良・平安時代を指す。大和政権時代を含むこともある。

学習のポイント

1　日本人の考える春と秋の優劣について、筆者はどのように考えているか。時代の特徴を挙げて整理してみよう。

考え方　古代（『古事記』『万葉集』）・中古（『源氏物語』『更級日記』）・中世（『徒然草』『小倉百人一首』）について、例を挙げて説明し、最後にまとめとして筆者の分析が記されている。

解答例　古代・中古の人々は春を、中世の人々は秋を好んでいたようだ。兼好は平安朝志向が強いので、春にひかれていたのだろう。

2　「青春派」と「白秋派」のグループに分かれ、それぞれの考えに合った作品をふまえて意見を述べ合ってみよう。

考え方　自分が好きなのは春と秋のどちらか考える。春であれば、エッセイに挙げられている『古事記』『源氏物語』『更級日記』『徒然草』を、秋であれば、『万葉集』と『小倉百人一首』の秋の歌をふまえて、その季節の景物のすばらしさを述べる。

《探究課題》

課題①　**百人一首や勅撰和歌集などで、季節について詠まれた歌を調べ、季節ごとの数や内容を整理してみよう。**

考え方　『古今和歌集』『新古今和歌集』は、「春の部」「秋の部」など、季節に分かれて巻があるので、それぞれの巻を見てみる。『百人一首』にはそのような部立てがないので、解説書などを見ながら、どの季節の歌か確認し、分類してみるとよい。『百人一首』では秋の歌が際立って多い。

課題②　**中国古典における季節を表した文章を調べ、日本の四季と比較をしてみよう。**

考え方　漢詩についての入門書で、タイトルや目次に「四季」や「歳時記」などと入っているものを見ると、季節を表した作品が探しやすい。「四時の歌」という四季をうたった五言古詩は、陶淵明の作と伝えられるが、作者は不明。「春水四沢に満ち／夏雲奇峰多し／秋月明輝を揚げ／冬嶺孤松秀づ」

春の水や秋の月をたたえるのは、和歌にもよく見られる。夏雲（入道雲）と孤松は、和歌にはあまり詠まれていないようだが、「入道雲」は夏の季語。「孤松」は季語になっていないが、中国文学では世俗に関わらず、高潔にただ一人在る隠者の象徴としてよく使われる言葉である。

3　想いを表す言葉〈一〉

恋するこころ

教科書P.174〜177

【品詞分解／現代語訳】〔新古今和歌集〕

題 知ら（四・未） ず（助動・打・終）　藤原兼輔（ふぢはらのかねすけ）
歌の題はわからない

みかの原 わき（四・用） て（接助） 流るる（下二・体） いづみ川 いつ（代） 見（上一・用） き（助動・過・終） とて（格助） か（係助（係）） 恋しかる（シク・体） らむ（助動・原推・体（結））
みかの原からわき出し、（その原を）分けて流れているいづみ川のように、いつ見たというので、（あなたがこんなに）恋しいのだろうか。

語句の解説

教174ページ

3 いつ見（み）き　あなた、あの人、などの言葉が省略されている。いつ見たというので、あなたがこんなにも恋しいのか、の意。
3 恋（こい）しかるらむ　「らむ」は遠いところの出来事を推量する意。

鑑賞

わきあがる恋しい思いを、わき出して流れる川に託し、序詞と掛詞を効果的に使って、下句の「いつ見きとてか恋しかるらむ」という、思いを直接訴える下句につなげている。広大な情景と過去と現在とをつないだ、スケールの大きな恋の歌である。（句切れなし）

1 「みかの原」の歌の印象的な部分について話し合ってみよう。

答 「いづみ川」と「いつ見き」の音が重なって、流れるような調べが生まれている。

2 みかの原（はら）わきて流（なが）るるいづ（ズ）み川（がわ）　上句全体が「いつ見」を導くための序詞。「わき」が「湧き」と「分き」の掛詞。

狂おしい恋心

水原紫苑（みずはらしおん）

語句の解説

教174ページ

上8「未（いま）だ逢（あ）は（ワ）ざる恋（こい）」　直接逢ったことのない人への恋心。
上10「逢（お）うて逢（あ）は（ワ）ざる恋（こい）」　逢った後に、再び逢うことがかなわない人への恋心。

下6 **韻律、調べ**　言葉の音やリズムに表れた調子。

恋の始まり

小池昌代

語句の解説

教175ページ

上5 **枝を次々に折るような木製の音**　上句の流れるような調子に対して、「いつ見きとてか」というタ行とカ行の短く区切れる音の調子を、木の枝を折るときの音のようだ、とたとえた表現。

下6 **実体のない「匂い」のようなもの**　「匂い」は、雰囲気や気配をたとえた表現。実際にはいないのに、いるかのように感じられるもの。ここでは妄想の恋人のこと。

下13 **水の流れが黙って寄り添ってくれる**　いづみ川の流れをやさしく感じ、擬人化した表現。「黙って寄り添う」は、

2 **自分がこの歌を読んだ感想と、二つの鑑賞文の筆者の感じ方を比べてみよう。**

答　省略

【品詞分解／現代語訳】　**〔万葉集〕**

笠女郎 が(格助) 大伴宿禰家持 に(格助) 贈る(四・体) 歌　**笠女郎**

笠女郎が大伴家持に贈る歌

相思は(四・未) ぬ(助動・打・体) 人 を(格助) 思ふ(四・体) は(係助) 大寺 の(格助) 餓鬼 の(格助) 後 に(格助) 額つく(四・体) ごとし(助動・比・終)

お互いに思い合っていない人を思うのは、大寺の餓鬼の後方にひれふして礼拝するようなものですよ。

語句の解説

教176ページ

2 **相思はぬ人**　「相」は、互いに、の意を添える接頭語。互いに思っていない人とは、作者からみれば、自分を思ってはくれない人ということになる。つまり、片思いの恋人のこと。

2 **餓鬼の後に額つくごとし**　「餓鬼」は、ここでは大寺にある彫像をさしているのであろう。「額つく」は、額を地面につけて礼拝する意。ありがたい仏様の前で祈るのではなく、地獄の亡者である餓鬼の、しかも後ろから祈るのと同じだ、という意で、祈ってもなんの甲斐もない、と嘆いている歌である。

鑑賞　笠女郎は『万葉集』を代表する女性歌人の一人。大伴家持に宛てた情熱的な恋の歌を数多く残している。繊細で情感豊かな歌が多いが、この歌は、「餓鬼の後に額つくごとし」という奇抜な比喩を用いて、かなわぬ思いを、おかしみをこめて、自嘲的に表現している。（句切れなし）

【品詞分解／現代語訳】　〔万葉集〕

正に（副）　**心緒**　**を**（格助）　**述ぶる**（下二・体）　　作者未詳

まっすぐに思いを述べる（歌）

うち日さす（枕詞）　**宮道**　**を**（格助）　**人**　**は**（係助）　**満ち行け**（四・已）　**ど**（接助）　**我**（代）　**が**（格助）　**思ふ**（四・体）　**君**　**は**（係助）　**ただ**（副）　**一人**　**のみ**（副助）

（うち日さす）都の大通りを人々はあふれて通って行くが、私が恋しく思う人は、（あなた）一人だけですよ。

語句の解説

教176ページ

4 **うち日さす**　「宮」「都」「宮路（道）」にかかる枕詞。

4 **満ち行けど**　「満ち行け」は、「いっぱいになる」意の「満つ」＋「行く」の複合語。「ど」は逆接。「～が、けれども」の意。

4 **思ふ**　ここは、愛する、恋い慕う、の意。

4 **ただ一人のみ**　「のみ」は限定を示す副助詞。ここは「ただ～のみ」と呼応して「ただ～だけ」という強い思いを表している。

鑑賞

にぎやかな大通りの様子と対比させて、「ただ一人」への思いを強調している。人は多いけれど、恋しいのはあなただけ、ほかにはいません、という強い気持ちを表している。（句切れなし）

【品詞分解／現代語訳】　〔万葉集〕

中臣朝臣宅守　**と**（格助）　**狭野弟上娘子**　**と**（格助）　**が**（格助）　**贈答せ**（サ変・未）　**る**（助動・完・体）　**歌**

中臣朝臣宅守と狭野弟上娘子とが贈答した歌

君　**が**（格助）　**行く**（四・体）　**道**　**の**（格助）　**長手**　**を**（格助）　**繰り畳ね**（下二・用）　**焼き滅ぼさ**（四・未）　**む**（助動・婉・体）　**天**　**の**（格助）　**火**　**もがも**（終助）　　狭野弟上娘子

あなたが（流されて）行く（越前までの）長い道のりを手繰り寄せて畳んで、焼き尽くしてしまうような、天の火があればいいのに。

右、娘子が別れに臨みて作る歌

右は、娘子が（宅守との）別れに際して詠んだ歌である。

語句の解説

教176ページ

5 **贈答**　贈り答える。二人で交わしあった歌のうちの一首である。

6 **君が行く道の長手**　「長手」は長い道のり。二人は禁じられた恋の掟を破って密通し、宅守が罪せられて越前国（今の福井県）に配流された。そのときの越前までの遠い道のりのこと。

6 **繰り畳ね**　「繰る」（たぐりよせる）＋「畳ぬ」（畳む）の複合動詞。長い道のりを、敷物か帯のように見なした特異な表現。

6 **天(あめ)の火もがも** 「天の火」は地上の火と区別した表現。人知をこえて天から降る火。「もがも」は願望の終助詞。「もがな」と同じ。「〜があったらなあ。あればいいのに」の意。

鑑賞

「繰り畳ね焼き滅ぼさむ」には、そうすればあなたを引き戻せるという激しい思いが託されている。作者は情熱的な人だったのであろう。(句切れなし)

【品詞分解／現代語訳】 **〔万葉集〕**

東歌

多摩川 に(格助) さらす(四・体) 手作り さらさらに(副) なに(副) ぞ(係助(係)) こ((代)) の(格助) 児 の(格助) ここだ(副) かなしき(シク・体(結))

多摩川にさらす手作りの布が奏でるさらさらという音のように、さらにさらに、どうしてこの人がこんなにもいとしいのだろうか。

右、武蔵国の歌

右は、武蔵国の歌である。

語句の解説

教176ページ

9 **多摩川(たまがわ)にさらす手作り(てづく)** 「さらす」は、布を水で洗って日に干して白くする。「手作り」は手織りの布。織った布を多摩川の水にさらす様子を表し、この句全体で、第三句の「さらさらに」を導く序詞になっている。

9 **さらさらに** 擬音語の「さらさら」と、ますますの意の「さらに」の掛詞。情景から心情へと内容を転換している。

9 **この児(こ)** 「児」は、親しい人を呼ぶ語。男女ともに用いられるが、ここでは身近な女性をさしていると考えるのが自然だろう。

9 **ここだ** 上代に用いられた。とても、たいそうの意。

9 **かなしき** 「かなし」は、相手をいとおしく思う心情を表す。かわいい、いとしい意。「ぞ」の結びで連体形になっている。

鑑賞

水や風にゆれる布のイメージが、「さらす手作りさらさらに」という流れるような調べにのせて印象的に詠まれている。下句の「この児のここだかなしき」にも、「こ」の音を重ねた表現が用いられて、「この児」をいとおしく思う気持ちを強めている。武蔵国を流れる多摩川の情景を背景に詠まれた、「この児」への愛の歌である。(句切れなし)

【品詞分解／現代語訳】　〔古今和歌集〕

題　知ら（四・未）　ず（助動・打・終）　よみ人しらず

歌の題はわからない

ほととぎす　鳴く（四・体）　や（間投助）　さつき　の（格助）　あやめ草　あやめ　も（係助）　知ら（四・未）　ぬ（助動・打・体）　恋　も（係助）　する（サ変・体）　かな（終助）

ほととぎすの鳴く（季節になったなあ）五月になってあやめも咲いているよ。（そのあやめではないが、私は）分別を失って恋に迷っていることだ。

語句の解説

教177ページ

2 **ほととぎす鳴く（な）やさつきのあやめ草（ぐさ）**　「あやめ」を導く序詞。

2 **あやめ草（ぐさ）**　菖蒲（しょうぶ）のこと。

2 **あやめも知（し）らぬ**　この「あやめ」は「文目」で、道理、分別の意。

鑑賞

初夏の季節感とともに燃え始めた恋の情感を詠っている。「あやめも知らぬ恋」とは、理性を失って分別がつかなくなった激しい恋のこと。序詞から「あやめ」を引き出す流麗な調べのほかに、「や」「かな」など詠嘆の助詞を効果的に配した技巧的な歌でもある。（三句切れ）

【品詞分解／現代語訳】　〔古今和歌集〕

題　知ら（四・未）　ず（助動・打・終）　小野小町（をののこまち）

歌の題はわからない

思ひ（四・用）　つつ（接助）　寝れ（下二・已）　ば（接助）　や（係助（係））　人　の（格助）　見え（下二・用）　つ（助動・強・終）　らむ（助動・原推・体（結））　夢　と（格助）　知り（四・用）　せ（助動・過・未）　ば（接助）　覚め（下二・未）　ざら（助動・打・未）　まし（助動・反仮・体）　を（間投助）

（恋しい人のことを）思いながら寝たので、（夢に）現れたのだろうか。夢だと知っていたら覚めないでいたのに（覚めてしまって残念だ）。

語句の解説

教177ページ

4 **寝（ぬ）ればや**　「寝（ぬ）」の已然形＋確定条件の「ば」＋疑問の係助詞「や」。

4 **夢（ゆめ）と知（し）りせば覚（さ）めざらましを**　「〜せば…まし」は反実仮想で、実際とは反対のことを仮定した表現。もし知っていたら覚めないでいたのに、の意で、後に（　）の気持ちが省略されている。

鑑賞

作者は平安時代初期の女性歌人。恋の歌や夢で恋人に会う歌を多く残している。この歌にみられるような屈折した心情を、技法を駆使した流麗な作風で詠い、美人の代表として伝説化もされている。（三句切れ）

【品詞分解／現代語訳】 〈新古今和歌集〉

百首歌 奉り(四・用) し(助動・過・体) 時 よめ(四・已) る(助動・完・体)　前大僧正慈円

百首歌を献上した時に詠んだ(歌)

わ(代) が(格助) 恋 は(係助) 松 を(格助) 時雨 の(格助) 染めかね(下二・用) て(接助) 真葛が原 に(格助) 風 さわぐ(四・終) なり(助動・定・終)

私の恋は松を時雨が染めかねるように(思う人の心を変えられず)、葛原に風が騒いで(白い葉裏を見せるように、恨みの心が)騒いでいるようだ。

語句の解説

教177ページ

6 **松を時雨の染めかねて**　松は常緑樹で紅葉しないことをふまえた表現。「〜かね」は、「〜できない」という意を添える接尾語。

6 **真葛**　葛は葉裏が白く、風に吹かれて白い裏を見せることから、「裏見(うらみ)」＝「恨み」の意味で用いられることが多い。

鑑賞

色を変えない「松」と白い葉裏を見せる「葛」に託して、思う人をなびかせることのできない悔しい気持ちを詠った恋の歌。和歌の世界で共有されていた知識にもとづく技巧的な作品である。(句切れなし)

【品詞分解／現代語訳】 〈新古今和歌集〉

題 知ら(四・未) ず(助動・打・終)　藤原定家

歌の題はわからない

かきやり(四・用) し(助動・過・体) そ(代) の(格助) 黒髪 の(格助) 筋ごと(連語) に(格助) うち伏す(四・体) ほど は(係助) 面影 ぞ(係助(係)) 立つ(四・体(結))

手でかきあげてやったあなたの(長い)黒髪の一筋一筋までもが、横になって寝ていると、目に(はっきりと)浮かんで見えることだよ。

語句の解説

教177ページ

8 **筋ごとに**　黒髪の一本一本ごとに、の意。「ごと」は、それぞれにみな、の意を添える接尾語。

8 **面影**　余情として目に浮かぶ情景。思い浮かべる意。

鑑賞

恋の歌の名手和泉式部の歌を本歌とする本歌取りの恋の歌(教186ページ下段)。「かきやりし」「黒髪」「うち伏す」を共有しつつ、女性の立場で詠まれた歌を、男性の立場から追想する趣向に転じている。作者は和歌に新風を吹き込んだ鎌倉時代の歌人。(句切れなし)

四季の移ろい

教科書P.178～180

【品詞分解／現代語訳】　〔万葉集〕

梅花（格助）の歌　大伴旅人（おほとものたびと）

梅の花の歌

わ（代）が（格助）園（に格助）梅（の格助）花散る（四・終）ひさかたの（枕）天より（格助）雪（の格助）流れ（下二・用）来る（カ変・体）かも（終助）

私の家の庭に梅の花が散る。天から雪が流れて来るのだろうか。

語句の解説

教178ページ

1 「わが園に」の歌の印象的な部分について考えてみよう。

答　梅の花が散る様子を天から雪が流れて来るようだと表現しているところ。枕詞「ひさかたの」が「天」を導き、「天」を「あめ」と読むところ。など。

3 **ひさかたの**　「天（あま・あめ）」にかかる枕詞。同音の「雨（あめ）」、「天」の類語の「空」などにもかかる。

3 **流れ来る（ながれく）**　花や雪などが続いて降って来ることを表す。

鑑賞

天平二年（七三〇）正月十三日、太宰府（だざいふ）の長官を務めていた作者の邸宅で、梅の花見の宴が開かれた。その時に詠まれた歌三二首が『万葉集』に載り、この歌はそのうちの一首。ゆったりとした調べの、美しい叙景歌。梅の花を雪になぞらえる「見立て」は、漢詩によく見られ、和歌にも用いられた表現。（二句切れ）

見立て

鈴木宏子（すずきひろこ）

語句の解説

教178ページ

上6 **レトリック**　修辞。和歌においては枕詞・序詞・縁語・掛詞・本歌取り・句切れ・体言止め・倒置などがある。

教179ページ

上2 **和歌（わか）における「見立て（みたて）」の先駆的（せんくてき）な例（れい）**　この歌では、「梅の花散る」を「雪の流れ来る」情景に見立てている。

【品詞分解／現代語訳】 〔万葉集〕

志貴皇子 の〔格助〕 懽び の〔格助〕 御歌　志貴皇子

志貴皇子の喜びのお歌

石走る〔四・体〕 垂水 の〔格助〕 上 の〔格助〕 さわらび の〔格助〕 萌え出づる〔下二・体〕 春 に〔格助〕 なり〔四・用〕 に〔助動・完・用〕 ける〔助動・過・体〕 かも〔終助〕

岩の上を激しく流れる滝のほとりの若いワラビが芽を出す春になったことだなあ。

語句の解説

教179ページ

6 **石走る** 岩の上をしぶきをあげて水が流れる。

6 **垂水の上** 「垂水」は、「垂れ落ちる水。滝。」の意。「上」は、「ほとり。あたり。」の意。

6 **さわらび** 芽が出たばかりのワラビ。「早蕨」とも書く。「さ」は接頭語。

6 **かも** 詠嘆の終助詞。上代に用いられた。中古以降は概ね「かな」に変わる。

鑑賞

前書きに「懽びの御歌」とあるように、春の訪れを喜ぶ気持ちが、滝の上にある早蕨と、ほとばしる滝の表現に生き生きと表れている。この歌には句切れがなく、草木が一斉に萌え出ずる春、一気に流れ落ちる水の勢いのように、一息で読み終える。「垂水の上のさわらびの」と、「の」を重ねることで生じるリズム感も味わいたい。（句切れなし）

【品詞分解／現代語訳】 〔古今和歌集〕

渚の院 にて〔格助〕 桜 を〔格助〕 見〔上一・用〕 て〔接助〕 よめ〔四・已〕 る〔助動・完・体〕　在原業平

渚の院で桜を見て詠んだ歌

世の中 に〔格助〕 絶えて〔副〕 桜 の〔格助〕 なかり〔ク・用〕 せ〔助動・過・未〕 ば〔接助〕 春 の〔格助〕 心 は〔係助〕 のどけから〔ク・未〕 まし〔助動・反仮・終〕

世の中に全く桜がなかったとしたら、春の（人々の）心はのどかだろうになあ（桜があるからこそ、花の散るのが心配でそわそわしてしまうのだ）。

語句の解説

7 **渚の院** 作者在原業平と親交のあった惟喬親王の別荘。大阪府枚方市の淀川べりにあった。

8 **絶えて** 下に打消の表現を伴って「まったく。全然」という意味を表す。

8 **なかりせば** 下の「まし」と呼応し、「もしなかったならば」という意味を表す。「〜せば……まし」で反実仮想の表現。現実に反したり、実現不可能なことを、仮に想定したり、それに基づいて推量したりする意を表す。

8 **春の心**（はるのこころ）　春の季節の人々の心。桜の開花を喜び、散るのを惜しむ。

8 **のどけからまし**　「のどけし」は、「のどかである。のんびりしている。」気持ちに余裕があること。「まし」は、反実仮想の意。

鑑賞

春は気候がおだやかでのどかな季節。しかし、人の心は桜が咲いては心をときめかせ、すぐに散ってしまうことを心配し、落ち着かない。「桜の花がなくなればいい」と思っているわけではなく、それだけ桜の花の美しさがすばらしいということをいっている。桜の美しさを、逆説的な表現で巧みに表した歌。（句切れなし）

【品詞分解／現代語訳】

寛平御時后（くわんぴやうのおほんときさいの）**の**（格助）**宮**（みや）**の**（格助）**歌合の**（格助）**歌**　**紀友則**（きのとものり）　**〔古今和歌集〕**

寛平の御時の后の宮の歌合の時の歌

五月雨　に（格助）**　物思ひ**（四・用）**　をれ**（補・ラ変・已）**　ば**（接助）**　ほととぎす　夜　深く**（ク・用）**　鳴き**（四・用）**　て**（接助）**　いづち　行く**（四・終）**　らむ**（助動・現推・体）

五月雨の音を聞いて物思いにふけっていると、ほととぎすが夜ふけに鳴いて行ったが、いったいどこへ行くのだろうか。

語句の解説

9 **歌合**（うたあわせ）　平安時代に始まった遊び。歌の作者を左右に分け、詠んだ歌を一首ずつ組み合わせ、判者が優劣を比較し勝負を決めた。

10 **五月雨**（さみだれ）　陰暦五月ごろに降る長雨。梅雨。

10 **物思ひ**（ものおもイ）　「物思ふ」は、「あれこれと思う。物思いにふける」。

10 **をれば**（オ）　補助動詞「をり」は動詞に付いて、その動作が継続していることを表す。物思いで寝られない状態であることがわかる。

10 **ほととぎす**　和歌によく詠まれる鳥。夏を告げ、また、恋の思いや昔を懐かしむ感情などを呼び起こす鳥とされた。

10 **いづち**（ズ）　「何方」「何処」とも書く。どの方角。どちら。どこ。

鑑賞

『枕草子』に、退屈なので「ほととぎすの声を聞きに行きたい」、と清少納言が言うと、我も我もと人々が連れ立って出かけるというエピソードがある。平安時代の人々にとってほととぎすは身近な鳥であった。雨の降る静かな夜、物思いにふけっていると、ほととぎすが鳴いた。夜の静寂とほととぎすの声の対比にはっとさせられる。ほととぎすはいったいどこへ行くのだろうと、作者の気持ちはほととぎすへと移る。ほととぎすも物思いにふけっていたのだろうか。ほととぎすに共感する作者の心情とともに、その物思いの深さもうかがえる。（句切れなし）

【品詞分解／現代語訳】

秋　立つ（四・体）**　日　よめ**（四・已）**　る**（助動・完・体）　**藤原敏行**（ふぢはらのとしゆき）　**〔古今和歌集〕**

立秋に詠んだ（歌）

秋来ぬと目にはさやかに見えねども風の音にぞおどろかれぬる

秋	来	ぬ	と	目	に	は	さやかに	見え	ね	ども	風	の	音	に	ぞ	おどろか	れ	ぬる
	カ変・用	助動・完・終	格助		格助	係助	ナリ・用	下二・未	助動・打・已	接助		格助		格助	係助(係)	四・未	助動・自・用	助動・完・体(結)

秋が来たと、目にははっきりと見えないが、風が吹く音に(もう秋なのだと)はっと気づいたことだよ。

語句の解説

教180ページ

1 **秋立つ**　立秋。陰暦七月一日頃で、太陽暦の八月七日頃。

2 **さやかに**　はっきりと。視覚的にはっきりしている様子。

2 **おどろかれぬる**　「おどろく」は、ここでは「はっと気づく」他に、「目を覚ます」という意味もある。「れ」は自発の助動詞「る」の連用形で、「自然と…れる」という意味。

鑑賞

現在の八月上旬頃で、まだ景色は夏であるが、作者は風の音からかすかに秋の気配を感じた。その驚きが、「ぞ…ぬる」の係り結びで強調されている。視覚で気がつかない季節の移ろいに、聴覚で気づくという繊細な感性が表れた歌。(句切れなし)

【品詞分解／現代語訳】

〔古今和歌集〕

白菊	の	花	を	よめ	る
	格助		格助	四・已	助動・完・体

白菊の花をよんだ歌

凡河内躬恒(おほしかふちのみつね)

心あて	に	折ら	ば	や	折ら	む	初霜	の	置き	まどはせ	る	白菊	の	花
	格助	四・未	接助	係助(係)	四・未	助動・意・体(結)		格助	四・用	四・已	助動・在・体		格助	

当て推量で、もし折るのなら折ろうか。(白菊の上に白い)初霜が降りて(どれが白菊だか)私を惑わせている白菊の花よ。

語句の解説

4 **折らばや折らむ**　接続助詞「ば」は順接の仮定条件を表す。係助詞「や」は疑問の意。「む」は、係助詞「や」の結びで、連体形。

4 **初霜の**　「の」は、「初霜」が主語であることを示す。

4 **置きまどはせる**　「(初霜が白菊の上に降りて)区別ができないようにする」という意味。

鑑賞

初霜が降りる冷たい空気の中に白い菊の花が咲いているという、爽やかで美しい光景が描かれている。霜を菊に見立てるのは漢詩によくある表現。実際に霜と菊が見分けにくいというわけではなく、誇張した表現で霜や菊がどれだけ白いかを表した。体言止めで、文脈の上では倒置になっている。(二句切れ)

【品詞分解／現代語訳】

百首歌奉り（四・用）し（助動・過・体）時　　**藤原良経**（ふじはらのよしつね）

百首の歌をさしあげた時の歌

きりぎりす　鳴く（四・体）　や（間投助）　霜夜　の（格助）　さむしろ　に（格助）　衣　片敷き（四・用）　ひとり　か（係助（係））　も（係助）　寝（下二・未）　ん（助動・推・体（結））

コオロギが（悲しげに）鳴く霜の降りる寒い夜、敷物の上に自分の着物だけを敷いて、ただ一人寂しく寝なければならないのだろうか。

〔新古今和歌集〕

語句の解説

6 **さむしろ**　筵（むしろ）。敷物のこと。「さ」は接頭語。「さ筵」と「寒し」の掛詞。

6 **片敷き**（かたしき）　「片敷く」は、「衣の片袖だけを敷く」「ひとり寝をする」。昔、男女が共に寝る時は互いに袖を敷いて寝た。

6 **ひとりかも寝ん**（ね）　係助詞「か」は疑問。「も」は強意。

鑑賞

霜の降りる晩秋、コオロギの声を聞きながら一人寝る寂しさを詠んだ歌。「衣片敷き」という語を用いて恋しい人を思うひとり寝の寂しさを詠むのは、『古今和歌集』や『伊勢物語』にも見られる。そうした古歌のイメージに、自らの実感を重ねた。この歌が詠まれる直前に、作者は妻を亡くしている。（句切れなし）

【品詞分解／現代語訳】

冬　の（格助）　歌　の（格助）　中　に（格助）　　**後鳥羽院**（ごとばのゐん）

冬の歌の中に

冬　の（格助）　夜　の（格助）　長き（ク・体）　を（格助）　おくる（四・体）　袖　濡れ（下二・用）　ぬ（助動・完・終）　暁方　の（格助）　四方　の（格助）　嵐　に（格助）

冬の夜長を眠れずに過ごす私の袖は、涙で濡れてしまった。明け方の、四方から聞こえる嵐の音で。

〔新古今和歌集〕

語句の解説

8 **袖濡れぬ**（そでぬ）　涙で袖が濡れるというのは、和歌でよく使われる表現。

8 **暁方**（あかつきがた）　夜明けに近いころ。

8 **四方**（よも）　四方。東西南北。あたり一面。

鑑賞

『源氏物語』に、須磨（すま）に流された光源氏が、夜眠れずに「枕をそばだてて四方の嵐を聞き」、涙を流す場面がある。光源氏の心情に自分の心を重ね、寒い冬の夜のわびしさを詠んだ歌。（三句切れ）

旅と別れ

教科書P.181～185

〈古今和歌集〉

【品詞分解／現代語訳】

題知ら（四・未）ず（助動・打・終）　　在原行平（ありはらのゆきひら）

題がわからない（歌）

立ち別れ（下二・用） いなば の（格助） 山 の（格助） 峰 に（格助） 生ふる（上二・体） まつ と（格助） し（副助） 聞か（四・未） ば（接助） 今 帰り来（カ変・未） む（助動・意・終）

あなたと別れて因幡に行っても、その因幡の山の峰に生えている松のように私のことを「待つ」と聞けば、今すぐに帰ってこよう。

語句の解説

教181ページ

2 **立ち別れ**（たちわかれ）　「立ち別る」は、「別れて行く」という意味。

1 「立ち別れ」の歌の印象的な部分について考えてみよう。

答 地名の「因幡（いなば）」を動詞として生かしている点。など。

2 **いなば**　地名の「因幡」と「往なば」（「去る」という意の動詞「往ぬ」の未然形に接続助詞「ば」が付いたもの。「去るならば」の意）の掛詞。二句・三句の「いなばの山の峰（みね）に生ふる（お）」は、「まつ」を導き出す序詞。

2 **まつ**　「松」と「待つ」の掛詞。

鑑賞

掛詞が二つ、序詞が使われた技巧的な歌だが、愛する女性への率直な思いが伝わってくる。鑑賞文にあるように、詠んだ時期が「赴任か帰京か」、解釈が分かれているが、いずれにしても相手への強い愛情は変わらない。（句切れなし）

赴任か帰京か

吉海直人（よしかいなおと）

語句の解説

教181ページ

上6 **歌枕**（うたまくら）　和歌の修辞で、特定のイメージや情緒を連想させる地名。ただし、ここでの「いなば」は地名の「因幡」だけでなく、「往なば」の意味も掛けられた掛詞になっている。

下12 **本歌取り**（ほんかどり）　古い和歌を題材に新しく和歌を詠むこと。

教182ページ

上1 **なかなかに**　なまじ。かえって。

【品詞分解／現代語訳】〔万葉集〕

山部宿禰赤人 が(格助) 富士 の(格助) 山 を(格助) 望む(四・体) 歌 一首　山部赤人(やまべのあかひと)
山部宿禰赤人が富士の山を眺めて詠む歌

天地 の(格助) 分かれ(下二・用) し(助動・過・体) 時 ゆ(格助) 神さび(上二・用) て(接助) 高く(ク・用) 貴き(ク・体) 駿河 なる(助動・在・体) 富士 の(格助) 高嶺 を(格助) 天 の(格助) 原
天と地が分かれた時から　神々しくて高く尊い　駿河にある富士の高い山のいただきを　大空高く

振り放け見れ(上一・已) ば(接助) 渡る(四・体) 日 の(格助) 影 も(係助) 隠ら(四・未) ひ(助動・継・用) 照る(四・体) 月 の(格助) 光 も(係助) 見え(下二・未) ず(助動・打・用) 白雲 も(係助)
仰ぎ見ると　空を渡る太陽の姿も隠れ、　照る月の光も見えず　白い雲も

い(接頭) 行きはばかり(四・用) 時じく(シク・用) ぞ(係助(係)) 雪 は(係助) 降り(四・用) ける(助動・詠・体(結)) 語り継ぎ(四・用) 言ひ継ぎ行か(四・未) む(助動・意・終) 富士 の(格助) 高嶺 は(係助)
流れるのをためらって、時節に関係なく雪は降っている。　語り継ぎ、言い継いでいこう、　富士の高い峰のことを。

語句の解説

教182ページ

5 **天地(あめつち)の分(わ)かれし時(とき)ゆ**　日本神話で、天と地が分かれてこの国ができたという説による。そのような遠い昔から。「ゆ」は上代に使われた格助詞で、起点（「…から」）の意を表す。

5 **駿河(するが)なる**　「なる」は、断定の助動詞「なり」の連体形。地名についた「なり」は、「存在（…にある。…にいる。）」の意を表す。

6 **振(ふ)り放(さ)け**　「振り放く」は、「はるか遠くに目をやる」という意味。

6 **影(かげ)も隠(かく)らひ**　「ひ」は、上代の助動詞「ふ」の連用形で、動作の継続を表す。

6 **照(て)る月(つき)の光(ひかり)も見えず**　前の句「渡る日の影も隠らひ」との対句。昼夜にわたる、富士山の偉大な姿を表現している。

鑑賞

長歌。富士山の神々しさ、美しさ、雄大さが、テンポよく客観的に描写された後、最後の三句「語り継ぎ言ひ継ぎ行かむ富士の高嶺は」に、作者の気持ちが込められる。富士山は、神話の時代から高く尊い存在である。「太陽の光や月の光もさえぎられる」「季節に関係なく雪が降っている」といった景色の描写により、地上の世界とはかけ離れた、その神聖さを歌い上げている。

【品詞分解／現代語訳】〔万葉集〕

反歌
反歌

田子の浦｜ゆ（格助）｜うち（接頭）｜出で（下二・用）｜て（接助）｜見れ（上一・已）｜ば（接助）｜ま白｜に（格助）｜ぞ（係助（係））｜富士｜の（格助）｜高嶺｜に（格助）｜雪｜は（係助）｜降り（四・用）｜ける（助動・詠・体（結））

田子の浦を通って出てみると、真っ白に、富士の高い峰に雪が降り積もっていることだなあ。

語句の解説

10 **うち出でて見れば**　「うち出づ」は、「見晴らしのよい場所に出る」という意味。

10 **雪は降りける**　長歌の「時じくぞ雪は降りける」に呼応している。

鑑賞

反歌により、作者が田子の浦でこの二つの歌を詠んだことがわかる。長歌で詠んだ富士の山頂の雪をくり返したたえている。「ま白にぞ」という直截な表現で、雪の白さを伝える。（句切れなし）

【品詞分解／現代語訳】

珠洲郡｜より（格助）｜船発し、（サ変・用）｜太沼郡｜に（格助）｜還る（四・体）｜時｜に、（格助）｜長浜｜の（格助）｜浦｜に（格助）｜泊まり、（四・用）｜月｜の（格助）｜光｜を（格助）

珠洲郡から船出して太沼郡に帰る時に、長浜湾に停泊し、月の光を仰ぎ見て作った歌

仰ぎ見（上一・用）｜て（接助）｜作る（四・体）｜歌｜一首｜大伴家持

珠洲の海｜に（格助）｜朝びらき｜し（サ変・用）｜て（接助）｜こぎ来れ（カ変・已）｜ば（接助）｜長浜の浦｜に（格助）｜月｜照り（四・用）｜に（助動・完・用）｜けり（助動・詠・終）　〔万葉集〕

珠洲の海に朝船出して漕いで来ると、長浜の浦（に着く頃）には月が照っていることだ。

語句の解説

教183ページ

3 **朝びらき**　朝、船が出航すること。

3 **長浜の浦**　所在地は不明。

4 **月照りにけり**　朝出発して、長浜の浦に着いた時には夜になっていた。長浜の浦に着くまで、一日中船に乗っていたことがわかる。

鑑賞

作者の家持は、天平一八年（七四六）に越中守となり、五年間越中（現在の富山県）に滞在した。この歌はその在任中に詠まれたもの。『万葉集』には、「春の出挙（古代、春に稲を貸し付けて、秋の収穫の際に利を取って、地方財源とした制度）のために諸郡を回って歩き、その時その場所で目に触れたものを詠んだ」歌であるという、作者の注が付いている。（句切れなし）

【品詞分解／現代語訳】　〔万葉集〕

防人歌（さきもりのうた）

父母　が（格助）　頭　かき撫で（下二・用）　幸く（副）　あれ（ラ変・命）　て（格助）　言ひ（四・用）　し（助動・過・体）　言葉　ぜ（係助（係））　忘れ（下二・用）　かね（接尾）　つる（助動・完・体（結））

父母が頭をなでて、無事でいておくれと言った言葉が忘れられない。

右　の（格助）　一首、　丈部稲麻呂

右の一首は、丈部稲麻呂（が詠んだ）。

語句の解説

5 頭（かしら）かき撫（な）で　出発の際に、父母が作者の頭をなでたことをいう。

5 幸（さ）くあれて　「幸くあれと」の訛（なま）り。東国の方言。「幸（さき）く」は、「無事に。つつがなく。」という意味。

5 言葉（けとば）ぜ　「言葉ぞ」の東国の方言。

6 丈部稲麻呂（はせつかべのいなまろ）　伝未詳。

鑑賞

『万葉集』に、「駿河（するが）国の防人の長が提出した歌二十首（ただし、つたない歌は採録しなかった）」という注があり、そのうちの一首。駿河の国から防人として九州に出発する人々が提出したという。素朴な表現で、父母との別れのつらさが伝わってくる歌。（句切れなし）

【品詞分解／現代語訳】　〔古今和歌集〕

志賀　の（格助）　山越え　にて（格助）、　石井　の（格助）　もと　にて（格助）　もの　いひ（四・用）　ける（助動・過・体）　人　の（格助）　別れ（下二・用）　ける（助動・過・体）　折　に（格助）

志賀の山越えの時に、山の泉のほとりで言葉をかわした人と別れる時に

よめ（四・已）　る（助動・完・体）　　紀貫之

詠んだ（歌）

結ぶ（四・体）　手　の（格助）　しづく　に（格助）　にごる（四・体）　山　の（格助）　井　の（格助）　あか（四・未）　で（接助）　も（係助）　人　に（格助）　別れ（下二・用）　ぬる（助動・完・体）　かな（終助）

すくい上げた手からこぼれるしずくで濁る山のわき水は十分に飲めない、そんなふうに物足りないまま、あなたと別れてしまうことになりましたね。

語句の解説

7 志賀（しが）の山越（やまご）え　京都から志賀峠を越え、志賀寺（崇福（すうふく）寺）を経て滋賀県大津市滋賀里へ通じる山道。天智（てんじ）天皇創建と伝えられる志賀寺参詣の道として使われた。

7 **石井**(いしい) 清水を石で囲んでためてある泉。歌では「山の井」と詠まれている。

8 **結ぶ手**(むすぶて) 手の指をそろえて、手のひらを組み合わせて水をすくう様子を表す。

8 **あかで** 「あか」は、仏に供える水のことをいう「閼伽(あか)」と、「飽か」の掛詞。「飽く」は、「十分に満たされる」という意味。「で」は打ち消しの意を示す接続助詞。「～ないで」と訳す。

鑑賞

詞書から、志賀の山越えの途中で会った相手に対する歌であることがわかる。第三句までが「あかでも」を導く序詞となっている。掛詞と序詞を用いた技巧的な歌だが、旅先で出会った人との別れを惜しむ気持ちが伝わってくる。(句切れなし)

【品詞分解／現代語訳】

朱雀院 の(格助) 奈良 に(格助) おはしまし(四・用) たり(助動・完・用) ける(助動・過・体) 時 に、(格助) 手向山(たむけやま) にて(格助) よみ(四・用) ける(助動・過・体)

朱雀院が奈良へ(御幸に)いらっしゃった時に、手向山で詠んだ(歌)

こ(代) の(格助) たび は(係助) 幣 も(係助) とりあへ(下二・未) ず(助動・打・終) 手向山 もみぢ の(格助) にしき 神 の(格助) まにまに(副)

今回の旅は、自分の用意した供え物を(美しい紅葉を前にして)ささげることができません。この山の錦のように華麗な紅葉を供えますので、神様のお気に召すままに(受け取ってください)。

〔古今和歌集〕 菅原道真(すがはらのみちざね)

語句の解説

9 **朱雀院**(すざくいん) 宇多(うだ)上皇のこと。退位した後、朱雀院を御所とした。

9 **手向山**(たむけやま) 旅人が旅の安全を祈る神が祀(まつ)られている山。地名となった所も多く、奈良県奈良市若草山や、滋賀県の逢坂山(おうさかやま)などが有名。

10 **このたび** 「この度」と「この旅」の掛詞。

10 **幣**(ぬさ) 神に捧げる供え物。

10 **とりあへず** 「ず」は、動詞の未然形に付いて、「…できない」という意味を表す。

10 **手向山**(たむけやま) 「手向山」と「手向け(神に物を供えること)」の意を掛ける。

10 **もみぢのにしき** 錦のように美しい紅葉。「錦」は、「色々な糸を用いて、美しい模様を織り出した織物の総称」。紅葉を錦に喩(たと)えるのは、漢詩によく見られる表現で、和歌にも取り入れられた。

10 **まにまに** 下に「お受け取りください」の意が省略されている。神に対しての言葉なので、敬語で訳す。

鑑賞

菅原道真は、宇多天皇の重臣として知られる。「朱雀院の奈良におはしましたりける時」は、昌泰元年(八九八)十月のこと。この時の御幸に道真も供奉している。山を彩る美しい紅葉を、そのまま神への供え物としようというスケールの大きな歌。(二句切れ)

【品詞分解／現代語訳】　〈新古今和歌集〉

東 の〔格助〕 方 へ〔格助〕 まかり〔四・用〕 ける〔助動・過・体〕 に、〔格助〕 よみ〔四・用〕 侍り〔補丁・ラ変・用〕 ける〔助動・過・体〕　西行(さいぎやう)法師

東国の方へ参りました時に、詠みました(歌)

年 たけ〔下二・用〕 て〔接助〕 また〔副〕 越ゆ〔下二・終〕 べし〔助動・可・終〕 と〔格助〕 思ひ〔四・用〕 き〔助動・過・終〕 や〔係助〕 命 なり〔助動・断・用〕 けり〔助動・詠・終〕 さや の〔格助〕 中山

年老いて再び越えることができると思っただろうか、思いもしなかった。命があったからだなあ。佐夜の中山よ。

語句の解説

教184ページ

2 **年(とし)たけて**　年老いて。「たく」は、「年齢が長じる」の意。

2 **また越(こ)ゆべしと思(おも)ひきや**　係助詞「や」は、「…ただろうか、いや、ない」という反語を意味する。

2 **命(いのち)なりけり**　長く生きたことに対しての詠嘆のことば。

2 **さやの中山(なかやま)**　現在の静岡県掛川市東部にある峠。歌枕。平安時代から東海道の難所として知られた。「佐夜の中山」、「小夜の中山」とも書く。

鑑賞

この歌は、『西行法師家集』にも載り、詞書きはもう少し詳しく、「東の方へ、あひ知りたる人のもとへまかりけるに、佐夜の中山見しことの昔に成りたりける思ひ出でられて」となっている。文治二年(一一八六)、西行六十九歳の時、東大寺大仏再建のために藤原秀衡(ひでひら)を訪ねた時のこと。かつて、佐夜の中山を越えた時のことを思い出し、現在の感慨を述べたもの。「命なりけり」という言葉が強い印象を与える。(三句切れ・四句切れ)

【品詞分解／現代語訳】　〈新古今和歌集〉

千載集 撰び〔四・用〕 侍り〔補丁・ラ変・用〕 ける〔助動・過・体〕 時、 古き〔ク・体〕 人々 の〔格助〕 歌 を〔格助〕 見〔上一・用〕 て〔接助〕　藤原俊成(ふじはらのとしなり)

『千載和歌集』を撰びました時、古い人々の歌を見て(詠んだ歌)

ゆく末 は〔係助〕 われ を〔格助〕 も〔係助〕 しのぶ〔四・体〕 人 や〔係助(係)〕 あら〔ラ変・未〕 ん〔助動・推・体(結)〕 昔 を〔格助〕 思ふ〔四・体〕 心習ひ に〔格助〕

将来は私のような人間を思い慕ってくれる人があるだろうか。昔を思い懐かしむという人の心の習慣で。

語句の解説

3 **千載集(せんざいしふ)撰(えら)び侍(はべ)りける時**　『千載集』は、『千載和歌集』のこと。八代集の一つ。七番目の勅撰和歌集。藤原俊成の撰。後白河院の命により、文治四年(一一八八)に成立。

4 **われをもしのぶ人(ひと)やあらん**　「しのぶ」は、「目の前にいない人や昔のことを懐かしむ。恋い慕う。」という意味。「や」は疑問の意

を表す係助詞。係り結びで、結びの語「ん」は連体形。俊成自身が、『千載和歌集』の編纂（へんさん）のため昔の歌を見て、古人のことが思い慕われ、そこから自（おの）ずと、自身の歌についてはどうだろうか、と未来の人に思いを寄せた。ということ。

4 **心習ひ**（こころならイ）　心についた習慣。人の心には昔を懐かしむ習慣があるということ。

鑑賞

平安時代末期に編纂された『千載和歌集』だが、収録されている歌は、平安時代中期までさかのぼる。それまでの勅撰集に入らなかった秀歌や、当代歌人の作品を収める。『平家物語』に逸話のある、平忠度（たいらのただのり）ほか平家の武人の歌が、「詠み人しらず」として載っている。編者である俊成の歌は、源俊頼（としより）に次いで多く採られている。「われをもしのぶ」には、自分の歌は後の世の人に慕われるような歌だろうかという謙遜の気持ちも込められていると考えられる。（三句切れ）

単元課題

1　それぞれの歌で印象的な句や表現を選び、繰り返し朗読してみよう。

考え方　まず第一印象で、自分が美しい、面白いと思った表現を選んでみる。さらに、学習した表現技巧、その歌の背景などをふまえて、印象的なものを選ぶ。もともと和歌は、歌合などの場で朗読されるものであった。声に出して詠まれることを前提に作られている。朗読することで、目で読むのとは違った、歌の印象が得られるはずである。

2　次の解説を参考に、歌集ごとに歌風にどのような違いがあるか確かめてみよう。

考え方　「●歌風」と「●主な修辞技巧」に注目。時代が下がるにつれて修辞技巧が複雑になっている。事典・辞書などで「万葉調」「古今調」「新古今調」について調べてみる。『万葉集』の「●代表歌人」に、「さまざまな階層の人々の歌を収める」とあることにも注目。『古今和歌集』『新古今和歌集』は貴族中心。

解答例　『万葉集』には、東歌や防人歌など、庶民の歌が多く採られている。修辞技巧はあまり用いられず、現実の生活に即した、素朴で素直な歌が多い。『古今和歌集』は、見立てや擬人法などを用いた理知的な歌が特徴。万葉集の雄大さに比べ、繊細で冷静な印象を与える。『新古今和歌集』は、本歌取りなど複雑な技巧を用い、歌の背後に余情を漂わせる歌が多い。「幽玄」は「言外に深い情緒を漂わせる」ことをいう。「有心（うしん）」は、それをさらに追求したもので、深い情趣の中に妖艶な美をたたえ、ものに感じた心を象徴的に表現する境地をいう。

教科書P.186

修辞は、言葉を巧みに美しく用いて効果的な表現をするための技術。これを用いることによって、表現が豊かになる。古文では、特に和歌に用いられる。

◆枕詞

特定の語句を導き出し、それを飾る言葉。五音のものが普通。直後の語句を修飾する。

主な枕詞	導かれる言葉
あしひきの	山・峰(を)
あづさゆみ	引く・射る・張る
からころも	着る・裁(た)つ
くさまくら	旅・露・結ぶ
ぬばたまの	黒髪・夜
ももしきの	大宮

◆序詞

ある言葉を引き出すために用いられる語句。枕詞とは違い、次にくる語は特定されない。七音以上の語で自由に作られる。具体的な内容を持っているので、訳されるが、歌の主意とは関係がないことが普通。訳す時は〈…ではないが〉〈…のように〉などと訳す。

序詞による語句の導き方には、①比喩によるもの、②掛詞によるもの、③類似した音の繰り返しによってつなげるもの、がある。

①あしひきの山鳥の尾のしだり尾の**長々し**夜をひとりかも寝む(拾遺集)　山鳥の垂れた尾のように長い長い夜を私は一人寂しく眠るのだろうか。※長いものを持ち出すことで「長々し」という言葉を導き出している。

②風吹けば沖つ白波**たつた**山夜半にや君が一人越ゆらむ(伊勢物語)　風が吹くと沖の白波が立つ、その龍田山を夜更けにあなたは一人で越えているのだろうか。※「たつ」は「立つ」と、地名の「龍田山」の、二つの意味を持つ掛詞。

③浅茅生(あさぢふ)の小野の篠原(しのはら)**しのぶれど**あまりてなどか人の恋しき(後撰和歌集)　丈の低いチガヤの生える小野の篠原の「しの」ではないが、こらえてきたがしのびきれず、どうしてこうあの人が恋しいのだろう。※「篠原」と似た音の「しのぶ」を導き出している。

◆本歌取り

有名な古歌の一部を、それだとわかるように引用して、歌の背後にその古歌のイメージを重ね、イメージを重層化させる技法。近い世の歌を本歌としないことが原則で、主題を変えることが望ましいなど、いくつかのマナーがあった。

【例】 駒とめて袖うちはらふかげもなし**佐野のわたり**の雪の夕暮れ〈新古今集・冬〉　馬をとめて、雪の積もった袖を払う物陰もない。この佐野の渡し場の雪の夕暮れよ。

【本歌】

苦しくも降り来る雨か三輪の崎**狭野(さの)の渡り**に家もあらなくに〈万葉集・巻三〉　困ったことに降ってくる雨だなあ。三輪の崎の狭野の渡し場には雨宿りをする家もないのに。

※「佐野のわたり」を用いて本歌を連想させる。本歌の「雨」を「雪」に変え、旅の困難さを歌った本歌に対し、夕暮れの雪景色、馬を進める旅人の姿を絵画的に描いている。(「佐野の渡り」は、和歌山県新宮市にあったとされる船の渡し場。古くは「狭野」といった。)

4 人との交わり

芥川（あくたがは）〔伊勢物語（いせものがたり）〕

教科書P.188〜190

【大意】1 教188ページ1〜4行

男は、長年恋していた高貴な女性を盗み出して、暗い夜道を逃げてきた。

【品詞分解／現代語訳】

昔、男 あり［ラ変・用］ けり［助動・過去・終］。

昔、男がいた。

女 の［格助］ え［副］ 得［下二・終］ まじかり［助動・打推・用］ ける［助動・過・体］ を［格助］、年 を［格助］ 経［下二・用］ て［接助］ よばひわたり［四・用］ ける［助動・過・体］ を［接助］、からうじて［副］ 盗み出で［下二・用］ て［接助］、いと［副］ 暗き［ク・体］ に［格助］ 来［カ変・用］ けり［助動・過・終］。

女で（男が）とても妻にできそうにない（人）を、何年にもわたって求婚し続けてきたが、（その人を）やっとのことで盗み出して、たいそう暗いときに（連れ出して）来たのだった。

【大意】2 教188ページ5行〜189ページ5行

女が、葉の上の露を「あれは何か」と聞いたが、そのまま先を急ぎ、女を荒れ果てた倉に隠した。倉の中には鬼がいて、女を一口に食べてしまった。

【品詞分解／現代語訳】

芥川 と［格助］ いふ［四・体］ 川 を［格助］ 率［上一・用］ て［接助］ 行き［四・用］ けれ［助動・過・已］ ば［接助］、草 の［格助］ 上 に［格助］ 置き［四・用］ たり［助動・存・用］ ける［助動・過・体］ 露 を［格助］、「かれ［（代）］ は［係助］ 何［（代）］ ぞ［係助］。」と［格助］ なむ［係助（係）］ 男 に［格助］ 問ひ［四・用］ ける［助動・過・体（結）］。

芥川という川（のほとり）を連れて行ったところ、草の上に降りていた露を（見て、女が）「あれは何というものですか」と、男に尋ねた。

語句の解説 1

教188ページ

1 え得（う）まじかりけるを　「え…打消の語」で不可能を表す。得ることができない。

2 年（とし）を経（へ）て　「経」は下二段動詞「経（ふ）」の連用形。時がたつ意。

2 よばひ（ィ）わたりけるを　求婚し続けていた女を。「よばふ」は言い寄る、求婚する。「わたる」は動詞の連用形に付いて、ずっと〜し続ける意を添える。

語句の解説 2

教188ページ

5 率（ゐ）て行（い）きければ　「率」はワ行上一段活用の動詞「率る」の連用形。

1　「神」とは何か。

答　雷。

ク・用 係助 下二・用 助動・完・用 助動・過・已 接助 ラ変・体 格助 係助
ゆく先 多く、夜 も 更け に けれ ば、鬼 ある 所 と も
行く先は遠く、夜も更けてしまったので、鬼がいる所とは

四・未 接助 副助 副 シク・用(音) 四・用 係助 副 四・用 助動・過・已 接助
知ら で、神 さへ いと いみじう 鳴り、雨 も いたう 降り けれ ば、
知らないうえに、雷までもひどく鳴って、雨もひどく降ってきたので、

ナリ・体 格助 格助 係助 格助 下二・用 接助 格助
あばらなる 倉 に、女 を ば 奥 に 押し入れ て、男、弓・胡簶 を
荒れ果てた倉に、女を奥のほうに押し込んで、男は、弓(を手に)胡簶を

四・用 接助 格助 ラ変・用 副 係助 下二・未 終助 格助 四・用 接助
負ひ て 戸口 に をり、「はや 夜 も 明け なむ。」と 思ひ つつ
背に負って戸口にいて、「早く夜が明けてほしい」と思いながら

上一・用 助動・存・用 助動・過・体 接助 副 格助 四・用 助動・完・用 助動・過・終 感
ゐ たり ける に、鬼 はや 一口 に 食ひ て けり。「あなや。」
(そこに)いたのだが、鬼は早くも(女を)一口で食べてしまった。(女は)「あれぇ」

格助 四・用 助動・過・已 接助 四・体 格助 副 四・未 助動・打・用 助動・過・終
と 言ひ けれ ど、神 鳴る 騒ぎ に、え 聞か ざり けり。
と言ったけれども、(男は)雷が鳴るやかましさに、(女の叫びを)聞くことができなかった。

【大 意】 3 教189ページ6〜10行

男が倉をのぞくと、女がいない。男はくやしがって泣き、女が尋ねたとき、露だと答えて消えてしまえばよかった、と歌を詠んだ。

【品詞分解／現代語訳】

副 係助 四・体 接助 上一・已 接助 上一・用 接助 カ変・未 助動・過・体
やうやう 夜 も 明けゆく に、見れ ば 率 て 来 し
だんだん夜も明けてゆくので、(男が倉の中を)見ると、連れて来た

係助 ク・終 格助 サ変・用 接助 四・已 接助 ク・終
女 も なし。足ずり を し て 泣け ども かひなし。
女がいない。(男は)じだんだを踏んで泣いたけれども、どうしようもない。

係助 係助 格助 格助 四・用 助動・過・体 格助 下二・用 接助
白玉 か 何 ぞ と 人 の 問ひ し 時 露 と 答へ て
(葉の上で光っているのは)真珠ですか何ですかと女が尋ねたとき、(あれは)露というものですと答えて、

下二・用 助動・強・未 助動・反仮・体 終助
消え な まし ものを
(はかない露のように)消えてしまえばよかったのに(実際には生きてつらい目を見ることだ)。

10 **いたう降りければ** 「いたう」は、程度が甚だしい意を表す形容詞「いたし」の連用形がウ音便化したもの。ひどく、すごく。

教189ページ

1 **夜も明けなむ** この「なむ」は、活用語の未然形に付いて、願望(他に対するあつらえ)の意を表す。…してほしい。

3 **食ひてけり** 「て」は、完了・強意の助動詞「つ」の連用形。ここは完了。

2 「あなや。」と言ったのは誰か。

答 女。

語句の解説 3

教189ページ

9 **露と答へて** 女の「かれは何ぞ」に対する答。ここは「露のようにはかなく…」の意も重ねられている。

10 **消えなましものを** 消えてしまえばよかったのに。「な」は、完了・強意の助動詞「ぬ」の未然形。ここは強意。「まし」は、反実仮想の助動詞「まし」の連体形。消えてしまえばよかったのに、実際は消えずにここにいるという、事実に反する仮定を表す。

【大意】 4 教189ページ11〜16行

これは二条の后が若かった頃の話で、兄たちが取り返したのを鬼と言ったのである。

【品詞分解／現代語訳】

これ（代） は（係助）、二条の后 の（格助）、いとこ の（格助） 女御 の（格助） 御もと に（格助）、仕うまつる（四・体）
この話は、二条の后が、いとこの女御のおそばに、お仕えする

やう に（助動・在・用） て（接助） ゐ（上一・用） たまへ（補動・四・已） り（助動・存・用） ける（助動・過・体） を（格助）、かたち の（格助） いと（副）
ようにしていらっしゃったのを、容貌がたいへん

めでたく（ク・用） おはし（サ変・用） けれ（助動・過・已） ば（接助）、盗み（四・用） て（接助） 負ひ（四・用） て（接助） 出で（下二・用） たり（助動・完・用） ける（助動・過・体）
美しくいらっしゃったので、（男が恋して）こっそり連れ出して背負ってきた（女）

を（格助）、御兄、堀河の大臣、太郎国経の大納言、まだ（副） 下臈 に（助動・断・用） て（接助） 内裏
を、（女の）兄の堀川の大臣、長男の国経の大納言が、まだ低い身分であって、宮中

へ（格助） 参り（四・用） たまふ（補動・四・体） に（格助）、いみじう（シク・用（音）） 泣く（四・体） 人 ある（ラ変・体） を（格助） 聞きつけ（下二・用） て（接助）、
へ参上なさるときに、ひどく泣く人（女）がいるのを聞きつけて、

とどめ（下二・用） て（接助） 取り返し（四・用） たまう（補動・四・用（音）） て（助動・完・用） けり（助動・過・終）。それ（代） を（格助） かく（副） 鬼 と（格助）
引きとめて取り返しなさったのだった。それをこのように鬼（に食われた）と

は（係助） 言ふ（四・体） なり（助動・断・用） けり（助動・過・終）。まだ（副） いと（副） 若う（ク・用（音）） て（接助）、后 の（格助） ただに（ナリ・用）
は言ったのであったよ。まだたいそう若くて、二条の后が、（后になる前

おはし（サ変・用） ける（助動・過・体） 時 と（格助） や（係助）。
の）普通の身分でいらっしゃったときのことだと（いうことだ）。

語句の解説 4

教189ページ

12 **仕うまつる** お仕えする。「仕ふ」の謙譲語。「いとこの女御」に対する敬意を表す。

12 **かたち** 顔かたち、容貌の意。

12 **いとめでたくおはしければ** 「めでたし」は、立派だ、美しい。「おはし」は尊敬の補助動詞。二条の后に対する敬意を表す。

13 **兄** 女性からみて男の兄弟をさす。

3 泣いていたのは誰か。

答 女（＝後の二条の后）。

15 **取り返したまうてけり** 「たまう」は補助動詞「たまふ」の連用形がウ音便化したもの。二人の兄に対する敬意を表す。

16 **とや** 引用の格助詞「と」に係助詞「や」の付いた形。物語の文末に用いて「…ということだ」という不確かな伝聞を表す。

学習のポイント

1 絵巻のそれぞれの場面は、本文のどの部分に当たるのか、指摘してみよう。

解答例 ・一番右は「昔、男ありけり」から「となむ男に問ひける」までの、男が女を背負って逃げる場面。

・二番目は「ゆく先多く」から「え聞かざりけり」までの、雷が鳴り響き、女を倉の奥に入れて、男が戸口を守っている場面。

・三番目は「やうやう夜も」から「消えなましものを」までの、女がいないことに気づいて、男が地団駄を踏んでいる場面。
・最後は、「これは、二条の后が」から終わりまでの、女が鬼(実は兄であった)に連れ去られてゆく場面。

2 **「かれは何(なに)ぞ。」(188・6)という言葉から、女は今までどのような暮らしをしていたと考えられるか、話し合ってみよう。**

考え方 「かれ」が「草の上に置きたりける露」をさしていることに注意し、女が「露」を知らないことから考える。

解答例 女は、露の降りる夜中や早朝に外を歩いたこともなく、草葉の上に降りる露を見たこともないような、屋敷の中で大切に守り育てられた高貴な女性なのだと考えられる。

3 **「消えなましものを」(189・10)には、男のどのような思いが込められているか、説明してみよう。**

解答例 女が「あれは何か」と尋ねたとき、自分も一緒に消えてしまえばよかった、という、女を失った悲しみや、ひとり残された悔しさが込められている。

4 **最後の段落「これは、……」(189・11)は、この文章の中でどのような働きをしているか、解説してみよう。**

解答例 この前までに語られた内容が、実際にはどういうことであったかを説明する働きをしている。それによって、女が鬼に食われるというおとぎ話のような出来事が、固有名詞をもった人たちの、現実の出来事として理解されることになる。

解釈の視点④　助詞の働き

教科書P.191

●助詞は活用のない付属語で、文節と文節の関係を示したり意味を添えたりする。働きによって次の1〜6の六種類に分けられる。

1 格助詞

① 主格…………主語を示す。「が」「の」
例 かたちのいとめでたくおはしければ、
訳 容貌がとてもすばらしくいらしたので、

② 連体修飾格…体言を修飾する。「が」「の」　例 わが名。

③ 連用修飾格…用言を修飾する。「を」「に」「へ」「より」など
例 弓を負ひて。一口に食ひてけり。

④ 同格…………前後が同じ事物・人物になる文節をつくる。
「の」　＊前後の　　　が同じ人物をさす。
例 女のえ得まじかりける　を
訳 女で、とても妻にできそうにない(女)を

⑤ 準体格………体言の代わりをする。「が」「の」
例 唐のは、　訳 唐の(もの)は、

2 接続助詞

・**順接仮定条件**(未然形＋「ば」／もし…ならば)
例 仏だによく書きたてまつらば、(「たてまつる」の未然形)
訳 もし仏さえ上手にお書き申し上げるならば、

・**順接確定条件**(已然形＋「ば」／…ので・…と・…といつも。)
例 夜も更けにければ、(「けり」の已然形)
訳 夜も更けてしまったので、

・**逆接仮定条件**（「とも」「ども」／たとえ…ても）

例　曇な隠しそ雨は降るとも、

訳　曇は隠すな、たとえ雨は降っても

・**逆接確定条件**（「ど」「ども」「ものを」「て」「して」「を」「ながら」など／…けれども）

例　足ずりをして泣けどもかひなし。

訳　地団駄を踏んで泣くけれども、どうしようもない。

・**単純接続**（「て」「して」「が」「を」「に」「で（…ないで）」「つつ」「ながら」など）

例　「はや夜も明けなむ。」と思ひつつゐたりけるに、

訳　「早く夜が明けてほしい。」と思って座っていると、

3　係助詞

・「ぞ」「なむ」「や」「か」「こそ」…係り結びをつくる係助詞。

＊「係り結び」については、教科書161ページの「解釈の視点②」を参照。

・「は」「も」も係助詞に分類される。

4　副助詞

さまざまな語について、特定の意味を添える。

・「だに」…①類推（軽いものをあげて重いものを類推させる）。

例　蛍ばかりの光だになし。（…さえ）

②最小限の限定・希望。

例　ものをだに聞こえむ。（せめて…だけでも）

・「すら」…類推。例　夢のみに見るすら（…さえ）

・「さへ」…添加。例　飛び急ぐさへ（そのうえ…までも）

・「のみ」…①限定　例　ただ心をのみぞ（…だけ・ばかり）

②強意　例　今日は都のみぞ（ただもう・特に…）

・「し」「しも」…強意　例　さる折しも（ちょうど・特に…）

5　終助詞

文末に用いられて、さまざまな意味を添える。

・「ばや」…未然形について、自己の願望を表す。

例　いかで　見（「見る」の未然形）ばや。（…たい）

・「なむ」…未然形について、他への願望を表す。

例　はや夜も　明け（「明く」の未然形）なむ。（…てほしい）

・「そ」…「な〜そ」の形で禁止を表す。

例　な起こしたてまつりそ。（…するな）

・「な」…文末の「な」は禁止を表す。

例　あやまちすな。（…するな）

・「かな」「な」「は」「よ」…文末に用いられて詠嘆を表す。

例　あはれに悲しき事なりな。（…なあ・…ことよ）

6　間投助詞

文中や文末にあって、語調を整えたり詠嘆の意を添えたりする。

・「や」…①詠嘆。例　あな幼や。（…なあ・ことよ）

②呼びかけ。例　あが君や、（…よ）

・「を」…①詠嘆。例　まことにそは知らじを。（…よ・なあ）

②強調。例　君があたり見つつを居らむ（いつも…）

＊「よ」を加える場合もある。

●まぎらわしい語の識別

・同じ形で働きの違う語

「に」
・男に問ひける。…格助詞の連用修飾格（…に）
・やうやう夜も明けゆくに、…接続助詞（…ので）
・夜も更けにければ、…………助動詞「ぬ」連用形（…た）

「なむ」
・～となむ男に問ひける。…係助詞（強意・係り結びを作る）
・はや夜も明けなむ。………終助詞（…てほしい）
・船に乗りなむとす。………助動詞「ぬ」未然形＋助動詞「む」終止形（乗ろう）

「し」
・率て来し女もなし。…助動詞「き」連体形（…た）
・名にし負はば………副助詞（強意・本当に…）

＊このように、語の形は同じでも、品詞や意味、働きの異なるものがある。現代語との違いや前後のつながりにも注意して正しく読めるようにしよう。

課題

解答 「鴫の大きさ」の「の」は、「大きさ」という体言にかかる、連体修飾語をつくる働きをしている。

あづま下り 〔伊勢物語〕

教科書P.192～195

【大　意】 1 教192ページ1～13行

昔、自分を余計者と感じて、京の都を離れ、東国にすみかを求めて旅立った男がいた。友人との少人数の旅で、道もわからず迷いながら行った。一行は三河の国の八橋という所に着いて干し飯を食べた。川のほとりに咲くかきつばたを詠みこんだ歌を男が詠むと、みな望郷の涙を流した。

【品詞分解／現代語訳】

昔、男 あり（ラ変・用） けり（助動・過・終）。
昔、男がいた。

そ（代） の（格助） 男、身 を（格助） 要なき（ク・体） もの に（格助） 思ひなし（四・用） て（接助）、京 に（格助） は（係助） あら（ラ変・未） じ（助動・打意・終）、あづま の（格助） 方 に（格助） 住む（四・終） べき（助動・適・体） 国 求め（下二・用） に（格助） とて（格助） ゆき（四・用） けり（助動・過・終）。
その男は、（自分の）身を（世の中の）役に立たない者と思いこんで、京の都にはいるまい、東国の方に住むのによい国を探そうと思って行ったのである。

もと より（格助） 友 と（格助） する（サ変・体） 人、一人
以前から親しい友人としている人、一、二人と

語句の解説 1

教192ページ

1 **要なきものに思ひなして** 「要なき」は必要がない、役に立たない意の形容詞。「思ひなして」の「なし」は、「ことさら・あえて…する」という意味を添える接尾語。
自分を無用な者とことさら思って。

「求めに」の後に省略されている言葉は何か。

答 「行かむ」

6 **まどひ行きけり** 「まどひ」は、迷う、方

二人 して〔格助〕 行き〔四・用〕 けり。〔助動・過・終〕 道 知れ〔四・已〕 る〔助動・存・体〕 人 も〔係助〕 なく〔ク・用〕 て、〔接助〕 まどひ〔四・用〕
いっしょに行った。 道を知っている人もいなくて、迷いなが

行き〔四・用〕 けり。〔助動・過・終〕
ら行った。

三河の国 八橋 と〔格助〕 いふ〔四・体〕 所 に〔格助〕 至り〔四・用〕 ぬ。〔助動・完・終〕 そこ〔(代)〕 を〔格助〕 八橋 と〔格助〕
三河の国の八橋という所に着いた。 そこを八橋といったのは、

いひ〔四・用〕 ける〔助動・過・体〕 は、〔係助〕 水 ゆく〔四・体〕 河 の〔格助〕 蜘蛛手 なれ〔助動・断・已〕 ば、〔接助〕 橋 を〔格助〕 八つ
水の流れる川が蜘蛛の足のように八方にわかれているので、 橋を八つ渡している

渡せ〔四・已〕 る〔助動・存・体〕 に〔格助〕 より〔四・用〕 て〔接助〕 なむ、〔係助(係)〕 八橋 と〔格助〕 いひ〔四・用〕 ける。〔助動・過・体(結)〕 そ〔(代)〕 の〔格助〕 沢
(こと)によって、八橋といった(のである)。 その水辺の

の〔格助〕 ほとり の〔格助〕 木 の〔格助〕 陰 に〔格助〕 下り〔上二・用〕 ゐ〔上一・用〕 て、〔接助〕 乾飯 食ひ〔四・用〕 けり。〔助動・過・終〕 そ〔(代)〕 の〔格助〕
木の陰に(馬から)降りて座って、携帯用の干した飯を食べた。 その水辺

沢 に〔格助〕 かきつばた いと〔副〕 おもしろく〔ク・用〕 咲き〔四・用〕 たり。〔助動・存・終〕 それ〔(代)〕 を〔格助〕 見〔上一・用〕 て、〔接助〕
にかきつばたがたいそう美しく咲いている。 それを見て、

ある〔連〕 人 の〔格助〕 いは〔四・未〕 く、〔接尾〕 「かきつばた、 と〔格助〕 いふ〔四・体〕 五文字 を〔格助〕 句 の〔格助〕 上 に〔格助〕
ある人が言うには、「かきつばた、という五文字を(和歌の五句のそれぞれの)句の頭に

すゑ〔下二・用〕 て、〔接助〕 旅 の〔格助〕 心 を〔格助〕 詠め。」〔四・命〕 と〔格助〕 言ひ〔四・用〕 けれ〔助動・過・已〕 ば、〔接助〕 詠め〔四・已〕 る。〔助動・完・体〕
置いて、旅の心を詠みなさい。」と言ったので、(男が)詠んだ(歌)。

から衣 き〔上一・用〕 つつ〔接助〕 なれ〔下二・用〕 に〔助動・完・用〕 し〔助動・過・体〕 つま し〔副助〕 あれ〔ラ変・已〕 ば〔接助〕 はるばる〔副〕
唐衣が着ているうちになじんでくるように、慣れ親しんだ妻が(都に)いるので、遠く

き〔カ変・用〕 ぬる〔助動・完・体〕 旅 を〔格助〕 し〔副助〕 ぞ〔係助(係)〕 思ふ〔四・体(結)〕
やって来た旅を(しみじみと悲しく)思うことだよ

と〔格助〕 詠め〔四・已〕 り〔助動・完・用〕 けれ〔助動・過・已〕 ば、〔接助〕 みな人、 乾飯 の〔格助〕 上 に〔格助〕 涙 落とし〔四・用〕 て、〔接助〕
と詠んだので、一行の者はみな、干し飯の上に涙を落として、 (そのために、干し飯が)

向を見失う意の動詞。終止形は「まどふ」。男たちのこの旅の不安な様子を表している。

7 **そこ**　男たちが着いた「三河の国八橋という所」をさす。

9 **下りゐて**　「下り」は馬から下りる。「ゐ」は、座る意の動詞「ゐる」の連用形。

9 **おもしろく咲きたり**　「おもしろし」は風情があって心ひかれる様子を表す。ここはかきつばたの花が美しく咲く意。

10 **それ**　「かきつばた」をさす。

10 **いはく**　「いふ」の未然形に接尾語「く」がついて名詞化したもの。言うことには、の意味で慣用的に用いられる。

10 **かきつばた、といふ五文字を句の上にすゑて**　和歌の「五・七・五・七・七」の各句の頭に「か・き・つ・ば・た」の五文字を置いて、という意味。このような和歌の技法を「折句」という。

12 **から衣きつつなれにし…**
和歌の技法
・「から衣きつつ」＝「なれ」を導く序詞。
・「なれ」＝「馴れ」と「萎れ(着古してよれよれになる)」の掛詞。
・「つま」＝「妻」と「褄(着物の裾の左右

ほとび(上二・用) に(助動・完・用) けり(助動・過・終)。
ふやけてしまった、

【大意】 2 教193ページ1行～194ページ2行

駿河の国に入り宇津の山道で心細い思いをしていたとき、知っている修行者に出会ったので、京に住む恋しい人に、手紙を書いて託した。富士山に、五月の末なのに雪が降っているのを見て、歌を詠んだ。富士山は比叡山を二十も重ねたほど高く、塩尻のような円錐形の山であった。

【品詞分解／現代語訳】

ゆき(四・用) ゆき(四・用) て(接助) 駿河の国 に(格助) 至り(四・用) ぬ(助動・完・終)。 宇津の山 に(格助) 至り(四・用) て(接助)、
どんどん行って駿河の国に着いた。 宇津の山に着いて、

わ が(格助) 入ら(四・未) む(助動・意・終) と(格助) する(サ変・体) 道 は(係助) いと(副) 暗う(ク・用(音)) 細き(ク・体) に(格助)、 つた、
私が分け入ろうとしている道は、とても暗くて心細いうえに つたや、

かへで は(係助) 茂り(四・用)、 もの心細く(ク・用)、 すずろなる(ナリ・体) 目 を(格助) 見る(上一・体) こと と(格助) 思ふ(四・体)
かえでが生い茂り、何となく心細く、思いがけない(つらい)目を見ることだと思っていると、

に(接助)、 修行者 会ひ(四・用) たり(助動・完・終)。 「かかる(体) 道 は(係助)、 いかで(副) か(係助(係)) いまする(サ変・体(結))。」
修行者に会った。 (修行者が)「このような道に、どうしていらっしゃるのですか。」

と(格助) 言ふ(四・体) を(格助) 見れ(上一・已) ば(接助)、 見(上一・用) し(助動・過・体) 人 なり(助動・断・用) けり(助動・詠・終)。 京 に(格助)、 そ(代) の(格助)
と言うのを見ると、見知った人であった。 京にいる、あの(恋しい)

の両端)」の掛詞。

・「はるばる」＝「遥々」と「張る(洗った布を板に張る)」の掛詞。

・「き」＝「着」と「来」の掛詞。

・「萎れ・褄・張る・着」＝「衣」の縁語。

13 **ほとびにけり** 「ほとぶ」はふやける。涙で乾飯がふやけてしまった。誇張表現。

語句の解説 2

教193ページ

2 **いと暗う細きに** 「暗う」は「暗く」のウ音便。「に」は添加の意を表す格助詞。

2 **もの心細く** 「もの」は、「何となく」の意を添える接頭語。何となく心細い。

2 **すずろなる** 思いがけない様子を表す形容動詞「すずろなり」の連体形。

3 **いかでか** 疑問副詞「いかで」に、疑問・反語の係助詞「か」が付いた形。

2 「その人」とは「男」にとってどのような人か。

答 京にいる恋しい人。

4 **文書きてつく** 「文」は手紙。「つく」は、ことづける、託す意。

5 **駿河なる宇津の山辺の**＝「うつつ」を導き

格助 格助 格助 格助 四・用 接助 下二・終
人の御もとにとて、文書きてつく。
人のお手元に(届けてほしい)と言って手紙を書いてことづけた。

助動・在・体 格助 格助 格助 係助 格助 係助 格助
駿河なる宇津の山辺のうつつにも夢にも人に
駿河の国にある宇津の山の(うつつという名のように)、現実でも夢でも(恋しい)人に

四・未 助動・打・体 助動・断・用 助動・詠・終
会はぬなりけり
会わないことだよ。(あなたはもう私のことを思ってくれていないのですか。)

格助 上一・已 接助 格助 格助 副 ク・用(音)
富士の山を見れば、五月の晦日に、雪いと白う
富士山を見ると、五月末に、雪がたいそう白く

四・已 助動・存・終
降れり。
降っている。

四・未 助動・打・体 係助 (代) 格助 係助(係)
時知らぬ山は富士の嶺いつとてか
時節を知らない山は富士山だよ。(今を)いつだと思って、

格助 格助 四・終 助動・現推・体(結)
鹿子まだらに雪の降るらむ
ようにまだらに雪が降り積もっているのだろうか。

(代) 格助 係助 (代) 格助 下二・未 接助 格助
その山は、ここにたとへば、比叡の山を二十
その山(富士山)は、ここ(京)でたとえると、比叡山を二十ほど

副助 下二・用 助動・完・未 助動・婉・体 接助 係助 格助
ばかり重ね上げたらむほどして、なりは塩尻の
積み上げたような高さで、形は塩尻のようであった。

助動・比・用 係助(係) ラ変・用 助動・過・体(結)
やうになむありける。

出す序詞。「うつつ」は現実、「夢」の対義語。相手が自分を思っていれば、その人の姿が夢に現れると信じられていた。

6 **五月の晦日** 「五月」は夏、「晦日」は三十日。月末のこと。(大晦日は年末。)

6 **降れり** 「降れ」は「降る」の已然形。「り」は存続「…ている」意。

7 **「時知らぬ山は富士の嶺…」** 二句切れの歌。「時知らぬ」は、夏なのに雪が降っているのをいった表現。季節はずれの意。

7 **降るらむ** 「らむ」は遠い場所の現在を推測する語。今頃…だろう。

教194ページ

1 **ここにたとへば** 物語の読者を意識した表現。京でたとえると、の意。

1 **重ね上げたらむほど** 「たらむ」は「…たとしたら…たような」の意で、京にある山でたとえた表現。「む」は婉曲。

2 **なり** ものの形。形状、の意。高さを比叡山でたとえ、形を塩尻でたとえている。

【大意】　3　教194ページ3〜12行

武蔵の国と下総の国の境を流れる隅田川を船で渡ろうとするとき、見たことのない鳥の名が「都鳥」だと聞いて、男が歌を詠むと、一行はみな泣いた。

【品詞分解／現代語訳】

なほ ゆき ゆき て、武蔵の国 と 下つ総の国 と の 中 に いと 大きなる
さらに進んでいって、武蔵の国と下総の国との間に たいそう大きな

河 あり。それ を すみだ河 と いふ。その 河 の ほとり に
川がある。その川をすみだ川という。その川のほとりに

群れ ゐ て、思ひやれ ば、限りなく 遠く も 来 に ける かな、
（一行が）集まって座って、振り返ると、限りなく遠くへ来てしまったことだなあ

と わびあへ る に、渡し守、「はや 船 に 乗れ。日 も 暮れ ぬ。」
と嘆き合っていると、船頭が、「早く船に乗れ。日が暮れてしまう。」

と 言ふ に、乗り て 渡ら む と する に、みな人 ものわびしく
と言うので、乗って渡ろうとするが、（一行の人は）みな、何となく悲

て、京 に 思ふ 人 なき に しも あら ず。さる 折 しも、白き
しくて（それはみな）京に恋しく思う人がいないわけではない（からだ）。そんなときにちょうど

鳥 の、嘴 と 脚 と 赤き、鴫 の 大きさ なる、水 の 上 に 遊び
白い鳥で、くちばしと脚とが赤い、鴫の大きさである（鳥が）水の上で遊びながら

つつ 魚 を 食ふ。京 に は 見え ぬ 鳥 なれ ば、みな人 見知ら
魚を食べている。京では見かけない鳥であるので、（一行の人は）誰も知ら

ず。渡し守 に 問ひ けれ ば、「これ なむ 都鳥。」と 言ふ を 聞き て、
ない。船頭に尋ねたところ、（船頭が）「これこそが都鳥（だよ）。」と言うのを聞いて、

名 に し 負は ば いざ こと 問は む 都鳥
（都という言葉を）名前として持っているのなら、さあ、尋ねてみよう、都鳥よ、

語句の解説　3

教194ページ

3 **なほ**　「さらに。もっと。」の意。

4 **その河のほとりに**　「そ」は、すみだ河をさす。「ほとり」は、あたり。近い所の意。すみだ河のあたりに。

4 **思ひやれば**　「…やる」は、遠く離れた物事に対して行う意を添える語。

5 **わびあへる**　嘆く、つらく思う意の動詞「わぶ」に「…あふ」がついた複合動詞。「…あふ」は、複数のものの動作を表す。

5 **日も暮れぬ**　この「ぬ」は、完了ではなく強意。日が暮れてしまう前に、早く…、という意味で用いられている。

6 **なきにしもあらず**　「しも」は強意の副助詞。打消の語と呼応して「必ずしも…ない」という部分否定を表す。

7 **さる折しも**　「さる」は直前の、一行が京を思い出している様子をさす。「しも」は強意。

7 **白き鳥の、嘴と脚と赤き、鴫の大きさなる**　「白き鳥の」の「の」は同格を表し、「大きさなる」の後に「鳥」が省略されている。

9 **これなむ都鳥**　後に「なむ」の結びの「と

わ	が	思ふ	人	は	あり	や	なし	や	と
(代)	格助	四・体		係助	ラ変・終	係助	ク・終	係助	格助

私が恋しく思っている人は、無事でいるのかどうかと。

と	詠め	り	けれ	ば、	船	こぞり	て	泣き	に	けり。
格助	四・已	助動・完・用	助動・過・已	接助		四・用	接助	四・用	助動・完・用	助動・過・終

と(男が歌を)詠んだので、船の一行はみないっせいに泣いてしまった。

言ふ」などの言葉が省略されている。

10 **名(な)にし負(お)はば**　名前に「都」という言葉を持っているのなら、の意。「し」は強意。「負はば」は未然形＋「ば」で仮定条件を表す。

11 **ありやなしや**　「あり」には生存する、無事だ、の意がある。無事でいるかどうか。

学習のポイント

1 国名と和歌を手がかりにして、本文をいくつかの部分に分けてみよう。また、それぞれの部分にどのような特徴があるか、考えてみよう。

考え方 地名や和歌に注意して、大きく分ける。

解答例 ①最初～まどひ行きけり。…旅に出た事情。和歌はなし。

②三河の国八橋といふ～ほとびにけり。…三河の国の八橋で、かきつばたを見て、都を思う歌を詠んだ。

③ゆきゆきて～塩尻のやうになむありける。…駿河の国の宇津の山で都を思う歌を詠み、富士山を見ても歌を詠み、都を思った。

④なほゆきゆきて～泣きにけり。…「武蔵の国」と「下つ総の国」の境を流れるすみだ河のほとりで、都を思い、歌を詠んだ。

＊どこでも、その地にちなんだ歌を詠みつつ、都を思い出している。

2 「から衣」と「駿河なる」の歌について、「和歌の修辞」(186ページ)を参考にして、折句・枕詞・序詞・掛詞・縁語などの修辞技法を整理してみよう。

考え方 「から衣」の歌には序詞、掛詞、縁語、「駿河なる」の歌には序詞と掛詞(地名の「宇津」と現実の「うつつ」)が用いられている。「和歌の修辞」(教186ページ)も参考に、それぞれの技法を整理する。

3 次の歌のどのような点が人々を感動させたのか、考えてみよう。

①「から衣」の歌。　②「名にし負はば」の歌。

解答例 ①「きつつなれにしつましあれば」と詠んで、都にいる恋しい人のことを思い出させ、旅のつらさを感じさせた点。

②「都鳥」から都を連想させ、「わが思ふ人はありやなしや」と詠んで、都にいる恋しい人のことを思い出させた点。

筒井筒（つついづつ）〔伊勢物語〕

教科書P.196～198

【大意】 1 教196ページ1～12行

昔、幼なじみの男女が成長し、互いに心の中でこの人と結婚したいと思っていた。あるとき男が和歌を贈り、女がそれに返歌をして、ついに望みどおり結婚した。

【品詞分解／現代語訳】

昔、田舎わたらひ し(サ変・用) ける(助動・過・体) 人 の(格助) 子ども、井 の(格助) もと に(格助) 出で(下二・用)
昔、地方で生計をたてていた人の子どもたちが、井戸のあたりに出て

て(接助) 遊び(四・用) ける(助動・過・体) を、(接助) おとな に(格助) なり(四・用) に(助動・完・用) けれ(助動・過・已) ば、(接助) 男 も(係助) 女 も(係助)
遊んでいたが、大人になったので、男も女も

恥ぢかはし(四・用) て(接助) あり(ラ変・用) けれ(助動・過・已) ど、(接助) 男 は(係助) 「こ(代) の(格助) 女 を(格助) こそ(係助(係)) 得(下二・未)
互いに恥ずかしがっていたけれど、男は「この女をぜひ妻にしたい。」と思う。

め。」(助動・意・已(結)) と(格助) 思ふ。(四・終) 女 は(係助) 「こ(代) の(格助) 男 を。」(格助) と(格助) 思ひ(四・用) つつ、(接助) 親 の(格助)
女も「この男を(夫にしたい)。」と思っていて、親が

あはすれ(下二・已) ども(接助) 聞か(四・未) で(接助) なむ(係助(係)) あり(ラ変・用) ける。(助動・過・体(結))
(ほかの男と)結婚させようとするけれども、聞き入れないでいた。

さて、(接) こ(代) の(格助) 隣 の(格助) 男 の(格助) もと より、(格助) かく(副) なむ、(係助)
そして、この隣に住む男のところから、このように(歌を贈ってきた)、

筒井筒 井筒 に(格助) かけ(下二・用) し(助動・過・体) まろ(代) が(格助) たけ 過ぎ(上二・用) に(助動・完・用) け(助動・過・体)
井戸の囲いと(高さを)比べ合った 私の背丈は(囲いの高さを)越えたようだ。

らし(助動・定・終) な(終助) 妹 見(上一・未) ざる(助動・打・体) ま に(格助)
あなたに会わないでいるうちに。

語句の解説 1

教196ページ

1 なぜ「恥ぢかはして」いたのか。

答 おとなになって、互いに相手を異性として意識したから。

3 **この男を** 後に「こそ得め」が省略されている。

3 **あはすれ** 「あはす」は、結婚する意の動詞「あふ」に使役の助動詞「す」がついたもの。結婚させる。

3 **聞かで** 「で」は打消の意の接続助詞。「…ないで」と訳。

5 **かくなむ** 後に「言ひおこせたる」などが省略されている。このように言ってきた。

6 **まろ** 自称の代名詞。私。

7 **けらしな** 「けらし」は過去の助動詞「けり」の連体形に推定の助動詞「らし」がついてつまったもの。「…たらしい」の意。

7 **妹** 男性から妻、恋人、姉妹など、いとしい女性を呼ぶ語。あなた。

女、返し、
女の、返歌は、

下二・用　カ変・未　助動・過・体　係助　上二・用　助動・完・終　助動・断・未
くらべ　こ　し　振り分け髪　も　肩　すぎ　ぬ　君　なら
(あなたと)比べ合った(私の)振り分け髪も肩より長くなった。(その髪を)あなたでな

助動・打・用　接助　係助(係)　下二・終　助動・推・体(結)
ず　して　たれ　か　あぐ　べき
くて誰が髪上げをするでしょうか。(私の髪上げをするのは、あなたしかいません。)

副助　四・用　四・用　接助　副　格助　助動・比・用　四・用　助動・完・用　助動・過・終
など　言ひ　言ひ　て、　つひに　本意　の　ごとく　あひ　に　けり。
などと互いに(歌を)交わし合って、とうとう願いのように結婚したのであった。

【大　意】　2　教196ページ13～197ページ8行

数年たつうちに、女の親が亡くなって生活が心細くなると、男は河内の国に通う女ができた。けれどももとの女が、いやな顔もせず男を送り出し、男のことを心配しているのを知って、男はいとおしく思い、河内へは行かなくなった。

【品詞分解／現代語訳】

接　下二・体　格助　ク・用　ク・用　四・体　格助
さて、　年ごろ　経る　ほど　に、　女、　親　なく、　頼り　なく　なる　まま　に、
そして、何年かが経つうちに、　女は、親が亡くなり、生活のよるべがなくなるにつれて、

副　ク・用　接助　ラ変・未　助動・推・終　係助　格助
「もろともに　いふかひなく　て　あら　む　やは。」　とて、　河内の国、
「(男は、女と)一緒に貧乏な状態でいられようか(いや、いられない)」と思って、河内の国の

格助　四・体　カ変・用　助動・完・用　助動・過・終　ラ変・用　助動・過・已　接助　(代)
高安の郡　に、　行き通ふ　所　出で来　に　けり。　さり　けれ　ど、　こ
高安の郡に、通って行く所ができてしまった。　そうではあったが、この

格助　格助　シク・終　格助　四・已　助動・存・体　係助　ク・用　接助
の　もと　の　女、　「あし。」　と　思へ　る　気色　も　なく　て、
もとの女(＝妻)は、(男の行動を)「憎い。」と思っている様子もなくて、

四・用　助動・過・已　接助　ラ変・用　接助　ラ変・体　助動・断・用　係助(係)　ラ変・未
いだしやり　けれ　ば、　男、　「異心　あり　て　かかる　に　や　あら
(男を)送り出してやったので、男は、「(妻は)浮気心があってこうなのであろうか。」

---

9 **くらべこし**　「くらべこ」は、比べる意の動詞「くらぶ」の連用形にカ変「来(く)」の未然形がついたもの。過去の助動詞「き」は、カ変には未然形に接続する。

10 **たれかあぐべき**　この「か」は反語を表す。「髪上げ」は女性の成人の儀式をする意。

11 **本意**(ほい)　本来の意図。もとからの願い。

12 **あひ**　「あふ」の連用形。結婚する意。

語句の解説 2

教197ページ

1 **頼り**(たよ)　頼りになるもの。ここでは生活のよりどころをさす。(「頼りなし」は、頼るものがなくて心細い様子を表す。)

1 **いふかひなく**　「いふかひなし」は、「言ふ＋甲斐＋なし」で、言ってもかいがない意。ここは経済的に苦しい状態をさす。

1 **あらむやは**　「やは」は係助詞。ここは反語の意で、後に「いや、このままではいられない」などの言葉が省略されている。

2 **さりけれど**　「さり」は「さ＋あり」で、「さ」は直前の「行き通ふ所出で来にけり」をさす。男に通う女ができたこと。

3 **あし**　悪い。見苦しい。憎い、などの意を表す。妻の心情として適切な訳を考える。

む（助動・推・体(結)）。」と（格助）思ひ疑ひ（四・用）て（接助）、前栽の（格助）なかに（格助）隠れゐ（上一・用）て（接助）、河内へ（格助）いぬる（ナ変・体）
と疑わしく思って、庭の植え込みの中に隠れていて、河内へ行くふりを

顔にて（格助）見れ（上一・已）ば（接助）、こ（代）の（格助）女、いと（副）よう（ク・用(音)）化粧じ（サ変・用）て（接助）、うちながめ（下二・用）て（接助）、
して見ていると、この女（＝妻）は、とても美しく化粧をし、もの思いにふけりながら、

風吹け（四・已）ば（接助）沖つ（連）白波たつた山夜半に（格助）や（係助(係)）君（代）が（格助）ひとり
風が吹くと沖の白波が立つという竜田山を、この夜更けに、あなたは（今ごろ）ひとりで

越ゆ（下二・終）らむ（助動・現推・体(結)）
越えているのでしょうか。

と（格助）詠み（四・用）ける（助動・過・体）を（格助）聞き（四・用）て（接助）、「限りなく（ク・用）かなし（シク・終）。」と（格助）思ひ（四・用）て（接助）、河内
と、歌を詠んだのを聞いて、（男は）「このうえもなく（女が）いとおしい。」と思って、河内

へ（格助）も（係助）行か（四・未）ず（助動・打・用）なり（四・用）に（助動・完・用）けり（助動・過・終）。
へも行かなくなってしまった。

【大意】3　教197ページ9〜16行

たまに高安（たかやす）の女のもとへ行ってみると、すっかり気を許して、たしなみをなくしていたので、男はいやになって行かなくなった。（高安の）女は悲しんで歌を詠んでよこしたが、男はもうそこへは行かなかった。

【品詞分解／現代語訳】

まれまれ（副）か（代）の（格助）高安に（格助）来（カ変・用）て（接助）見れ（上一・已）ば（接助）、初めこそ（係助(係)）心にくく（ク・用）
ごくまれにあの高安（の女のもと）に来てみると、（女は）初めのうちは奥ゆかしく

も（係助）つくり（四・用）けれ（助動・過・已(結)）、今は（係助）うちとけ（下二・用）て（接助）、手づから（副）飯匙とり（四・用）て（接助）、
つくろっていたけれども、今は慣れ親しんで気を許し、自分の手でしゃもじを取って、

笥子の（格助）うつはものに（格助）盛り（四・用）ける（助動・過・体）を（格助）見（上一・用）て（接助）、心憂がり（四・用）て（接助）、
飯を盛る器に（飯を）盛ったのを見て、いやだと思って、

3 異心（ことごころ）　他の事や人を思う心。浮気心。

2　「かかる」とはどのようなことを指しているか。

答　他の女のもとへ行くのを、妻が憎いとも思っていない様子。

5 うちながめて　「うち」は接頭語。もの思いにふけりながらぼんやり見やる意。

6 風吹けば沖つ白波（かぜふけばおきつしらなみ）＝「たつ」を導く序詞。そこから導かれた「たつ」が、「（白波が）立つ」と「竜田山」の掛詞。

7 かなし　相手を愛し、守りたいと思う心情。いとおしい。かわいい。

語句の解説 3

教197ページ

9 心にくく（こころ）　相手が憎らしいほどすぐれている意。奥ゆかしい。

9 うちとけて　「うちとく」は慣れ親しむ意で、ここは気がゆるんでたしなみを失っている様子を表している。

10 心憂がりて（こころう）　「心憂がる」は、形容詞「心憂し」の語幹に接尾語「…がる」がついて動詞化したもの。いやだと思う。

11 さりければ　「さり」は「さ＋あり」で、「さ」は、直前の内容を受けて、男が行かなくなっ

行か〔四・未〕ず〔助動・打・用〕なり〔四・用〕に〔助動・完・用〕けり〔助動・過・終〕。さり〔ラ変・用〕けれ〔助動・過・已〕ば〔接助〕、か〔代〕の〔格助〕女、大和
行かなくなってしまった。そうであったので、その（高安の）女は、大和

の〔格助〕方を〔格助〕見やり〔四・用〕て〔接助〕、
のほう（男のいるほう）を見やって、

君が〔格助〕あたり見〔上一・用〕つつ〔接助〕を〔間助〕居ら〔ラ変・未〕む〔助動・意・終〕生駒山雲な〔副〕隠し〔四・用〕
あなたの（いる）あたりをながめながら暮らしましょう。生駒山を雲は隠さないで

そ〔終助〕雨は〔係助〕降る〔四・終〕とも〔接助〕
よ、たとえ雨は降っても。

と〔格助〕言ひ〔四・用〕て〔接助〕見いだす〔四・体〕に〔接助〕、からうじて〔副〕大和人、「来〔カ変・未〕む〔助動・意・終〕。」と〔格助〕
と歌を詠んで外を見やっていると、やっとのことで大和の人（＝男）が、「行こう。」と

言へ〔四・已〕り〔助動・完・終〕。喜び〔四・用〕て〔接助〕待つ〔四・体〕に〔接助〕、たびたび〔副〕過ぎ〔上二・用〕ぬれ〔助動・完・已〕ば〔接助〕、
言ってきた。（女は）喜んで待っていたが、そのたびごとに過ぎていってしまうので、

君来〔カ変・未〕む〔助動・意・終〕と〔格助〕いひ〔四・用〕し〔助動・過・体〕夜ごとに〔格助〕過ぎ〔上二・用〕ぬれ〔助動・完・已〕ば〔接助〕
あなたが来ようと言った夜のたびごとに、（来ないで、時が）過ぎてしまうので、

頼ま〔四・未〕ぬ〔助動・打・体〕ものの〔接助〕恋ひ〔上二・用〕つつ〔接助〕ぞ〔係助（係）〕経る〔下二・体（結）〕
あてにはしないけれども、（あなたを）恋しく思って（日々を）送っていますよ。

と〔格助〕言ひ〔四・用〕けれ〔助動・過・已〕ど〔接助〕、男住ま〔四・未〕ず〔助動・打・用〕なり〔四・用〕に〔助動・完・用〕けり〔助動・過・終〕。
と歌を詠んだけれども、男は（その女のもとへは）行かなくなってしまった。

たことをさす。

12 **見つつを居らむ**　この「を」は間投助詞で詠嘆を表す。

12 **雲な隠しそ**　「な…そ」で禁止を表す。「雲は隠すな」。

13 **「来む。」と言へり**　「来む」は女の側からの表現。男が「（あなたのところへ）行こう」と言ってきたのである。

14 **過ぎぬれば**　空しく時が過ぎる意。

3　女が「頼まぬ」気持ちになったのはなぜか。

答　来ると言いながら来ないことが続いたので。

16 **住まずなりにけり**　「住む」には居住する意のほかに、夫となって女のもとに通うという意味がある。ここはその意。（教199ページ）「言語文化の窓①」参照。

学習のポイント

1　「筒井筒」と「くらべこし」の歌には、男と女のどのような心情が込められているか、考えてみよう。

解答例
・「筒井筒」の歌…幼い日の思い出を詠み込みながら、自分が成長したことを告げて、女との再会を待ちわびる心情。
・「くらべこし」の歌…男の気持ちを受けとめ、幼い日の思い出を詠み込みながら、男と結ばれたい気持ちを訴える心情。

2　「さて、年ごろ経るほどに、」（196・13）以下の部分で、二人の女はそれぞれどのような人物として描かれているか、整理し

てみよう。

考え方 二人の女とは、幼なじみで結ばれた大和の女と、新たに通い始めた河内の女とを指す。

解答例 ・大和の女…男が他の女のもとへ行くのにもいやな顔を見せず、男のいないところでも、男の身を案じて歌を詠むなど、つつましくけなげな女性として描かれている。

・河内の女…初めのうちは奥ゆかしくしていたが、慣れてくると油断して、たしなみのない振る舞いをするなど、男にとっては期待外れな女性として描かれている。

3 **この物語から読み取れる、当時の成人、結婚などの儀式について、次の「言語文化の窓①」を参考にまとめてみよう。**

考え方 「親のあはすれども」(196・3)や、「親なく、頼りなくなるままに」(196・13)などに注目し、本文から伺えることを、「言語文化の窓①」を参考に考える。

解答例 ・当時の結婚は、家同士の了解のもとにおこなわれた。筒井筒の話のように、幼なじみで本人同士の意志によって結ばれる結婚は、まれなことであった。

・当時の結婚は「通い婚」で、生活の負担も女性の家が負っていたので、女性の親が亡くなったり、落ちぶれたりすると、男性は別の女性の家に通ったりすることも、ひんぱんに起こった。

単元課題

1 **印象的な歌を一首取り上げ、物語中で果たしている役割や効果を考えてみよう。**

解答例 ・取り上げる歌…「筒井筒」の「君来むと」の歌。

・役割や効果…河内の女は否定的な扱いをされているが、男が来なくなったときの心情には悲しいものがあり、逆の立場に置かれた女性の思いにも広く心を向けさせる効果がある。

5 語り継がれる歴史

木曽（きそ）の最期

〔平家物語（へいけものがたり）〕

教科書P.204〜212

【大意】 1 最後の合戦 教206ページ1行〜207ページ5行

最後の合戦に臨んだ義仲（よしなか）は、華麗で立派な装束（しょうぞく）に身を包み、木曽の鬼葦毛（おにあしげ）という馬に乗って、大声で名乗りながら戦った。敵の大軍を突破して行くうちに、三百余騎いた味方は主従五騎にまで減っていた。義仲の愛する女武者の巴（ともえ）もその五騎の中にいた。

【品詞分解／現代語訳】

木曽左馬頭、そ（代）の（格助）日の（格助）装束に（格助）は（係助）、赤地の（格助）錦の（格助）直垂に（格助）、
木曽左馬頭義仲は、その日の装束としては、赤地の錦の直垂に、

唐綾威の（格助）鎧着（上一・用）て（接助）、鍬形打つ（四・用（音））たる（助動・存・体）甲の（格助）緒締め（下二・用）、厳物作り
唐綾威の鎧を着て、鍬形を打っている甲の緒を締め、大きく堂々と

の（格助）大太刀はき（四・用）、石打ちの（格助）矢の（格助）、そ（代）の（格助）日の（格助）いくさに（格助）射（上一・用）て（接助）
見えるように作った大太刀を腰につけ、石打ちの矢で、その日の合戦に射て

少々（副）残つ（四・用（音））たる（助動・存・体）を（格助）、頭高に（ナリ・用）負ひなし（四・用）、滋籐の（格助）弓持つ（四・用（音））て（接助）、
少々残っているのを、頭より高く出るように背負い、滋籐の弓を持って、

聞こゆる（連体）木曽の（格助）鬼葦毛と（格助）いふ（四・体）馬の（格助）、きはめて（副）太う（ク・用（音））たくましい（シク・体（音））
評判の高い木曽の鬼葦毛という馬で、非常に肥えてたくましいのに、

に（格助）、黄覆輪の（格助）鞍置い（四・用（音））て（接助）ぞ（係助（係））乗つ（四・用（音））たり（助動・存・用）ける（助動・過・体（結））。
黄覆輪の鞍を置いて乗っていた。

語句の解説 1

教206ページ

4 **打つ（う）たる** 取り付けてある。「打ちたる」の促音便。以下、促音便が多用されていることに注意。

6 **石打（いしう）ちの矢（や）** 鳥が羽を広げたとき、その両端に出る羽を矢竹にはめ込んで作った矢。大将軍が身に付けるものとされていた。

8 **頭高（かしらだか）に負（お）ひなし** 矢が頭より高く突き出るほど高い位置で背負うこと。矢は抜きにくくなるため実用的ではないが、見た目で相手を威圧する効果がある。

9 **聞（き）こゆる** 「聞こゆ」は「世に広く伝わる。評判される。」の意の動詞。その連体形「聞こゆる」が連体詞になったもので、「有名な。評判の」の意。

10 **太（ふと）う** 肉付きがよい。肥えている。ク活用の形容詞「太く」のウ音便。

鐙ふんばり立ち上がり、大音声をあげて名のりけるは、
鐙を踏ん張って立ち上がり、大音声をあげて名乗ったことには、

「昔は聞きけんものを、木曽の冠者、今は見るらん、
「昔は(噂に)聞いていただろうが、木曽の冠者(という名を)、今は(その目で)見ているだろう、

左馬頭兼伊予守、朝日の将軍源義仲ぞや。甲斐の一条次郎と
左馬頭兼伊予守、朝日の将軍源義仲であるぞ。(そなたは)甲斐の一条次郎と聞く。

こそ聞け。互ひによい敵ぞ。義仲討つて兵衛佐に
互いによい敵であるぞ。義仲を討って兵衛佐(頼朝)に見せよ。」

見せよや。」とて、をめいて駆く。一条次郎、「ただいま名のるは
と言って、大声でわめいて馬を駆ける。一条次郎は、「たった今名のったのは大将軍であるぞ。

大将軍ぞ。あますな者ども、もらすな若党、討てや。」とて、大勢の
逃がすな者ども、討ちもらすな若党、討て。」と言って、大勢の

中に取りこめて、我討つ取らんとぞ進みける。
中に(義仲を)取り囲んで、我こそ討ち取ろうと進んだ。

木曽三百余騎、六千余騎が中を縦さま・横さま・蜘蛛手・十文字に
木曽の三百余騎は、(敵の)六千余騎の中を縦様、横様、蜘蛛手、十文字と縦横無尽に駆け破って、

駆けわつて、後ろへつつと出でたれば、五十騎ばかりになり
(敵の)後ろへつっと出たところ、五十騎ほどになってしまった。

にけり。そこを破つて行くほどに、土肥二郎実平、
そこを打ち破って行くうちに、土肥二郎実平が

二千余騎でささへたり。それをも破つて行くほどに、
二千余騎で守っていた。それをも打ち破って行くうちに、

あそこでは四、五百騎、ここでは二、三百騎、百四、五十騎、百騎
あちらでは四、五百騎、こちらでは二、三百騎、(さらに)百四、五十騎、(また)

---

11 **名のりける** 名乗った。「名のり」は自分の姓名や身分などを相手に告げ知らせることで、戦場での武士の作法とされていた。

12 **ぞや** だぞ。であるぞ。係助詞「ぞ」とよびかけの間投助詞「や」。敵へのよびかけ。

13 **敵** 戦いの相手。

14 **をめいて** わめいて。大声をあげて叫んで。「をめきて」のイ音便。

14 **ただいま** たった今。

15 **取りこめて** 「取りこむ」は「取り囲む。包囲する。」の意。

16 **縦さま・横さま・蜘蛛手・十文字に** 縦向き・横向き・四方八方に。少数の集団が大勢の中を縦横無尽に駆け回る様子を表し、軍記などによく見られる表現。

教207ページ

1 **駆けわつて** 「駆けわる」は「馬を駆け入れて敵陣を破る。」の意。

2 **ささへたり** 守っていた。「ささふ」は「支ふ」と書いて、「相手の勢いを食い止める。また、通行を妨害する。」の意。

1 次の段落を読んで、木曽方の残った五人の名前を挙げてみよう。

ばかり(副助) が(格助) 中 を、(格助) 駆けわり(四・用) 駆けわり(四・用) 行く(四・体) ほど に、(格助) 主従 五騎 に(格助)

百騎ほどの敵の中を、駆け破り、駆け破りして行くうちに、主従五騎になってしまった。

ぞ(係助(係)) なり(四・用) に(助動・完・用) ける。(助動・過・体(結)) 五騎 が(格助) うち まで(副助) 巴 は(係助) 討た(四・未)

れ(助動・受・未) ざり(助動・打・用) けり。(助動・過・終)

五騎になるまで巴は討たれなかった。

【大　意】　2　巴の戦い　教208ページ1～14行

義仲は、最後まで女を連れていたと言われるのも体裁が悪いと、巴に落ちのびるよう言う。巴は最後に御田八郎師重(おんだのはちろうもろしげ)を討ち取るという手柄を上げて東国に落ちのびた。手塚太郎(てづかのたろう)は討ち死にし、手塚別当(てづかのべっとう)は落ちのびた。

【品詞分解／現代語訳】

木曽殿、「おのれ(代) は、(係助) 疾う疾う、(副) 女 なれ(助動・断・已) ば、(接助) いづち(代) へ(格助) も(係助) 行け。(四・命)

木曽殿は、「お前は、早く早く、女だから、どこへでも行け。

我(代) は(係助) 討死せ(サ変・未) ん(助動・意・終) と(格助) 思ふ(四・体) なり。(助動・断・終) もし(副) 人手 に(格助) かから(四・未) ば(接助)

私は討死しようと思うのだ。もし人手にかかるようならば、

自害 を(格助) せ(サ変・未) んずれ(助動・意・已) ば、(接助) 木曽殿 の(格助) 最後 の(格助) いくさ に、(格助) 女 を(格助) 具せ(サ変・未)

自害をしようとするつもりなので、木曽殿が最後の合戦に、女を連れて

られ(助動・尊・用) たり(助動・存・用) けり(助動・過・終) なんど(副助) 言は(四・未) れ(助動・受・未) ん(助動・婉・体) こと も、(係助)

おられたなどと言われるようなことも、

しかる(ラ変・体) べから(助動・当・未) ず。」(助動・打・終) と(格助) のたまひ(四・用) けれ(助動・過・已) ども、(接助) なほ(副) 落ち(上二・用) も(係助) 行か(四・未)

あってはならないことだ。」とおっしゃったけれども、それでもまだ落ちのびて行か

ざり(助動・打・用) ける(過去・体) が、(接助) あまりに(副) 言は(四・未) れ(助動・受・用) 奉つ(補謙・四・用(音)) て、(接助) 「あつぱれ、(感) よから(ク・未)

なかったが、あまりに(強く)言われ申して、「ああ、よい敵が

答　この段落から登場する「木曽殿」木曽左馬頭(さまのかみ)義仲と「巴」、次の段落に「手塚太郎・手塚別当」の二人、その次の段落に、義仲のめのと子「今井四郎兼平(いまいのしろうかねひら)」。

4 行(い)くほどに　行くうちに。「ほど」はある幅を持った範囲を示す語で、この場合は時間。

語句の解説 2

教208ページ

2 自害(じがい)をせんずれば　自害をする覚悟なので。「せ」はサ変動詞「す」の未然形。「んずれ」は意志の助動詞「んず(むず)」の已然形。接続助詞「ば」は順接の確定条件。

3 具(ぐ)せられたり　「具す」は一緒に連れていく。供として従える。「られ」は尊敬の助動詞「らる」の連用形で、文脈から、敵の武士たちから義仲への敬意と判断される。

4 しかるべからず　「しかる」はそのようである。「べから」は当然の助動詞「べし」の未然形。

4 のたまひ(イ)けれども　おっしゃったが。「のたまふ」は「言ふ」の尊敬語で、作者から義仲への敬意。

4 落(お)ち　「落つ」は「(戦に負けて)逃げる。

う 敵 がな。最後 の いくさ し て 見せ 奉ら ん。」

（助動・婉・体／終助／格助／サ変・用／接助／下二・用／補謙・四・未／助動・意・終）

いればなあ。最後の戦をしてお見せ申し上げよう。」


とて、控へ たる ところ に、武蔵の国 に 聞こえ たる 大力、

（格助／下二・用／助動・存・体／格助／格助／下二・用／助動・存・体）

と言って、馬をとどめているところに、武蔵の国で評判の大力の持ち主、

御田八郎師重、三十騎 ばかり で 出で来 たり。巴 その 中 へ
（副助／格助／カ変・用／助動・完・終／(代)／格助／格助）
御田八郎師重が三十騎ほどでやって来た。巴はその中に駆け入り、

駆け入り、御田八郎 に 押し並べ て、むずと 取つ て 引き落とし、

（四・用／格助／下二・用／接助／副／四・用(音)／接助／四・用）

御田八郎に(馬を)押し並べて、むんずと組んで(馬から)引き落とし、

我 が 乗つ たる 鞍 の 前輪 に 押しつけ て、ちつとも 働かさ
（(代)／格助／四・用(音)／助動・存・体／格助／格助／下二・用／接助／副／四・未）
自分の乗った馬の鞍の前輪に押しつけて、(相手に)少しも身動きを

ず、首 ねぢ切つ て 捨て て ん げり。その 後、物具
（助動・打・用／四・用(音)／接助／下二・用／助動・完・用／助動・過・終／(代)／格助）
させず、首をねじ切って捨ててしまった。その後、鎧や甲

脱ぎ捨て、東国 の 方 へ 落ち ぞ 行く。手塚太郎 討死す。

（下二・用／格助／格助／上二・用／係助(係)／四・体(結)／サ変・終）

などの武具を脱ぎ捨てて、東国の方へ落ちのびて行く。手塚太郎は討死する。


手塚別当 落ち に けり。

（上二・用／助動・完・用／助動・過・終）

手塚別当は落ちのびてしまった。

【大　意】　3　主従の思い　教209ページ1行〜210ページ9行

主従二騎になって弱気なことを言う義仲に、今井四郎は粟津の松原で自害するよう勧める。一緒に討死したいと言う義仲に、今井は取るに足りない武将の家来に討ち取られるような不名誉な最期を避けるよう強く勧め、義仲も粟津の松原に馬を走らせるのだった。

【品詞分解／現代語訳】


今井四郎、木曽殿、主従 二騎 に なつ て のたまひ ける は、

（格助／四・用(音)／接助／四・用／助動・過・体／係助）

今井四郎と木曽殿は、主従二騎になって(木曽殿が)おっしゃったことには、

落ちのびる。ひそかに逃げて行く。」の意。

5 **言はれ奉つて**　「奉る」は謙譲の補助動詞で、作者から義仲への敬意。

5 **あつぱれ**　ああ。感動詞「あはれ」を強めた言い方。

5 **よからう敵がな**　戦うにふさわしい敵がいたらなあ。「がな」は願望の終助詞。

8 **押し並べて**　「押し」は意味を強める接頭語。「無理に……する」という意味もある。

10 **押しつけて**　力を入れて押して、ある物から離れないようにして。

11 **捨ててんげり**　中世の軍記や説話によく用いられた、完了の助動詞「つ」の連用形に過去の助動詞「けり」が付いた「てけり」を強調した表現。

語句の解説 3

教209ページ

3 **御身**　義仲の体に尊敬の接頭語「御」を付けることで、義仲への敬意を表した言い方。

3 **疲れさせたまはず**　尊敬の助動詞「さす」に尊敬の補助動詞「たまふ」を重ねた最高敬語。元来天皇に近い皇族にしか使われない表現だが、会話文ではそれ以外の人物に

「日ごろは何ともおぼえぬ鎧が、今日は重う
「ふだんは何とも思われない鎧が、今日は重くなったぞ。」

なつたるぞや。」今井四郎申しけるは、「御身もいまだ
今井四郎が申したことには、「お体もまだ

疲れさせたまはず。御馬も弱り候はず。何に
お疲れになってはおりません。御馬も弱っておりません。どうして

よつてか、一両の御着背長を重うは思しめし候ふ
一両の御着背長を重いとお思いになることがございましょうか（いや、そんなはずはあ

べき。それは味方に御勢が候はねば、臆病でこそ、
りません）。それは味方に（続く）御軍勢がございませんので、気落ちして、

さは思しめし候へ。兼平一人候ふとも、余の武者千騎と
そのようにお思いになるのでございましょう。兼平一人がおりますとしても、他の武者千騎（に匹敵する）と

思しめせ。矢七つ八つ候へば、しばらく防ぎ矢つかまつらん。
お思いください。矢が七、八本ございますので、しばらく防ぎ矢をいたしましょう。

あれに見え候ふ、粟津の松原と申す。あの松の中で
あそこに見えますのは、粟津の松原と申します。あの松の中で

御自害候へ。」とて、打つて行くほどに、また新手の武者
御自害なさいませ。」と言って、馬に鞭打って行くうちに、また新手の武者が

五十騎ばかり出で来たり。「君はあの松原へ入らせ
五十騎ほどやって来た。「殿はあの松原へお入りくださいませ。

たまへ。兼平はこの敵防ぎ候はん。」と申しけれ
兼平はこの敵を防ぎましょう。」と申したところ、

ば、木曽殿のたまひけるは、「義仲、都にていかにもなるべかり
木曽殿がおっしゃったことには、「義仲は都で討死するはずであったが、

も使われることがある。ここでは今井四郎から義仲への強い敬意を表している。

4 **思しめし候ふべき** 義仲の動作を尊敬語「思しめす」で示して義仲への敬意を表し、さらに丁寧の補助動詞「候ふ」を付けて聞き手である義仲への敬意を強めている。

5 **臆病** 気落ち。気おくれ。

2 **「さ」はどのようなことを指すか。**

答 義仲が「ふだんは何とも思わない鎧が、今日は重く感じられる。」と言ったこと。

6 **防ぎ矢** 敵の攻撃を防ぐために射る矢。

9 **新手の武者五十騎ばかり** 「新手」はまだ戦闘に参加していない軍勢。人数は多くないが、まだ疲れていない軍勢に遭遇したことが、今井四郎に主君・義仲に覚悟を促す発言をさせるきっかけになっている。

教210ページ

1 **所々** 別々の場所。複数の「所」と「所」という意味。

1 **馬の鼻を並べて** 馬の鼻先が並ぶように、向きをそろえて。義仲は自分の馬を、敵に防ぎ矢を放ちに行こうとした今井四郎の馬

助動・完・体　接助　(代)　副助　カ変・体　係助　(代)　格助　格助　ナ変・未　助動・意・終　格助
つる が、これ まで 逃れ来る は 汝 と 一所 で 死な ん と
ここまで逃れて来たのはお前と同じ所で死のうと思うためである。

四・体　助動・断・終　格助　四・未　助動・受・未　助動・婉・体　格助　係助　格助
思ふ ため なり。所々 で 討た れ ん より も、ひと所 で
別々の所で討たれるようなことよりも、同じ所で

係助(係)　格助　係助　サ変・未　助動・意・已(結)　格助　格助　格助　下二・用　接助
こそ 討死 を も せ め。」とて、馬 の 鼻 を 並べ て
討死をしよう。」と言って、馬の鼻を並べて

下二・未　助動・意・終　格助　サ変・用　補尊・四・已　接助　格助　上二・用　格助
駆け ん と し たまへ ば、今井四郎、馬 より 飛び降り、主 の
駆けようとなさるので、今井四郎は馬から飛び降り、主君の

格助　格助　四・用(音)　接助　四・用　助動・過・体　係助　係助
馬 の 口 に 取りつい て 申し ける は 「弓矢取り は、年ごろ
馬の口に取りついて申し上げたことは、「武士は、常日ごろ

ナリ・体　四・已　接助　格助　サ変・用　助動・完・已　接助
日ごろ いかなる 高名 候へ ども、最後 の 時 不覚し つれ ば、
どんな功名がございましても、最期の時に不覚をとれば、

ク・体　助動・断・用　接助　補丁・四・体　助動・断・終　係助　下二・未　助動・尊・用　補尊・四・用
長き きず に て 候ふ なり。御身 は 疲れ させ たまひ
末代までの不名誉でございます。お体はお疲れになっておられます。

接助　補丁・四・終　四・体　係助　四・未　助動・打・終　格助　下二・未　受身・用
て 候ふ。続く 勢 は 候は ず。敵 に 押し隔て られ、
後に続く軍勢もございません。敵に間を押し隔てられて、

ク・体　格助　格助　四・未　助動・受・未　助動・尊・用　補尊・四・用　接助
いふかひなき 人 の 郎等 に 組み落とさ れ させ たまひ て、
取るに足りない人の家来に組みつかれ(馬から)落とされなさって、

四・未　助動・受・未　助動・尊・用　補尊・四・用　助動・完・未　接助　副　格助　下二・未
討た れ させ たまひ な ば、『さばかり 日本国 に 聞こえ
お討たれになってしまいましたら、『あれほど日本国にその名をお知られ

助動・尊・用　補尊・四・用　助動・完・体　格助　係助　(代)　格助　格助　四・用
させ たまひ つる 木曽殿 を ば、それがし が 郎等 の 討ち
になった木曽殿を、誰それの家来がお討ち

補謙・四・用(音)　助動・完・体　副助　四・未　助動・婉・体　係助(係)　シク・用(音)
奉つ たる。』なんど 申さ ん こと こそ 口惜しう
申し上げた。』などと人が申すようなことが、残念でございます。

と同じ向きにして、並走しようとしたのである。

2 馬の口に取りついて　「馬の口」は馬の手綱。自分と一緒に敵に向かおうとしていた義仲を押しとどめ、再び粟津の松原に向かわせようというのである。

3 年ごろ日ごろ　「年ごろ」は何年かの間、また、長年の間。「日ごろ」は何日かの間、また、ふだん、つね日ごろ。ここでは重ねて使うことで「ふだん、つね日ごろ」の意味を強調している。

答 3　**「最後の時不覚し」とは、どういうことを指すか。**

取るに足りない人の家来に組みつかれて馬から落とされ、討たれてしまうような、末代までの不名誉となるような最期。

答 4　**なぜ今井四郎は前とは反対のことを義仲に言ったのか。**

前には弱気になった義仲に、味方の軍勢が少ないので気落ちしているだけで「御身もいまだ疲れさせたまはず。」(209・3)と言って励まし、勇気づけることで自害を促そうとした。しかし、

候へ（補丁・四・已(結)）。ただ（副） あ（(代)） の（格助） 松原 へ（格助） 入ら（四・未） せ（助動・尊・用） たまへ（補尊・四・命）。」と（格助） 申し（四・用）
ただ、あの松原へお入りくださいませ。」と申したので、

けれ（助動・過・已） ば（接助）、木曾、「さらば（接）。」とて（格助）、粟津の松原 へ（格助） ぞ（係助） 駆け（下二・用） たまふ（補尊・四・体(結)）。
木曾殿は、「それならば。」と言って、粟津の松原へ(馬を)お駆けになる。

【大意】 4 今井の戦い 教210ページ10行～211ページ3行

今井四郎はただ一騎で敵五十騎の中に駆け入り、名乗りを上げて残っていた八本の矢で八人の敵を射落とし、刀を抜いて切って回ると、誰も正面から挑戦しようとしない。取り囲んで射殺そうとするが、今井の鎧を射通すことができないので傷も負わせられなかった。

【品詞分解／現代語訳】

今井四郎 ただ（副） 一騎、五十騎 ばかり（副助） が（格助） 中 へ（格助） 駆け入り（四・用）、鐙 ふんばり（四・用(音)）
今井四郎はただ一騎、五十騎ほどの中に駆け入って、鐙を踏ん張って

立ち上がり（四・用）、大音声 あげ（下二・用） て（接助） 名のり（四・用） ける（助動・過・体） は（係助）、「日ごろ は（係助） 音 に（格助） も（係助）
立ち上がり、大音声をあげて名のったことには、「日ごろは話にも聞いているであろう、

聞き（四・用） つ（助動・強・終） らん（助動・現推・終）、今 は（係助） 目 に（格助） も（係助） 見（上一・用） たまへ（補尊・四・命）。木曾殿 の（格助）
今は(その)目でもご覧なさい。木曾殿の

御めのと子、今井四郎兼平、生年 三十三 に（格助） まかりなる（四・終）。さる（連） 者 あり（ラ変・終） と（格助）
御めのと子、今井四郎兼平、生年三十三になり申す。そういう者がいるとは、

は（係助） 鎌倉殿 まで（副助） も（係助） 知ろしめさ（四・未） れ（助動・尊・用） たる（助動・存・体） らん（助動・現推・体） ぞ（係助）。兼平
鎌倉殿(頼朝)までもご存じでいらっしゃるであろうぞ。兼平を

討つ（四・用(音)） て（接助）、見参 に（格助） 入れよ（下二・命）。」とて（格助）、射残し（四・用） たる（助動・存・体） 八筋 の（格助） 矢 を（格助）、
討って、(鎌倉殿に)御覧に入れよ。」と言って、射残していた八本の矢を、

差しつめ（下二・用） 引きつめ（下二・用）、さんざんに（ナリ・用） 射る（上一・終）。死生 は（係助） 知ら（四・未） ず（助動・打・用）、やにはに（副） 敵
弓につがえては引き、つがえては引き、さんざんに射る。生死はわからないが、たちまち

義仲が今井四郎と共に死ぬことに固執したため、説得の仕方を改めたから。

語句の解説 4

教210ページ

11 **音にも聞きつらん** 「音に聞く」は、噂に聞く、の意。

12 **今は目にも見たまへ** 「たまへ」は尊敬の補助動詞「たまふ」の命令形で、今井四郎から敵への敬意を込めたよびかけ。義仲の名のりでは「今は見るらん」(206・12)と敬語を使わずによびかけていたことに注意。

13 **生年** 生まれてからの年数。年齢。

13 **知ろしめされ** 「知ろしめす」は「知る」の尊敬語、「れ」は尊敬の助動詞「る」で、今井四郎から鎌倉殿(頼朝)への敬意。

14 **見参に入れよ** 「見参」は「身分の低い人が身分の高い人に対面すること」。「見参に入る」は「物を身分の高い人に見せる」ことで、この場合、自分の首を鎌倉殿(頼朝)の御覧に入れよ、ということ。

15 **やにはに** 「矢庭」は「矢を射ているその場所」の意で「矢庭に」は「その場ですぐ

八騎射落とす。その後、打ち物抜いてあれに馳せ合ひ、これに馳せ合ひ、切つて回るに、面を合はする者ぞなき。分捕りあまたしたりけり。ただ、「射取れや。」とて、中に取りこめ、雨の降るやうに射けれども、鎧よければ裏かかず、あき間を射ねば手も負はず。

敵八騎を射落とす。その後、刀を抜いて、あちらに馬を走らせ、こちらに馬を走らせ、切って回るが、正面から挑戦する者がない。敵の武器を多く奪い取った。ただ、「射殺せ。」と言って中に取り囲んで、雨の降るように射たけれども、鎧がよいので矢が鎧の裏まで通らず、（鎧の）隙間を射ないので、手傷も負わない。

【大　意】　5　義仲の最期　教211ページ4行〜212ページ6行

粟津の松原へ馬を走らせていた義仲は、薄氷の張った深田にはまって動けなくなり、今井四郎のことを気にして振り向いたところを石田次郎為久に射られ、首を取られてしまう。これを知った今井は、もう戦う理由がなくなったと言って壮烈な自害を遂げたのだった。

【品詞分解／現代語訳】

木曽殿はただ一騎、粟津の松原へ駆けたまふが、正月二十一日、入相ばかりのことなるに、薄氷は張つたりけり、深田ありとも知らずして、馬をざつと打ち入れたれば、馬の頭も見えざりけり。あふれどもあふれども、打て

木曽殿はただ一騎、粟津の松原へ駆けて行かれるが、（寿永三年）正月二十一日、夕暮れごろのことであるので（うす暗く）、薄氷が張っていた、深くぬかるんだ田があるとも知らずに馬をざんぶと打ち入れたところ、馬の頭も見えなくなった。どんなに馬の腹を鐙で蹴って進めようとしても、鞭で

に。たちまち」の意味になる。

16 馳せ合ひ　「馳せ合ふ」は「馬を走らせて敵と向かい合う」こと。

教211ページ

3 手も負はず　「手」は、刀や矢などの武器によって受けた傷。「手を負う」で「負傷する」の意。「痛手」（211・12）は「刀や矢などの武器で身に受けた深い傷」の意。

語句の解説　5

教211ページ

6 打ち入れたれば　勢いよく入れたので。「打ち」は接頭語で「勢いよく」の意。

7 あふれ　鐙で馬の障泥を蹴って急がせる。「障泥」は泥障とも書き、鞍の下に掛ける大型の皮革で、泥がはねて衣服を汚すのをふせぐための馬具の一種。

8 ゆくへ　行方。

9 おぼつかなさ　形容詞「おぼつかなし」の語幹に、名詞を作る接尾語「さ」の付いたもので、様子がはっきりしないこと。気がかりであること。

9 振り仰ぎたまへる　「振り仰ぐ」は、顔を

接助 四·已 接助 四·未 助動·打·終 格助 格助 格助 格助
ども 打て ども 働か ず。 今井 が ゆくへ の おぼつかなさ に、
打っても打っても(馬は)動かない。 今井の行方が気がかりなので、

四·用 補尊·四·已 助動·完·体 格助 格助 四·用(音) 接助
振り仰ぎ たまへ る 内甲 を、 三浦 の 石田次郎為久 おつかかつ て、
後ろを振り向いて顔をお上げになった甲の内側を、 三浦の石田次郎為久が追いついて、

四·用(音) 接助 副 上一·終 助動·断·已 接助 格助 格助
よつ引い て ひやうふつと 射る。 痛手 なれ ば、 真向 を 馬 の 頭
弓をよく引いて矢をひょうと射るとふっと射抜いた。 致命傷なので、 甲の正面を馬の頭にあてて

格助 下二·用 接助 四·用 補尊·四·已 助動·完·体 格助 格助
に 当て て うつぶし たまへ る ところ に、 石田 が 郎等 二人
うつぶしておられるところに、 石田の家来二人が

四·用(音) 接助 副 格助 格助 係助 四·用(音) 助動·完·用 助動·過·終
落ち合う て、 つひに 木曽殿 の 首 を ば 取つ てん げり。 太刀
来合わせて、 とうとう木曽殿の首を取ってしまった。 (石田

格助 格助 四·用 ク·用 下二·用 格助 下二·用 接助 (代) 格助
の 先 に 貫き、 高く さし上げ、 大音声 を あげ て、 「こ の 日ごろ
は)太刀の先に(木曽殿の首を)貫いて、高く差し上げ、大音声をあげて、 「この日ごろ

格助 下二·未 助動·尊·用 補尊·四·用 助動·完·体 格助 係助 格助
日本国 に 聞こえ させ たまひ つる 木曽殿 を ば、 三浦 の
日本国にその名が知れわたっておられた木曽殿を、 三浦の

格助 四·用 補謙·四·用(音) 助動·完·体 係助 間助 格助 四·用 助動·過·已
石田次郎為久 が 討ち 奉つ たる ぞ や。」 と 名のり けれ
石田次郎為久がお討ち申し上げたぞ。」 と名のったので、

接助 サ変·用 助動·過·体 接助 (代) 格助 四·用 係助 (代) 格助
ば、 今井四郎 いくさ し ける が、 これ を 聞き、 「今 は 誰 を
今井四郎は、戦っていたところにこれを聞き、 「今は誰を

四·未 助動·意·終 格助 係助(係) 格助 係助 サ変·終 助動·意·体(結) (代) 格助
かばは ん とて か、 いくさ を も す べき。 これ を
かばおうと思って 戦をする必要があるだろうか。 これを御覧

上一·用 補尊·四·命 格助 格助 格助 格助 サ変·体
見 たまへ、 東国 の 殿ばら。 日本一 の 剛 の 者 の 自害する
なさい、 東国の方々。 日本一の剛の者が自害する手本。」

格助 格助 格助 格助 格助 四·用 格助 ナリ·用 上二·用
手本。」 とて、 太刀 の 先 を 口 に 含み、 馬 より 逆さまに 飛び落ち、
と言って、太刀の先を口にくわえ、 馬から逆さまに飛び落ち、

振って上を向く。深田にはまって前かがみになったところで振り向いたため、上向きになって甲の内側を射られてしまうことになった。

11 **おつかかつて** 追いついて。「おつかかつ(て)」は「追い掛かり(て)」の促音便。

11 **よつ引いて** 「よく引きて」の変化した形。「よつ」は「よく」の促音便、「引い(て)」は「引き(て)」のイ音便。この辺り、促音を多用して緊張感を出している。

教212ページ

1 **聞こえさせたまひつる** その名が知れ渡っておられた。最高敬語(尊敬の助動詞と尊敬の補助動詞)で、発言者の石田次郎為久から義仲への敬意を表している。

2 **討ち奉つたる** お討ち申し上げた。「奉つ」は「奉り」の促音便で、謙譲の補助動詞。やはり発言者の石田為久から義仲への敬意を表す。

5 **今井四郎が落ちのびずに自害したのはなぜか。**

答 主君の義仲に、大将軍にふさわしい最期を遂げさせるために戦っていたのに、義仲が討死してしまい、戦う理由も生

貫かつ	て	ぞ	失せ	に	ける。	さて	こそ	粟津	の
四・用(音)	接助	係助(係)	下二・用	助動・完・用	助動・過・体(結)	副	係助(係)		格助

いくさ	は	なかり	けれ。
	係助	ク・用	助動・過・已(結)

（刀に）貫かれて死んでしまった。こうして粟津の合戦（というほどのこと）は終わったのであった。

き残る理由もなくなってしまったから。

学習のポイント

1 「木曽三百余騎、」（206・16）以下「主従五騎にぞなりにける。」（207・4）までの戦闘の様子を、数字の使われ方に注意して説明してみよう。

考え方 「（数字）騎」を探して、それが木曽の軍勢か、鎌倉殿（頼朝）の軍勢か、それぞれの人数の変化に注意しながら選り分ける。

解答例 木曽の軍勢三百余騎は、まず六千余騎の大軍に立ち向かい、縦横無尽に戦って駆け破ったときには五十騎ばかりになっていた。そこを守っていた二千余騎、さらに四、五百騎・二、三百騎・百四、五十騎・百騎ばかりの敵を駆け破るうちに主従五騎（207・4）になってしまう。木曽の軍勢の目的は、主君義仲を守って落ちのびることにあるので、とにかく遭遇した敵を駆け破って行くことに終始している。最初は大軍に立ち向かっていたのが、次第に相手の人数が少なくなっているのは、味方の人数が減ったことで大軍を避けているとも考えられるし、敵があまりいないところまで逃げることができているとも考えられる。

2 巴に対する義仲の言葉（208・1）は、義仲のどのような気持ちから出たものか、考えてみよう。

考え方 華麗な装束を身にまとった義仲は、敵に「ただいま名のるは大将軍ぞ。あますな者ども、もらすな若党、討てや。」（206・14）と特に狙われており、逃げのびることができないと覚悟している。「あまりに言はれ奉つて」（208・4）という辺りからも、二人の強い結びつきが感じられるが、死を覚悟した武将が愛する女性にどうなってほしいと願っているかを考える。

解答例 義仲は武士としての体面を汚さないことを理由として巴を突き放しているが、それは表面的なことで、その背後には、この戦いで、自害も含めて討死することを覚悟している義仲の、愛する巴を自分の死に巻き込みたくないという、強い愛情がうかがわれる。

3 主従二騎になってからの義仲と今井四郎の心情の移り変わりを、二人の会話に着目して整理してみよう。

考え方 主従二騎になってからは、多くの敵を駆け破り、巴を落ちのびさせるまでの、大将軍らしく勇猛で、武士の体面を重んじていた義仲とは違った面を見せている点に注目する。

解答例 義仲は、幼い頃からともに育ったためのと子の今井四郎と二人きりになった直後に、それまでの緊張感が緩んだのか、「日ごろは何ともおぼえぬ鎧が、今日は重うなつたるぞや。」（209・1）と弱音をはいている。今井四郎は最後まで大将軍として、立派な最期を遂げてもらいたいと願う気持ちから「御身もいまだ疲れさせたまはず。」(209・3)と励まして、自分が敵を防いでいる間に自害するよう勧めるが、義仲は「汝と一所で死なんと思ふ」(209・15)と言って離れようとしない。そこで今井四郎は、今度は「御身は疲れさせたまひて候ふ。」(210・4)と先刻とは反対のことを言って、これまでどんな戦功を挙げていても、取るに足りない者の手にかかって討死するようでは、末代までの不名誉になって残念だと言って、ようやく義仲を自害に向かわせることができた。しかし、薄氷の張った深田にはまって動けなくなった義仲は、今井四郎の行方を気にして振り向いたところを射られて討死し、それを聞いて戦う目的を失ったことを知った今井四郎も、後を追うように自害する。最後まで互いのことを思い続けた主従の強いきずながうかがわれる最期であった。

4 **本文にふさわしい朗読のしかたを工夫してみよう。**

考え方 『平家物語』が「平曲」といって琵琶(びわ)の演奏とともに語られていた語り物であることに留意する。

解答例 省略

寿永三年正月(じゆえいさんねんしやうぐわつ)

〔吾妻鏡(あづまかがみ)〕

教科書P.213

【大　意】 教213ページ4～9行

寿永三年正月二十日、源(みなもとの)義仲を討伐するため、源頼朝(よりとも)は弟の範頼(のりより)・義経(よしつね)に数万騎の軍勢を率いさせて京都に入らせた。一条次郎忠頼(いちじょうじろうただより)を始めとする勇敢な武将たちが義仲を追跡し、ついに近江の国粟津の辺りで相模の国の住人石田次郎が義仲を討ち取ったのだった。

【品詞分解／現代語訳】

廿日、庚戌、蒲冠者範頼・源九郎義経等、武衛 の(格助) **御使ひ と**(格助) **して**(接助)**、数万騎 を**(格助)

二十日、庚戌の日、蒲冠者範頼・源九郎義経等が、武衛の御使者として、数万騎を

率し(サ変・用) **て**(接助) **入洛す**(サ変・終)**。是れ**(代) **義仲 を**(格助) **追罰せ**(サ変・未) **ん**(助動・意・体) **が**(格助) **為 なり**(助動・断・終)**。**

率いて京に入った。これは義仲を追討しようとするためである。

(中略) 此(代) **の**(格助) **間、一条次郎忠頼 已下 の**(格助) **勇士 諸方 に**(格助) **競い走つ**(四・用(音)) **て**(接助)**、**

(中略)このとき一条次郎忠頼を始めとする勇士たちがあちこちに競って走って、

語句の解説

教213ページ

下5 **武衛**(ぶえい) 源頼朝のこと。範頼・義経の兄。武衛は兵衛府の唐名で、頼朝は兵衛佐(兵衛府の次官)だったので武衛と称された。

下6 **追罰**(ついばつ) 軍勢を差し向けて反逆者を征伐すること。

下9 **誅戮**(ちゅうりく) 罪のある者を殺すこと。

下9 **錦織判官**(にしごりのはんがん) 錦織義広。近江源氏の山本義経の子。義仲に従って入京していた。義仲が滅ぼされた後の消息は不明。

下9 **逐電**(ちくでん) 逃げ去って行方をくらますこと。

遂に（副）近江国粟津の（格助）辺に（格助）於いて（連語）、相模国の（格助）住人石田次郎を（格助）して（接助）

ついに近江国粟津の辺りで、相模国の住人石田次郎によって

義仲を（格助）誅戮せ（サ変・未）しむ（助動・使・終）。其（代）の（格助）外錦織判官等は（係助）逐電す（サ変・終）と（格助）云云。

義仲を罪の罰として殺させた。そのほかにも、錦織判官等は逃げ去って行方をくらませたということである。

下9 **云云**（うんぬん）　日本人が書いた漢文の文末を、間接話法で「……という話である」の意味で結ぶ言葉。続きを省略したり、内容をぼかしたりする意味はない。

学習のポイント

1　右は、鎌倉幕府が編纂した『吾妻鏡』という、漢文体で記された歴史書の一節である。書き下し文を参考に、漢文の内容を読み取ってみよう。

考え方　国語辞典に載っていない語句は漢和辞典で、人名や地名は歴史事典などで調べてみる。

単元課題

1　『平家物語』の文体や表現の特徴を調べてまとめてみよう。

考え方　国語便覧などの参考書や、全集などにある原典の『平家物語』を、解説や注釈を参考にしながら読んでみる。

解答例　『平家物語』は、盲目の琵琶法師が、琵琶を弾き鳴らしながら語った「語り物」であるため、文法的な正しさよりもテンポの良さやリズム感が重視されている。また、用語も平安時代の物語の、伝統的なやまとことばと違い、漢語を多用している点も、テンポやリズムを生むのに効果を上げている。このような漢語を多用する文体を「和漢混淆文（こんこうぶん）」といい、『太平記』のような後続する軍記物語でも用いられている。ただし『平家物語』のように琵琶法師が芸能として語ったわけではないので、テンポやリズム感はあまりなく、淡々とした文体になっている。

2　『平家物語』と『吾妻鏡』の内容を比較し、相違点を整理してみよう。

考え方　同じ出来事を記したものでも、歴史書である『吾妻鏡』と、物語の『平家物語』は話の起伏や盛り上がりという点で違いが出ている。特に『平家物語』の主人公である木曽義仲と今井四郎が『吾妻鏡』ではどのように扱われているか、注目してみる。

解答例　『吾妻鏡』は鎌倉幕府の公式記録として編集された歴史書で、漢文で事実のみを記している。登場する人物の行動が簡潔に記され、心情に及ぶことはほとんどない。一方『平家物語』は聴衆を前に語られた芸能であり、討死にして確かめることのできないはずの義仲の言動や心情まで、和漢混淆文のリズミカルな文体で事細かに語られている。例えば『吾妻鏡』では具体的な記述が何もない。今井四郎も、『平家物語』では英雄・義仲との絆（きずな）が感動的に語られ

ている。

解釈の視点⑤ 敬語

教科書P.214

敬語とは、話し手（書き手）が会話や文章の中で、話題に出てくる人物や、聞き手（読み手）に対して敬意を表すための特別な言葉遣いで、敬意の対象によって、尊敬・謙譲・丁寧の三種類に分類される。昔の日本は階級社会だったので、身分・立場の違いを敬語によって明確に表す必要があった。つまり、敬語に注目することによって、登場人物同士の人間関係を明らかにすることもできるのである。

「木曽の最期」では主として、次の場面で敬語が使われている。

●義仲と巴の場面
●義仲と今井四郎の場面
●義仲が討死した後の場面

尊敬・謙譲・丁寧の三種類とも使用されているが、全て義仲に対する敬意を表現するために使われている。

●義仲と巴・今井四郎の身分の違い、敬意

（主君）義仲 ←敬意― 巴・今井四郎（家来）

（地の文では作者からの敬意）

・地の文では身分の違いを表す。
・会話文では話し手である二人からの敬意。

●石田次郎為久の名のり

義仲 ←敬意― 石田次郎為久

・二人は主従関係にはないが、義仲の身分が高いことを敬語で強調することによって、そのような高貴な人物を討ち取った自分の手柄を誇示しているのである。

◆尊敬は、話題の中で動作をする人物に対する敬意を表す。
◆謙譲は、話題の中で動作を受ける人物に対する敬意を表す。

●「言ふ」という動作

（主君）義仲 ↑のたまふ（尊敬語）／↓申す（謙譲語） （家来）今井四郎

・義仲が他の人より身分が高いこと
・作者からの義仲に対する敬意

の二点が表現されている。

●義仲と今井四郎の会話部分（教209〜210ページ）

今井四郎の発言で
┌義仲の動作を**尊敬語**で表現
└今井四郎の義仲に対する動作を**謙譲語**で表現

・今井四郎からの、義仲に対する敬意が表されている。

◆丁寧は、話の聞き手（読み手）に対する敬意を表す。

●主従二騎になってからの今井四郎の発言（教209〜210ページ）に、「……（で）ございます」の意の「候ふ」が多用されている。

→ ・**丁寧語**で会話の相手（聞き手）の義仲への敬意を表現。

6 旅と人生

門出

〔土佐日記(とさにっき)〕

教科書P.220〜221

【大　意】 1 教220ページ1〜7行

男の人が書くという日記というものを、女の私も書いてみようと思う。ある年の十二月二十一日の夜に門出をする。ある人が、国守の任期を終え、新しい国守との引き継ぎも終わり、船に乗る所へ移る。見送りの人々と別れを惜しみ、大騒ぎのうちに夜が更けた。

【品詞分解／現代語訳】

男 も(係助) **す**(サ変・終) **なる**(助動・伝・体) **日記 と**(格助) **いふ**(四・体) **もの を**(格助)、**女 も**(係助) **し**(サ変・用) **て**(接助) **み**(上一・未) **む**(助動・意・終) **とて**(格助)、**する**(サ変・体) **なり**(助動・断・終)。

男も書くという日記というものを、女(の私)も書いてみようと思って書くのである。

それ(代) **の**(格助) **年 の**(格助)、**師走 の**(格助)、**二十日あまり一日 の**(格助) **日 の**(格助)、**戌の時 に**(格助) **門出す**(サ変・終)。**そ**(代) **の**(格助) **よし、いささかに**(副) **もの に**(格助) **書きつく**(下二・終)。

ある年の十二月二十一日の、午後八時ごろに、出発する。そのときのことを、少しばかりものに書きしるす。

ある(連体) **人、県 の**(格助) **四年五年 果て**(下二・用) **て**(接助)、**例 の**(格助) **ことども みな**(副) **し**(サ変・用) **終へ**(下二・用) **て**(接助)、**解由 など**(副助) **取り**(四・用) **て**(接助)、**住む**(四・体) **館 より**(格助) **出で**(下二・用) **て**(接助)、**船 に**(格助) **乗る**(四・終) **べき**(助動・当・体)

ある人が、国司の任期の四、五年が終わって、決まった通りの国司交代の事務もすっかり終わらせて、解由状などを受け取って、住んでいる官舎から出て、船に乗ることになっている

語句の解説 1

教220ページ

1 **男(おとこ)もすなる日記(にき)**　当時、日記は男性が書くものとされていた。漢文体で、宮中での行事や、私生活での覚え書きなどを記した。

1 **「戌の時」について、資料編(302ページ)を参考に調べてみよう。**

答 昔の時刻は、一日を十二に分け、午前○時の子(ね)の時から順に「丑(うし)、寅(とら)、…」と十二支を当てて数えた。「戌」は午後八時に当たり、その前後二時間が「戌の時」になる。

2 **門出(かどで)す**　旅立つ。出発する。旅のために「家の門を出る」ということ。

6 **思(おも)ひ(イ)**　係助詞「なむ」を受ける結び「思ふ」となるべきだが、結びの流れとなっている。

7 **ののしる**　「大声をたてる」「騒ぎ立てる」という意味。古語では、現代語の「非難す

所 へ〔格助〕 渡る〔四・終〕。かれ〔代〕 これ〔代〕、知る〔四・体〕 知ら〔四・未〕 ぬ〔助動・打・体〕、送り す〔サ変・終〕。年ごろ、よく〔ク・用〕
くらべ〔下二・用〕 つる〔助動・完・体〕 人々 なむ〔係助(係)〕、別れがたく〔ク・用〕 思ひ〔四・用〕 て〔接助〕、日 しきりに〔副〕、とかく〔副〕
し〔サ変・用〕 つつ〔接助〕 ののしる〔四・体〕 うち に〔格助〕、夜 更け〔下二・用〕 ぬ〔助動・完・終〕。

ところへ移る。あの人やこの人、知っている人も知らない人も、見送りをする。ここ数年の間、たいそう仲良く付き合ってきた人々は、別れづらく思って、一日中あれこれ(世話を)しながら、大騒ぎをするうちに、夜が更けてしまった。

【大　意】　2　教220ページ8〜10行

翌二十二日、前途が無事であるよう神仏に願掛けをする。藤原のときざねが送別の宴を催し、身分の上中下を問わず、皆すっかり酔っぱらって海のそばでふざけ合う。

【品詞分解／現代語訳】

二十二日 に〔格助〕、和泉の国 まで〔副助〕 と〔格助〕、平らかに〔ナリ・用〕 願 立つ〔下二・終〕。

二十二日に、和泉の国までは無事であるように神仏に祈願する。

藤原のときざね、船路 なれ〔助動・断・已〕 ど〔接助〕 馬のはなむけ す〔サ変・終〕。上中下、酔ひ飽き〔四・用〕 て〔接助〕、いと〔副〕 あやしく〔シク・用〕、塩海 の〔格助〕 ほとり にて〔格助〕 あざれあへ〔四・已〕 り〔助動・存・終〕。

藤原のときざねが、船旅であるけれど、馬のはなむけ(送別の宴)をする。(身分の)高い人も、中流の人、低い人も、みなすっかり酔っぱらって、たいそう不思議なことに、(塩がきいていて腐るはずのない)塩海のそばでふざけあっている。

る」という意味は必ずしも含まれない。

2 「とかくしつつののしる」とはどのような状態を表しているか。

答 旅立ちにあたってあれやこれやと騒がしく、忙しい状態を表している。

語句の解説 2

教220ページ

9 **馬のはなむけ** 「はなむけ」は、現代でも「餞別」の意で使われる。古来、旅立つ人の無事を祈り、その人が乗る馬の鼻を目的地の方向へ向ける習慣があり、旅立つ人のために宴会を開いたり、物を送ることを「馬のはなむけ」と言うようになった。

9 **酔ひ飽きて** 「飽く」は、ここでは、動詞に付いて「(そのことをするのに)あきあきする」「十分に…する」という意味を表す。

学習のポイント

1 「船路なれど馬のはなむけす。」(220・8)、「塩海のほとりにてあざれあへり。」(同・9)の表現のおもしろさを考えてみよう。

考え方 「船路なれど」とあるところに注目。そこから「塩海のほとり(なのに)」「あざれあへり」もしゃれであると類推される。

解答例 船旅で馬には乗らないが「馬のはなむけ」をする、というしゃれ。「あざる」は、「魚肉が腐る」という意もある。塩漬けにすると食べ物は腐りにくくなる。その「塩海のほとりなのに」、「腐る」とも読めるところが面白い。

2 当時の貴族が行った「門出」の手続きについて調べてまとめてみよう。

考え方 「門出」という語を、古語辞典で調べてみる。

解答例 陰陽道（おんみょうどう）の影響で、実際に旅立つ前に、吉（きち）である日や方角を選び、いったん別の所に移ってから、出発することが多かった。

3 作者が、なぜ女性に仮託して『土佐日記』を書いたのか、当時の貴族の「日記」などを調べて話し合ってみよう。

考え方 当時の男性が書く日記の特徴である実録性を重視した漢文体のものと、この『土佐日記』で作者が記したかった内容とを比較して考える。

解釈の視点⑥ 助動詞の働きと見分け方

教科書P.222

助動詞は、①意味②接続（どのような語、活用形に付くか）で分類される。意味と接続に注意して、文の中の助動詞がどんな意味を添えているか判断する。

①意味 例えば、次のようなものがある。

分類	助動詞	意味
過去	き・けり	過去に起こったという意味を添える。
完了	つ・ぬ・たり・り	既に完了しているという意味を添える。
推量	む・むず・べしなど	「…だろう」という推測の意味を添える。
伝聞・推定	なり	人から伝え聞いたことを示す。
打消	ず	否定の意味を添える。
断定	なり・たり	はっきりした判断を示す意味を添える。

*例「児（ちご）泣く。」という文がある。「泣く」に助動詞が付くと、

児泣きけり。（児は泣いた。）　児泣きぬ。（児は泣いてしまう。）

児泣かむ。（児は泣くだろう。）　児泣かず。（児は泣かない。）

というように、意味が変わってくる。

◆同じ意味の助動詞の使い分け

過去の助動詞「き・けり」は、「き」→直接体験した過去、「けり」→他人から伝え聞いた過去を表す時に、それぞれ使われる。

*例「鬼のやうなるもの…殺さむとしき」（鬼のようなものが……殺そうとした。）

「昔、男ありけり」（昔、ある男がいたそうだ。）

②接続 ①で挙げた助動詞は、前に付く語の品詞や活用形によって次のように分類できる。

未然形に接続　「ず・む・むず」

連用形に接続　「き・けり・つ・ぬ・たり（完了）」

終止形に接続　「べし・なり（伝聞・推定）」

連体形に接続　「なり（断定）」

体言に接続　「なり（断定）」「たり（断定）」

◆接続で意味を見分ける

例えば「たり」という助動詞には、完了と断定の二種類がある。どちらの意味かは前にある語の活用形で判断できる。

「神社へ参りたり。」（神社へ参詣した。）「清盛、嫡男たり。」（清盛は長男である。）→「参り」は「参る」の連用形。「嫡男」は体言。連用形に接続している「たり」は完了、体言に接続している「たり」は断定の意味の助動詞と判断し、文を理解することができる。

あこがれ

〔更級日記（さらしなにっき）〕

教科書P.223～224

【大意】 1 教223ページ1～10行

都から遠く離れた田舎で育った私は、物語というものがあると知り、強くあこがれるようになった。都に上ってたくさんの物語を読んでみたいと一心に仏像の前で祈るうち、父の仕事の任期が終わり、上京することになった。

【品詞分解／現代語訳】

あづまぢ　の（格助）　道　の（格助）　はて　より（格助）　も、（係助）　なほ（副）　奥　つ（格助）　かた　に（格助）　生ひ出で（下二・用）　たる（助動・完・体）

東海道の果てよりも、さらに奥の土地で育った

人、　いかばかり（副）　かは（係助（係））　あやしかり（シク・用）　けむ（助動・過推・体）　を、（接助）　いかに（副）　思ひはじめ（下二・用）　ける（助動・過・体）

人は、どれほど田舎者であっただろうと思うが、どのように思い始めた

こと　に（助動・断・用）　か、（係助・（係））　「世の中　に（格助）　物語　と（格助）　いふ（四・体）　もの　の（格助）　あん（ラ変・体（音））

ことであったのだろうか、世の中に物語というものがあると聞くが、

なる（助動・伝・体）　を、（格助）　いかで（副）　見（上一・未）　ばや。（終助）」　と（格助）　思ひ（四・用）　つつ、（接助）　つれづれなる（ナリ・体）　昼間、　宵居

それを何とかして見たいと思い続け、することがなくて退屈な昼間、夜など

など（副助）　に、（格助）　姉・継母　など（副助）　やう（接尾）　の（格助）　人々　の、（格助）　その（（代））　の（格助）　物語、　かの（（代））　の（格助）　物語、

に、姉や継母などの人々が、その物語、あの物語、

光源氏　の（格助）　ある（ラ変・体）　やう　など、（副助）　ところどころ　語る（四・体）　を（格助）　聞く（四・体）　に、（接助）　いとど（副）

光源氏のありさまなど、ところどころ語ってくれるのを聞くと、もっと

語句の解説 1

教223ページ

1 **なほ** ここでは現代語と同じ「さらに。いっそう」の意。

2 **あやしかりけむを** 「あやし」は、「田舎びている」の意。「けむ」は、係助詞「かは」の結びとなるところだが、接続助詞「を」が付き、結びの流れとなっている。

2 **思ひはじめることにか** 係助詞「か」を受ける結び「ある」が省略されている。

3 **あんなる** 「あるなる」の撥音便。

3 **いかで見ばや** 「いかで」は、後ろに願望を示す語をともなって、「ぜひとも」という意味を表す。「ばや」は、願望を表す終助詞。

3 **つれづれなる** 終止形は「つれづれなり」で、「することがなく、退屈だ」の意。

ゆかしさ まされ ど、わ が 思ふ まま に、そらに いかで か
（四・已／接助／(代)／格助／四・体／格助／ナリ・用／副／係助(係)）
知りたいという気持ちが募るが、(大人たちは)私の望む通りに、暗記してどうして(物語の一部始終を)覚えて語って

おぼえ 語ら む。いみじく 心もとなき まま に、等身 に 薬師仏
（下二・用／四・未／助動・推量・体(結)／シク・用／ク・体／格助／格助）
くれるだろうか、いや、語ってくれるはずもない。たいそうじれったいので、私の身長と同じ大きさに薬師仏を造って、

を 造り て、手洗ひ など し て、人ま に みそかに 入り つつ、

（格助／四・用／接助／副助／サ変・用／接助／格助／ナリ・用／四・用／接助）

手を洗い身を清めて、誰もいないときにこっそり仏様のお部屋に入っては、

「京 に とく 上げ たまひ て、物語 の 多く さぶらふ なる、ある
（格助／ク・用／下二・用／補尊・四・用／接助／格助／ク・用／四・終／助動・伝・体／ラ変・体）
「京に早く上らせなさって、(京には)物語がたくさんあるということですが、ありったけ

限り 見せ たまへ。」と、身 を 捨て て 額 を つき、祈り 申す ほど
（下二・用／補尊・四・命／格助／格助／下二・用／接助／格助／四・用／四・用／補謙・四・体）
お見せください。」と、身を投げ出し、額を床につけて礼拝しているうちに、

に、十三 に なる 年、「のぼら む。」とて、九月 三日 門出し て、

（格助／格助／四・体／四・未／助動・意志・終／格助／サ変・用／接助）

十三歳になる年、(父の任期が終わり)京に上るということになり、九月三日に門出して、

いまたち と いふ 所 に 移る。

（格助／四・体／格助／四・終）

いまたちという所に移る。

【大　意】　2　教223ページ11行～224ページ3行

長年暮らした家を引っ越す準備に、人々は大わらわである。いよいよ車に乗り込もうとした時、私が一生懸命に祈っていた仏さまのお姿が目に入る。仏さまをお見捨てして旅立つのが悲しくて、私は人知れず涙を流した。

【品詞分解／現代語訳】

年ごろ 遊び 慣れ つる 所 を、あらはに こぼち散らし て、たち騒ぎ
（四・用／下二・用／助動・完・体／格助／ナリ・用／四・用／接助／四・用）
長年の間遊び慣れていた所を、外から丸見えになるほどに(家具などを)やたらにこわし散らして、(出発の準備に)

5 **ゆかしさ**　「知りたい」という意の形容詞「ゆかし」に接尾語「さ」が付いたもの。

1　**誰のどのような気持ちか。**

答　「私」の、物語が知りたくてたまらない気持ち。

6 **そらに**　終止形は「そらなり」。連用形「そらに」の形で、「暗記で」という意。

6 **心**(こころ)**もとなき**　「心もとなし」は、ここでは「(はっきりしなくて)じれったい」という意味。他に「不安だ」という意味もある。

2　**「門出」とはどのようなことをするのか、調べてみよう。**

答　すぐに目的地に向かうのではなく、ひとまず縁起がいいとされる方角に居を移し、吉日を選んで旅立つのが当時の習慣。

語句の解説 2

教223ページ

11 **あらはに**　「あらは(ワ)なり」は、隠れずにはっきりと見えている様子を表す。

教224ページ

1 **すごく**　「すごし」は、ぞっとするほどの強い印象を表す語。いやなものにも、よい

て、（接助）日（格助）の入りぎはの（格助）、いと（副）すごく（ク・用）霧りわたり（四・用）たる（助動・存・体）に（格助）、車に（格助）
忙しくたち働いて、日の沈む頃で、たいそうひどく霧が一面に立ち込めているときに、牛車に

乗る（四・終）とて（格助）、うち見やり（四・用）たれ（助動・完・已）ば（接助）、人まに（格助）は（係助）参り（四・用）つつ（接助）、額を（格助）つき（四・用）
乗るといって、ふと目を向けると、人のいないときにお参りしては額をつけて礼拝した

し（助動・過・体）薬師仏の（格助）立ち（四・用）たまへ（補尊・四・已）る（助動・存・体）を（格助）、見捨て（下二・用）たてまつる（補謙・四・体）、悲しく（シク・用）
薬師仏がお立ちになっているのを、後に残し申し上げるのは悲しくて、

て（接助）、人知れ（下二・未）ず（助動・打・用）うち泣か（四・未）れ（助動・自・用）ぬ（助動・完・終）。
人知れず涙を流した。

ものにも用いる。「気味が悪い」「もの寂しい」のほか、「(ぞっとするほど)すばらしい」という意味がある。

3うち泣かれ　声をあげて泣くこと。

学習のポイント

1 作者があこがれていたものは何か。またその様子を最もよく表している部分を抜き出してみよう。

考え方 「物語」へのあこがれは、くり返し書かれている。それが最も強く感じ取られる部分を探す。

解答例 「等身に薬師仏を造りて、手洗ひなどして、…『京にとく上げたまひて、物語の多くさぶらふなる、ある限り見せたまへ。』と、身を捨てて額をつき、祈り申す」(223・6～9)

2 「あづまぢの道のはてよりも、なほ奥つかたに生ひ出でたる人、」(223・1)とは誰のことか。また、なぜこのような表現をしたのか、当時の京と地方の関係をふまえて考えてみよう。

考え方 「道のはてよりも、なほ奥」という表現から、どんな印象を受けるか、それをふまえて考えてみる。

解答例 作者のこと。洗練された京の都に、どれだけかけ離れたところに自分がいて、無教養な田舎者だったかを表現している。

旅立ち

〔おくのほそ道〕

教科書P.225～226

【大意】 1　教225ページ1～10行

月日は永遠の旅人のようなもので、人生もまた、旅のようなものである。昔の詩人で、旅に生き、その生涯を終えた人は多い。私もいつからか、漂泊の思いが押さえきれず、とうとう旅に出ようと決心した。住処を人に譲り、弟子杉風の別荘に移った。

語句の解説 1

教225ページ

1舟の上に生涯を浮かべ　舟の上で一生を送る船頭のこと。

【品詞分解／現代語訳】

月日は〔係助〕百代の〔格助〕過客に〔助動・断・用〕して〔接助〕、行きかふ〔四・体〕年も〔係助〕また〔副〕旅人
月日は永遠にとどまることのない旅人であって、やってきては過ぎ去る年もまた旅人である。

なり〔助動・断・終〕。舟の〔格助〕上に〔格助〕生涯を〔格助〕浮かべ〔下二・用〕、馬の〔格助〕口とらへ〔下二・用〕て〔接助〕老いを〔格助〕
（船頭として）舟の上で一生を過ごす者や、（馬子として）馬の手綱を取って老年を迎える者は、

迎ふる〔下二・体〕者は〔係助〕、日々旅に〔助動・断・用〕して〔接助〕旅を〔格助〕すみかと〔格助〕す〔サ変・終〕。古人も〔係助〕
毎日が旅であって、旅を（自分の）住まいとしている。（風雅を愛す

多く〔ク・用〕旅に〔格助〕死せ〔サ変・未〕る〔助動・完・体〕あり〔ラ変・終〕。予〔(代)〕も〔係助〕、いづれ〔(代)〕の〔格助〕年より〔格助〕か〔係助〕、
る）昔の人も旅の途中で死んだ人は多い。私も、いつの年からか

片雲の〔格助〕風に〔格助〕誘は〔四・未〕れ〔助動・受・用〕て〔接助〕、漂泊の〔格助〕思ひやま〔四・未〕ず〔助動・打・用〕、海浜
ちぎれ雲を吹き漂わせる風に誘われるように、あてもなく旅をしたい気持ちがおさえられず、海辺を

に〔格助〕さすらへ〔下二・用〕、去年の〔格助〕秋、江上の〔格助〕破屋に〔格助〕蜘蛛の〔格助〕古巣を〔格助〕払ひ〔四・用〕
さすらい、去年の秋、隅田川のほとりのあばら家に（戻って）蜘蛛の古い巣を払って（住んでいる

て〔接助〕、やや〔副〕年も〔係助〕暮れ〔下二・用〕、春立て〔四・已〕る〔助動・完・体〕霞の〔格助〕空に〔格助〕、白河の関越え〔下二・未〕
うちに）、やがて年も暮れ、新春になって霞がかっている空を見ると、白河の関所を越えよう

ん〔助動・意・終〕と〔格助〕、そぞろ神の〔格助〕ものに〔格助〕つき〔四・用〕て〔接助〕心を〔格助〕狂は〔四・未〕せ〔助動・使・用〕、
と、そぞろ神が体についたようで狂おしくなり、

道祖神の〔格助〕招きに〔格助〕あひ〔四・用〕て〔接助〕取る〔四・体〕もの手に〔格助〕つか〔四・未〕ず〔助動・打・用〕、股引の〔格助〕
（旅の神である）道祖神の（旅への）誘いにあって取るものも手につかず、ももひきの

破れを〔格助〕つづり〔四・用〕笠の〔格助〕緒付けかへ〔下二・用〕て〔接助〕、三里に〔格助〕灸すうる〔下二・体〕より〔格助〕、
破れをつくろい、笠のひもをつけかえて、三里に灸を据えると、

松島の〔格助〕月まづ〔副〕心に〔格助〕かかり〔四・用〕て〔接助〕、住め〔四・已〕る〔助動・完・体〕方は〔係助〕人に〔格助〕
松島の月がまず気にかかって、（これまで）住んでいた家は人に譲り、

---

2 **馬(うま)の口(くち)とらへ(エ)て老(お)いを迎(むか)ふる(ウ)者(もの)**　「馬の口」は、馬の手綱。馬の手綱を取って老人になる、馬子のこと。馬をひいて、人や荷物を運ぶことを職業とした人。

答　1　「古人も多く旅に死せるあり。」には、どのような心情が込められているか。
旅の途中で死んだ詩人たちへの強いあこがれ。

3 **いづれ(ズ)の年(とし)よりか片雲(へんうん)の風(かぜ)に誘(さそ)は(ワ)れて**　「片雲」は、ちぎれ雲。「の」は主格と連体格の両方の意がかけられている。「ちぎれ雲が風に誘われるように」「ちぎれ雲を運ぶ風に誘われて」。係助詞「か」を受けて結びの語が「誘はる」となるべきだが、後に文章が続き、結びの流れとなっている。

4 **去年(こぞ)**　昨年。去年。

5 **やや**　次第に。だんだん。

6 **ものにつきて**　「ものにつく」は、神、怨霊など非人間的なものが取り憑(つ)く。ここでは、そぞろ神が自分に取り憑いたことを表している。

6 **股引(ももひき)の破(やぶ)れをつづり**　「股引」は男性用の下着。旅立ちのための準備の一つ。

8 **住(す)める方(かた)**　これまで住んでいた家。旅立つ

譲り（四・用）、杉風 が（格助） 別墅 に（格助） 移る（四・体） に、（格助）
杉風の別宅に移るときに（次の句を詠む）、

草 の（格助） 戸 も（係助） 住み替はる（四・体） 代 ぞ（係助） ひな の（格助） 家
この粗末な家も、（私のような世捨て人から）住む人が変われば、雛人形が飾られるような家になることだろう。

表八句 を（格助） 庵 の（格助） 柱 に（格助） 掛け置く（四・終）。
（この句を発句とした）表八句を庵の柱にかけておく。

【大意】 2 教225ページ11行～226ページ10行

陰暦三月二十七日早朝、千住まで見送ってくれた親しい人々との別れを惜しみつつ、出発する。遠い旅路を思い、再び帰ってこれるだろうかという思いで、涙が流れる。

【品詞分解／現代語訳】

弥生 も（係助） 末 の（格助） 七日、あけぼの の（格助） 空 朧々と（タリ・用） して、（接助） 月 は（係助） 有明
三月も下旬の二十七日、夜明けの空はぼんやりとかすみ、月は有明けの月

に（助動・断・用） て（接助） 光 をさまれ（四・已） る（助動・存・体） ものから、（接助） 富士 の（格助） 峰 かすかに（ナリ・用） 見え（下二・用）
（夜が明けても空に残っている月）で光はなくなっているが、富士の峰がかすかに見えて、

て、（接助） 上野、谷中 の（格助） 花 の（格助） 梢 また（副詞） いつ（代） かは（係助（係）） と（格助） 心細し（ク・終）。 むつまじき（シク・体）
上野や谷中の桜の梢を再びいつ（見られるのか）と心細い。親しい人たちは

かぎり は（係助） 宵 より（格助） つどひ（四・用） て、（接助） 舟 に（格助） 乗り（四・用） て（接助） 送る（四・終）。 千住 と（格助） いふ（四・体）
皆 前の晩から集まって（一緒に）舟に乗って見送ってくれる。千住というところで

所 にて（格助） 舟 を（格助） 上がれ（四・已） ば、（接助） 前途 三千里 の（格助） 思ひ 胸 に（格助） ふさがり（四・用） て、（接助）
舟をおりると、前途は三千里もあろうかという旅に出るという思いで胸がいっぱいになり、

幻 の（格助） ちまた に（格助） 離別 の（格助） 涙 を（格助） そそく（四・終）。
幻のようにはかないこの世の分かれ道に離別の涙を流す。

行く（四・体） 春 や（間投助） 鳥 啼き（四・用） 魚 の（格助） 目 は（係助） 涙
もう春は過ぎようとしているのだなあ。その別れを思い鳥は鳴き、魚の目には涙が浮かんでいるかのように見える。

にあたって、他の人に譲った。

9 **草の戸も住み替はる代ぞひなの家** 「草の戸」は、草で屋根をつくった粗末な住居。「ぞ」は切れ字。「ひなの家」の「ひな（雛）」は春の季語。

語句の解説 2

教225ページ

11 **弥生も末の七日** 陰暦の三月二十七日。現在の五月十六日にあたる。一月を三つに分け、上の七日、中の七日、末の七日という。

11 **朧々として** ぼんやりと明るい様子。

11 **有明** 陰暦で毎月十六日以後の、明け方に空に残っている月。

教226ページ

2 **またいつかは** 下に結びの「見ん」が省略されている。

2 **むつまじきかぎり** 「むつまじ」は、「親しい。仲がいい。」の意。「かぎり」は「あるものごとのすべて」。

3 **つどひて** 終止形は「つどふ」で、「集まる」の意。

4 **前途三千里の思ひ** 「三千里」ははるか遠くの距離をいう慣用的な表現。これから先

（代）格助 格助 格助 サ変・用 接助 四・体 副 四・未 助動・打・終
これ を 矢立て の 初め と し て、行く 道 なほ 進ま ず。
これを（旅の日記を書くために使う）矢立ての始めとして（出発したが）行く道はやはり（足が）進まない。

係助 格助 四・用 接助 格助 下二・体 副助 係助 格助 四・体
人々 は 途中 に 立ち並び て、後ろ影 の 見ゆる まで は と 見送る
（私たちを見送ってくれている）人たちは途中まで一緒に並んで、（私たちの）後姿が見えるまではと見送っている

助動・断・体 助動・推・終
なる べし。
のだろう。

の旅が遠いことを表す。

7 **行く春や鳥啼き魚の目は涙**　「行く春」は、春の季語。「や」は切れ字。言い切ることで余韻を残す。

学習のポイント

1 **時間の経過に沿って、旅立つまでの作者の行動や心情を整理してみよう。**

考え方　ほぼ時間の経過通りに文章が進んでいるので、書かれている順に心情を整理すればよい。過去を回想している箇所は注意する。

解答例　①『笈の小文』の旅を終え、去年の秋、旅から芭蕉庵に戻った。②年が改まり春になると、奥州への旅に出たいと強く願い、何も手に付かなくなった。③旅の準備をし終えると、もう「松島の月」が気にかかる。④旅立つにあたって芭蕉庵を他人に譲り、門人杉風の別荘に移った。その際、「草の戸も」の句を作って柱に掛けた。⑤出発の前日、送別の宴が開かれた。⑥三月二十七日、舟で深川を出発。上野・谷中の桜を再び見られるだろうかと不安になる。⑦千住で上陸。先々への不安と親しい人たちとの別れに涙が流れる。⑧「行く春や」の句を作る。⑨歩み出すが、後ろ髪を引かれるような思いで、なかなか足が進まない。

2 **「草の戸も」と「行く春や」の句には、それぞれどのような気持ちが表現されているか、話し合ってみよう。**

考え方　「草の戸も」の句は、自分が暮らした家への、「行く春や」の句は親しい人々への別れの挨拶句。

解答例　「草の戸も」の句は、旅立ちにあたっての明るい気持ちが読み取れる。「行く春や」の句は、見送りの人々との別れを惜しむ気持ちを、春を惜しむ気持ちに重ねている。鳥や魚さえ悲しんで目に涙を浮かべている、ましてや、自分や自分を見送る人々の悲しみはどれほどか。

3 **引用されている古典作品や、芭蕉が影響を受けた「古人」について調べてみよう。**

解答例　本文冒頭にふまえられている李白の詩「春夜桃李の園に宴する序」は、「人生は短い、楽しむ時間はどれほど残されているだろうか。自分が天から与えられた詩の才能を、存分に生かしたい」という内容。李白は生涯を遍歴に送った天才詩人。「詩聖」杜甫とともに「詩仙」として並び賞される。「西行」は平安後期の歌人、僧侶。鳥羽上皇に仕える武士だったが世の無常を観じて、二三歳で出家。諸国を旅し、優れた述懐歌をのこした。

白河(しらかは)の関 〔おくのほそ道〕

教科書P.227

【大意】 教227ページ1〜7行

旅に生きる心も、白河の関に来て落ち着いてきた。ここは昔から数多くの優れた歌人が和歌を詠んだ場所である。古歌を思い浮かべながら、目の前の青葉の趣をかみしめる。

【品詞分解／現代語訳】

心もとなき(ク・体) 日数 重なる(四・体) まま に(格助)、白河の関 に(格助) かかり(四・用) て(接助)、旅心 定まり(四・用) ぬ(助動・完・終)。

待ち遠しく落ち着かない旅の日数がつもるうちに、今、白河の関にさしかかって、やっと旅に徹する心が確かになった。

「いかで(副) 都 へ(格助)。」と(格助) 便 もとめ(下二・用) し(助動・過・体) も(係助) ことわりなり(ナリ・終)。

(昔、平兼盛が)「(この関を越えたと)なんとかして都へ(知らせたい)」と、つてを求めたのも、もっともなことである。

中 に(格助) も(係助) こ(代) の(格助) 関 は(係助) 三関 の(格助) 一 に(助動・断・用) して(接助)、風騒 の(格助) 人、心 を(格助) とどむ(下二・終)。

数ある関の中でも、特にこの白河の関は三関の一つであって、風雅を求める人々が、心ひかれている。

秋風 を(格助) 耳 に(格助) 残し(四・用)、もみぢ を(格助) おもかげ に(格助) し(サ変・用) て(接助)、青葉 の(格助) 梢 なほ(副) あはれなり(ナリ・終)。

(能因法師の歌の)秋風を耳に聞き、(源頼政の歌の)紅葉の情景を思い浮かべながら、青葉の梢を仰ぎ見ると、また一段と深い趣がある。

卯の花 の(格助) 白妙 に(格助)、茨 の(格助) 花 の(格助) 咲きそひ(四・用) て(接助)、雪 に(格助) も(係助) こゆる(下二・体) 心地 ぞ(係助(係)) する(サ変・体(結))。

(古歌に詠まれた)卯の花が白く咲いている上に、さらに茨の花が白く咲き加わって、まるで(古歌にある)雪景色の中で関を越えてゆくかのような心持ちがする。

古人 冠 を(格助) 正し(四・用)、衣装 を(格助) 改め(下二・用) し(助動・過・体) こと など(副助) 清輔 の(格助) 筆 に(格助) も(係助) とどめ置か(四・未) れ(助動・尊・用) し(助動・過・体) と(格助) ぞ(係助(係))。

昔の人(竹田大国行)が(能因法師に敬意を表し)冠をかぶり直し、衣装を改め(正装し)て通ったことなどが、藤原清輔の文章にも書きとどめておかれたとかいうことである。

語句の解説

教227ページ

1 心(こころ)もとなき　ここでは、「待ち遠しい」という意味。気持ちが先走って落ち着かない様子を表す。他に、「不安で落ち着かない。」という意味もある。

1 「旅心」とはどのような心か。

答 旅をしているという気持ち。旅に徹する気持ち。ここから先の旅への覚悟。

1 いかで　ここでは、「どうにかして」という強い願望を表す。

2 ことわりなり　「ことわり」は、「道理。物事の筋道。」という意味の名詞。これが形容動詞となり、「当然である。もっともである。」という意を表す。

3 心(こころ)をとどむ　「心を寄せる」の意。「風騒(ふうさい)の人」が、心を寄せて歌に詠んできた。

3 もみぢ(ジ)をおもかげにして　「おもかげ」は、心に思い浮かぶ姿。

7 卯(う)の花(はな)をかざしに関(せき)の晴着(はれぎ)かな　「卯の花」

卯の花（格助）**を** **かざし**（格助）**に** **関**（格助）**の** **晴着** **かな**（終助）　**曽良**

昔の人は冠を正し、衣装を改め（正装し）てこの関を越えたということだが、自分には改めるべき冠も衣装もないことだから、せめて道ばたに白く咲いている卯の花を折り取ってかざしとし、これを晴れ着として関を越えて行こう。

は夏の季語。初夏に白い花が咲く。「かざし」は、花や枝などを折って髪や冠に挿し、飾りとすること。

学習のポイント

1 **作者が旅の始まりで「白河の関越えん」（225・5）と言ったのはなぜか、この章段を読んで考えてみよう。**

考え方 作者の「旅の目的」、「旅に出たいと思った動機」を理解し、「白河の関」が作者にとってどのような場所であったか考える。

解答例 芭蕉は、尊敬する詩人や歌人たちにならって、自らも旅に生きたいと思った。「白河の関」は、古来から多くの優れた歌人たちが、すばらしい歌を残している場所であり、重要な目的地の一つであったから。

2 **「秋風を耳に残し、…とどめ置かれしとぞ。」（227・3）とあるが、白河の関を詠んだ和歌にはどのようなものがあるか、調べてみよう。**

考え方 新編日本古典文学全集など、「おくのほそ道」の注釈つきのテキストを見てみる。「白河の関」は、和歌に詠まれる名所として有名なので、『歌ことば歌枕大辞典』などを見てもよい。国際日本文化研究センターの和歌データベースで、検索してみてもよい。

解答例 「便りあらばいかで都へ告げやらむけふ白河の関は越えぬと」（『拾遺和歌集』平兼盛）「都をば霞とともに立ちしかど秋風ぞ吹く白河の関」（『後拾遺和歌集』能因法師）「白河の関屋を月のもるかげは人の心をとむるなりけり」（『新拾遺和歌集』『山家集』西行法師）「見て過ぐる人しなければ卯の花のさける垣根や白河の関」（『千載和歌集』夏・藤原季通）「別れにし都の秋の日数さへつもれば雪の白河の関」（『続後拾遺和歌集』大江貞重）など。

平泉　〔おくのほそ道〕

教科書P.228〜229

【大　意】 教227ページ1〜13行

藤原氏が三代にわたって栄えた平泉で、今は廃墟となった館の跡を見た後、兄頼朝に追われ、討ち死にした義経主従が立てこもった高館に登る。自然は昔から変わらないのに、人の世ははかないものだと感慨にふける。

【品詞分解／現代語訳】

語句の解説

教228ページ

2 **大門の跡は一里こなたにあり** 「大門」は、平泉の館の南大門。「こなた」は「こちら側」の意。館のあった場所から一里（約3.9

三代の栄耀一睡のうちにして、大門の跡は一里

（藤原氏）三代の栄華も一睡の夢の間であって、（藤原氏の館の）大門の跡は一里ほど

こなたにあり。秀衡が跡は田野になりて、金鶏山のみ形

こちらにある。秀衡の館の跡は田や野原になっていて、金鶏山だけが（昔の）形を

を残す。まづ高館に登れば、北上川、南部より流るる大河

残している。まずは（義経のいた）高館に登ると、北上川は南部地方から流れてくる大河である。

なり。衣川は和泉が城をめぐりて、高館の下にて大河に

衣川は和泉が城を取り囲むように流れ、高館の下で大河（北上川）

落ち入る。泰衡らが旧跡は、衣が関を隔てて南部口をさし固め、

に流れ込む。（秀衡の息子の）泰衡たちの館の跡は、衣が関を間において、南部地方からの入り口を厳重に固めて、

夷を防ぐと見えたり。さても義臣すぐつてこの城

夷を防いだと見える。それにしても、（義経は）忠義の家臣を選りすぐってこの城に

にこもり、功名一時のくさむらとなる。「国破れて山河

立てこもって（戦ったが）、その手柄と名誉は一時のことで（今は）草むらとなっている。「（戦争で）国が荒廃しても山や川

あり、城春にして草青みたり。」と、笠うち敷きて、時

は（昔のまま）あり、（廃墟となった）城にも春がくると草木が青々と茂っている」と（杜甫の詩を思い出し）笠を敷いて

の移るまで涙を落としはべりぬ。

（腰を下し）、時が移るまで涙を流したのであった。

夏草や兵どもが夢の跡

（昔戦があったこの場所に）夏草が生い茂っていることだ、昔の武士たちのことは夢の跡なのだなあ。

卯の花に兼房見ゆる白毛かな　　曽良

真っ白い卯の花を見ていると、（義経の家来の）兼房の白髪が思いうかぶことだよ。

【参考「春望」現代語訳】

キロメートル）こちら側にあるということ。館の大きさがわかる。

1 「秀衡が」以下の部分で、対比されている表現を挙げてみよう。

答

・秀衡が跡は田野になりて—金鶏山のみ形を残す

・秀衡が跡は田野になりて、金鶏山のみ形を残す—泰衡らが旧跡は、衣が関を隔てて、南部口をさし固め、夷を防ぐと見えたり。

・国破れて山河あり—城春にして草青みたり

5 **北上川** 岩手県中央部を流れる大河。

6 **衣川** 北上川の支流。歌枕。

8 **夷** 古代、北関東から北海道にかけて居住した民族。

9 **義臣すぐつて** 「すぐる」は「選ぶ」の意。「忠義心のあつい家臣を選りすぐって」という意味。

9 **功名一時のくさむらとなる** 「功名」は「手柄を立て、名を挙げること」。義経主従の功名も一時のこと、今は草むらになっている。

12 **夏草や兵どもが夢の跡** 「夏草」は夏の季

首都長安は崩壊してしまったが、山や河は変わらずに在る。／城内には春が訪れ、草木が青々と茂っている。／このような時勢に心を痛め、花を見ても涙が流れ、／家族との別れを恨んでは鳥の鳴き声にすら心が動揺する。／戦火は三か月たっても消えることはなく、／家族からの手紙は（いっこうに届かず）万金にも値する。／白髪頭を掻（か）けば掻くほど、髪は抜け落ちて薄くなり、／もはやまったく、冠をとめるピンもさせなくなりそうだ。

語。「や」は切れ字。

13 **卯（う）の花（はな）に兼房（かねふさ）見（み）ゆる白毛（しらが）かな**　「卯の花」は夏の季語。初夏に白い花をつけ、群生する。「かな」は切れ字。卯の花から、義経の家臣兼房の白髪頭を連想して詠んだ句。

学習のポイント

1 「……涙を落としはべりぬ。」（228・10）とあるが、作者は何に感動して涙を落としたのか、考えてみよう。

考え方　そこまでの流れを整理しながら考える。旧跡を見て、過去の歴史に思いをはせつつ、衰えることなく咲き誇る花、生い茂る草を見つめ、人の世のはかなさを詠んだ杜甫の詩を思い出している。

解答例　平泉は、奥州（おうしゅう）藤原氏三代の栄華、義経主従の悲劇という歴史上の事件があった場所だが、建物の跡に昔の面影をわずかに残すのみで、義経主従が戦った場所は、今ではただの草むらである。人の世のはかなさ、世の無常を感じ、涙を落とした。

2 本文中にある二つの句について、情景や作者の心情がよくわかるように、その句意をまとめてみよう。

考え方　句の現代語訳だけではなく、句の前にある文章で述べられている情景も含めて考えてみる。

解答例　「夏草や」の句—ここが昔、義経とその家臣が討っ手と戦い、滅んだ場所なのか、奥州藤原氏の栄華も、義経の功名も束の間の夢のようだ、今となっては夏草が生い茂っているだけであるという感慨にふけっている。

「卯の花に」の句—真っ白い卯の花を見て、かつてここで、主の義経のために白髪頭を振り乱して戦って滅んだ兼房の姿を思い、哀れを感じている。

3 この章段で工夫されている表現を抜き出し、その特色を整理してみよう。

考え方　二つの俳句はどれも、人の世のはかなさを感じさせる、昔と今の対比が主題となっている。文章は、俳句の主題につながる、昔と今を巧みに対比し、世の無常を感じられるように綴（つづ）られ、俳句はその感慨が極まったところに置かれている。俳句を引き立てている文章の効果、また、俳文独特の簡略表現にも注目してみよう。漢語を多用し、対句を用いた漢文調の文体で、格調高く簡潔でリズム感のある文体となっている。

解答例　「三代の栄耀（えいよう）一睡のうちにして」—中国の故事もふまえ、藤原氏の栄華のはかなさが強く簡潔に表現されている。

「さても義臣すぐつてこの城にこもり、功名一時のくさむらとなる。」—俳文独特の簡略表現。短い中に、義経の悲劇、その最後の激しい戦いが強い印象を与える。

大垣

〔おくのほそ道〕 教科書P.230～231

【大意】 教230ページ1～12行

長い旅を終えた芭蕉は、美濃国にある如行の家に落ち着き、門人たちに再会する。しかし九月六日になると、伊勢神宮の遷宮を見ようと、また船に乗って旅に出るのであった。

【品詞分解／現代語訳】

露通 も(係助) **こ**(代) **の**(格助) **港 まで**(副助) **出で迎ひ**(四・用) **て**(接助)**、美濃国 へ**(格助) **と**(格助) **伴ふ**(四・終)**。駒**

露通もこの港まで出迎えにきて、美濃へと一緒に行く。馬

に(格助) **助け**(下二・未) **られ**(助動・受・用) **て**(接助) **大垣 の**(格助) **庄 に**(格助) **入れ**(四・已) **ば**(接助)**、曽良 も**(係助) **伊勢 より**(格助)

に助けられて大垣の庄に入ると、曽良も伊勢から

来たり合ひ(四・用)**、越人 も**(係助) **馬 を**(格助) **飛ば**(四・未) **せ**(助動・使・用) **て**(接助)**、如行 が**(格助) **家 に**(格助)

来て一緒になり、越人も馬を飛ばして、如行の家に入って集まる。

入り集まる(四・終)**。前川子、荊口父子、そ**(代) **の**(格助) **ほか 親しき**(シク・体) **人々、日夜 訪ひ**(四・用) **て**(接助)**、**

前川子や荊口の親子、そのほか親しい人々が、日夜訪れてきて、

蘇生 の(格助) **者 に**(格助) **会ふ**(四・体) **が**(格助) **ごとく**(助動・比・用)**、かつ**(副) **喜び**(四・用)**、かつ**(副) **いたはる**(四・終)**。旅 の**(格助)

まるで生き返った人に会うかのように、一方では喜び一方ではいたわってくれる。旅の（疲れ

ものうさ も(係助) **いまだ**(副) **やま**(四・未) **ざる**(助動・打・体) **に**(接助)**、長月六日 に**(格助) **なれ**(四・已) **ば**(接助)**、伊勢 の**(格助)

からくる）つらさもまだ治まらないうちに、九月六日になると、伊勢神宮の

遷宮 拝ま(四・未) **ん**(助動・意・終) **と**(格助)**、また**(副) **舟 に**(格助) **乗り**(四・用) **て**(接助)**、**

遷宮を拝もうと、また船に乗って

蛤 の(格助) **ふたみ に**(格助) **別れ**(下二・用) **行く**(四・体) **秋 ぞ**(係助)

はまぐりが蓋と身にわかれるように、親しい人たちと別れて、秋の終わりに伊勢の二見に向かうのであるよ。

語句の解説

教230ページ

1 **出で迎ひて** 出迎えて。

7 **訪ひて** 「訪らふ」は、「訪れる。訪問する。」

1 「蘇生の者に会ふがごとく」とはどのようなことか。

答 一度死んで生き返った人に会うように、ということ。再会できたことは奇跡のようだということ。

8 **かつ** 二つのことが同時に行われることを表す。「一方では」。

10 **長月六日** 陰暦九月六日。元禄二年の九月六日は、太陽暦の十月十八日。

12 **蛤のふたみに別れ行く秋ぞ** 「別れて行く」の「行く」と、「行く秋」の「行く」を掛ける。「ぞ」は切れ字。

学習のポイント

1 **旅の始まりである「旅立ち」と結びである「大垣」を比較して、相違点や類似点を整理してみよう。**

解答例 どちらも舟での出発で、親しい人が見送りに来ているが、別れの際、「大垣」では「旅立ち」のような悲壮感はなく、旅への決意の強さも異なる。「旅立ち」は晩春で、「大垣」は晩秋である。

2 **『おくのほそ道』の旅の結びにまた新たな旅に出ることの意味について話し合ってみよう。**

考え方 強い決意で出た『おくのほそ道』の旅が、芭蕉にどのような影響を与えたか、考えてみる。

解答例 『おくのほそ道』で、芭蕉は自分の芸術に確かな手応えを感じたのだろう。その旅の結びにまた新たな旅立が綴られることで、芭蕉の俳諧、芭蕉の人生にとって「旅」が重要な位置を占めるものとなったことがうかがえる。人生が続く限り、旅も続く。

単元課題

1 **この単元で読んだ作品について、旅の目的や行程を整理し、当時の旅がどのような状況のもとでなされたものかをまとめてみよう。**

考え方 『土佐日記』は平安時代前期、『更級日記』は平安時代中期、『おくのほそ道』は江戸時代に書かれた。当時の風習も考慮する。行程については「古人の旅路」(教218～219ページ)も参照。

解答例 『土佐日記』は、国司としての任期を終え、四国から京に戻る船旅。当時の船旅は、天候や海賊の出没など、危険を伴うものであった。『更級日記』『おくのほそ道』は、陸路。『更級日記』は、父親が国司の任期を終え、京に上る旅。『土佐日記』も『更級日記』も、当時の風習で、吉日を選び、縁起のいい方角から出発するため、場所を移してから出発している。『おくのほそ道』は、尊敬する古人にならい、奥州のさまざまな名所を訪れることが目的。

2 **それぞれの作品で旅人の心情が表れている箇所を指摘し、旅人がどのような気持ちで旅をしていたかを整理してみよう。**

考え方 『土佐日記』と『おくのほそ道』「旅立ち」では、見送りの人々と別れを惜しみ、『更級日記』では、日頃拝んでいた仏像との別れに涙を流している。『おくのほそ道』は、古人が訪れた名所をたどる旅なので、到着した際の記述や、詠まれた俳句に着目し、心情を考えてみる。「旅立ち」には旅への強い憧れと不安感、親しい人々との別れの寂しさが、「白河の関」では「旅心」、つまり旅に生きる実感、覚悟が語られる。「平泉」では、旧跡で過去の悲劇を思いながら悠久の自然を目の前にし、人の世の無常を感じている。「大垣」には、長い旅を終えた安堵(あんど)、門人たちとの再会の喜びが記されている。

1　漢文に親しむ

私たちと漢文

教科書P.234～235

独自の文字を持たなかった日本人の祖先は、中国から漢字がもたらされると、これを使って文章を作るようになった。

漢字は、もともと外国語である中国語の意味・発音を表記するために発明された文字であり、日本語の表記には適していなかった。そこでまず、中国語が理解できる知識階層に、漢字は受け容(い)れられた。そこで、例えば「山」は、当時の中国語の発音通り「サン」と読んで、日本語の「やま」を意味する文字として意識された。

■万葉仮名　また、日本語の発音に似た発音の漢字を使って（その漢字の意味は無視して）、日本語を発音通りに表記することも行われるようになる。『古事記(こじき)』『日本書紀(にほんしょき)』『万葉集』などに見える、いわゆる万葉仮名である。

■訓読み　その後、「山」という漢字を日本語として「やま」と読む、訓読みが行われるようになる。音読みは、当時の中国語の発音通りの読みであるのに対し、訓読みは日本語（大和言葉）としての意味を、読みとしたもので、漢字には本来なかった読みである。つまり、日本人の祖先たちは、その漢字と同じ意味の日本語を、訓読みとしてその漢字の読みとすることで、漢字を日本人のための、日本語を表記するための文字として受け容れることに成功したのである。

■平仮名・片仮名　訓読みは漢字の表意文字としての特性を日本語に応用したものであるが、一方で、漢字を表音文字として活用する万葉仮名をさらに発展させて、漢字から平仮名、片仮名を作り出して日本語を表記するようになった。

■漢文の訓読　一方、日本人の祖先は進んだ中国の文化を受け容れるために、もとの漢文の形を崩さずに、日本語の語順に改め、日本語として訳読する「訓読」という優れた方法を考案した。日本が中国に倣った国作りを進めるうち、貴族や僧侶など知識階層では、中国の文章に倣って漢文で表現することが文章表現の基本となった。律令などの法律、歴史書などの公的記録、さらには日記や紀行など個人的な文章も漢文で書かれ、江戸時代の武家の間では、和歌や俳句よりも漢詩が重んじられ、その伝統は明治まで続いたのである。

こうして長い間、日本の文化をはぐくむ土台となり、言語文化を培(つちか)ってきた漢文は、他国の古典という以上に日本人にとっての古典として、日本の古典に劣らぬ意義を有している。これから日本の古典を学ぶうち、私たちはそこに漢文の影響が少なからず存在することに気づくだろう。祖先が生み出してきた日本の古典を学ぶためには、祖先が尊重してきた漢文を学ぶことも不可欠なのである。

論語

教科書P. 236〜244

【大　意】　1　教236ページ9行〜237ページ4行

孔子が、自分の一生を振り返りながら、人格が形成される過程を六つに区切り、それぞれの段階がどのようであったかを述べる。

【書き下し文】

❶子曰はく、「吾十有五にして学に志す。❷三十にして立つ。❸四十にして惑はず。❹五十にして天命を知る。❺六十にして耳順ふ。❻七十にして心の欲する所に従へども、矩を踰えず。」と。（為政）

【現代語訳】

❶孔子はいう、「私は十五歳のときに学問で身を立てようと志した。❷三十歳で学問の基礎が固まった。❸四十歳で心に迷いがなくなった。❹五十歳で天から与えられた使命を悟った。❺六十歳で何を聞いても素直に理解できるようになった。❻七十歳で自分の心の思うままに行動しても、道を踏み外すことがなくなった。」と。

【大　意】　2　教238ページ6〜7行

学問を通して人間がどのように成長していくか、三つの段階に分けて述べる。

【書き下し文】

❶子曰はく、「学びて時に之を習ふ、亦た説ばしからずや。❷朋の遠方より来たる有り、亦た楽しからずや。❸人知らずして慍らず、亦た君子ならずや。」と。（学而）

【現代語訳】

❶孔子はいう、「学問をして、折にふれて復習して身につけるのは、なんとうれしいことではないか。❷同じ学問を志している人が遠くからやってくるのは、なんと楽しいことではないか。❸他人が自分のことを認めなくても、不平不満に思わないというのは、なんと立派な人物ではないか。」と。

語句の解説 1

教236ページ

❶**十有五**　十五。「有」は「また。さらに。」の意。

1　この章から生まれた、年齢を表す語を調べてみよう。

答　志学…十五歳。　而立…三十歳。
不惑…四十歳。　知命…五十歳。
耳順…六十歳。　従心…七十歳。

❻**矩**　規則。法則。おきて。

語句の解説 2

教238ページ

❸**君子**　学識と人格がともにすぐれた、立派な人物。

1　「君子」という語を用いたことわざにはどのようなものがあるか、調べてみよう。

答　「君子危うきに近寄らず（君子は行動を慎重にして、危険に近づくようなことはしない）。」「君子に二言なし（君子は

【大　意】　3　教238ページ10行

君子はうわべの言葉よりも実際の行動を重んじる。

【書き下し文】

❶子曰はく、「君子は言に訥にして行ひに敏ならんと欲す。」と。（里仁）

【現代語訳】

❶孔子はいう、「君子は、言葉はすらすら出なくも、行動はすばやくしたいと思うものである。」と。

【大　意】　4　教238ページ12行

勇気のある人が、必ずしも愛情深く親切であるというわけではない。

【書き下し文】

❶子曰はく、「勇者は必ずしも仁有らず。」と。（憲問）

【現代語訳】

❶孔子はいう、「勇気のある人が必ず仁の徳を身につけているとは限らない。」と。

訓読のきまり①　返り点の種類と用法

教科書P.239

日本語では「山に登る」のように、述語（この場合は「登る」）を補足する語（補語。この場合は「山に」）は、述語の前に置かれる。しかし漢文では、「登山」のように述語の後に補語が置かれる。

また、否定を表す語も、日本語では「要らない」「急がない」のように述語の後に置かれるが、漢文では「不要」「不急」のように、否定を表す語は述語の前に置かれて、日本語とは語順が異なる。

そのため、私たちの祖先は漢文を訓読する（日本語の語順に直して読む）ために、返り点という工夫をほどこした。返り点はその漢字の左下に打たれる。主な返り点には次のようなものがある。

■レ点　下の字から上の字に返って読むことを示す。

不ルコトレ動カ如シレ山ノ。　②①④③　動かざること山のごとし。（動じないことは山のようだ。）

歳月ハ不レ待タレ人ヲ。　①②⑤④③　歳月は人を待たず。（歳月は人を待たない。）

軽々しく口に出さないかわりに、一度口にしたことばに対しては必ず責任をもつ）。」

語句の解説 3

教238ページ

問 1 2 「訥」「敏」の意味を漢和辞典で調べてみよう。

答 訥…ことばがすらすら出ない。口下手。

敏…すばやい。かしこい。

語句の解説 4

教238ページ

❶不必　必ずしも…とは限らない。部分否定。原文ではこの前に「仁者必有勇（仁者は必ず勇有り。）」とある。

❶仁　他人に対する思いやり。いつくしみ。

■**一二点**　二字以上隔てて下から上に返って読むことを示す。

身ハ非ズ二木石ニ一。　身は木石に非ず。
①④②③　（人間の体は木や石ではない。）

欲ス三東ノカタ渡ラント二烏江ヲ一。　東のかた烏江を渡らんと欲す。
⑤①④②③　（東に進んで烏江という川を渡ろうとした。）

■**上下点**　一二点をはさんでさらに下から上に返って読むことを示す。必要に応じて「上・中・下」となることもある。

悪ム下称スル二人之悪ヲ一者ヲ上　人の悪を称する者を悪む。
⑥④①②③⑤　（人の悪いところを言い立てる者をにくむ。）

■**レ点・上レ点**　レ点と一二点の「一」や上下点の「上」が同時に用いられるもの。まずレ点に従って読む。その後で「一」や「上」に従って読むことを示す。

楚人ニ有リ下鬻グ二盾ト与レ矛者上。　楚人に盾と矛とを鬻ぐ者有り。
①②⑧⑥③⑤④⑦　（楚の人に盾と矛を売る者がいた。）

【大　意】　5　教240ページ4～8行

孔子が（学問好きな弟子について問われて）、自分より早く死んでしまった顔回を挙げ、その人柄を追想する。

【書き下し文】

❶孔子対へて曰はく、「顔回といふ者有り。❷学を好めり。❸怒りを遷さず、過ちを弐びせず。❹不幸短命にして死せり。❺今や則ち亡し。❻未だ学を好む者を聞かざるなり。」と。（雍也）

【現代語訳】

❶孔子は答えていう、「顔回という者がいました。❷学問を好んでいました。❸八つ当たりをせず、同じ間違いを二度繰り返したこともありません。❹不幸にも短命にして死んでしまいました。❺今はもうこの世にいません。❻（私はそれ以降）まだ、学問を本当に好む者を聞いたことがありません。」と。

語句の解説 5

教240ページ

❶**対**　身分の高い人の問に答える。魯（春秋戦国時代に、現在の山東省にあった国）の君主・哀公からの「弟子の中で誰が学問を好むのか。」という問に対する答え。

1　**「顔回」はどのような人物か、調べてみよう。**

答　孔子が最も将来を期待した弟子で、孔子の主な弟子十人を上げた「孔門十哲」の筆頭に「徳行には顔淵（顔回）」と挙がっている。孔子の晩年に、孔子に先立って死去し、孔子を「天、予を喪ぼせり（天は私をほろぼした）」と嘆かせた（『論語』先進）。

【大　意】　6　教240ページ10行

行き過ぎているものと、足りないものは、どちらも同じように、よいことではない。

【書き下し文】

❶子曰はく、「過ぎたるは猶ほ及ばざるがごとし。」と。（先進）

【現代語訳】

❶孔子はいう、「行き過ぎたものは、ちょうど足りないのと同じようなものだ。」と。

語句の解説 6

教240ページ

❶過猶不レ及　弟子二人の優劣を問われたことに対する答え。才能が「過ぎたる」者が「及ばざる」者より優れているわけではない。

訓読のきまり②　再読文字の種類と用法

教科書P.241

再読文字は、まず返り点に関係なく、右側の振り仮名・送り仮名（日本語の副詞に当たる）を読み、それから返り点に従って再び、今度は左側の振り仮名・送り仮名（日本語の助動詞、または動詞に当たる意味）を読む。同じ文字を再度読むので再読文字という。書き下し文では最初に読むときは漢字と送り仮名、二度目に読むときは平仮名で書くことになっているので注意する。

1　未　いまダ…ず（まだ…ない。）

未レ来。

未だ来ず。

（まだ来ない。）

2　将　まさニ…す（いまにも…する。）

将レ来。

将に来んとす。

（いまにも来ようとする。）

私たちが日常使っている熟語の「未来」や「将来」にも再読文字が使われていて、1 2 のように訓読することができる。再読文字訓読の基本として、暗記しておく。

3　且　まさニ…す（いまにも…する。）

趙且レ伐レ燕。

趙且に燕を伐たんとす。

（趙がいまにも隣国の燕を討伐しようとした。）

4　当　まさニ…ベシ（当然…しなければならない。）

人当レ惜二分陰一。

人当に分陰を惜しむべし。

（人は当然わずかな時間でも惜しまなければならない。）

5　応　まさニ…ベシ（おそらく…だろう。…するべきだろう。）

応レ知二故郷事一。

応に故郷の事を知るべし。

（おそらく故郷のことを知っているだろう。）

6　猶　なホ…ごとシ（ちょうど…のようだ。）

猶二魚之有一レ水也。

猶ほ魚の水有るがごときなり。

（ちょうど魚に水が必要であるのと同じようなものだ。）

7　宜　よろシク…ベシ（…するのがよい。）

惟仁者宜レ在二高位一。

惟だ仁者のみ宜しく高位に在るべし。

（ただ仁徳のある者だけが高い地位にいるのがよい。）

8　須　すべかラク…ベシ（…しなければならない。）

逢レ橋須レ下レ馬。　橋に逢ひては須らく馬を下るべし。

（橋にさしかかったら馬から下りなければならない。）

9　盍　なんゾ…ざル（どうして…しないのか。）

子盍レ従レ衆一。　子盍ぞ衆に従はざる。

（どうして先生は多くの人に従わないのか）

【大　意】　7　教242ページ2行

学問には「学ぶこと」と「思索すること」の両方を行うことが不可欠である。

【書き下し文】

❶子曰はく、「学びて思はざれば、則ち罔し。❷思ひて学ばざれば、則ち殆し。」と。（為政）

【現代語訳】

❶孔子はいう、「学問をしても思索しないと、学んだことの道理がわからない。❷思索しても学ばないと、独断に陥って危ない。」と。

【大　意】　8　教242ページ4行

古いことがらを研究して、そこに新しい価値を見出せる者が、教師として人に教えることができる。

【書き下し文】

❶子曰はく、「故きを温ねて新しきを知れば、以て師と為すべし。」と。（為政）

【現代語訳】

❶孔子はいう、「古い典籍を研究してそこから新しい道理や知識を発見できるようになれば、人の師となることができる。」と。

語句の解説　7

教242ページ

1　「殆」という結果になるのは、なぜか。

答　自分一人で考えるばかりで本を読んだり先生についたりして学ばないと、考えが独断に陥ってしまうから。

語句の解説　8

教242ページ

❶故　古いことがら。昔のこと。

1　ここでの「故」の意味をもつ、「故」を含んだ二字の熟語を考えてみよう。

答　「故事」「故実」「故旧」「故山」「故人」「故宮」など。

訓読のきまり③　主な助字の種類と用法　教科書P.243

■助字の働き

助字は、日本語の助詞・助動詞・接続詞、英語の前置詞のような働きをする字である。

助字の中には、訓読では読まないものがある。これを「置き字」という。意味がないわけではなく、訓読すると返り点の打ち方などが複雑になってしまうので読まないことにしているのである。実際にはその助字の意味が、前後にある字の送り仮名として活かされていることが多い。例えば、「而」は主として接続詞の働きをする助字であるが、文中にある場合は置き字として読まない。ただし、順接では「…て」「…して」、逆接では「…も」「…ども」と、前後にある文字の送り仮名の読みに「而」の読みが活かされているのである。

〔順接〕朝ニ三ニシテ而暮レニ四ニス。
朝に三にして暮れに四にす。
（朝に三つにして暮れに四つにする。）

〔逆接〕視レドモ之ヲ而弗レ見エ。
之を視れども見えず。
（これを見てもよく見えない。）

例文の書き下し文のうち助字を読んだ部分を**太字**で示した。置き字で読まないものの、送り仮名になっているものには傍線を付した。

■**主として文中に用いられる助字**

〔強調〕何ゾ**其**レ浅キ**也**。
何ぞ**其れ**浅き**や**。
（何と浅薄であろうか。）

〔可能〕深**不**レ**可**レ測ル**也**。
深測る**べからざるなり**。
（深さを測ることはできない。）

〔対象〕季康子問ニ政ヲ**於**孔子一。
季康子政を孔子に問ふ。
（季康子が政治を孔子に問うた。）

〔主格〕光陰**者**百代**之**過客。ナリ
光陰**は**百代**の**過客なり。
（月日は永遠の旅人である。）

〔並列〕**不**レ異ニナラ犬ト**与**ニ鶏。
犬と鶏とに異なら**ず**。
（犬と鶏に違いがない。）

■**主として文末に用いられる助字**

〔疑問〕君子モ**亦**タ有レ窮スルコト**乎**。
君子も**亦た**窮すること有る**か**。
（君子もまた困窮することがありますか。）

〔反語〕**豈**ニ遠シトセン千里ヲ一**哉**。
豈に千里を遠しとせん**や**。
（どうして千里の道のりを遠いと思うだろうか、いや、思わない。）

〔詠嘆〕賢ナル**哉**、回**也**。
賢なる**かな**、回**や**。
（賢いなあ、顔回は。）

〔限定〕前言ハ戯レシニ**之耳**。
前言は**之**に戯れし**のみ**。
（前の発言は冗談を言っただけだ。）

〔強意〕三人行ヘバ、必ズ有ニリ我ガ師一**焉**。
三人行へば必ず我が師有り。
（三人で同じ道を行けば、必ずその中に自分の師とすべきものがある。）

〔断定〕征レバ利ヲ**而**国危シ**矣**。
利を征れば国危し。
（利益を奪い合うと国は危ない。）

【大　意】　9　教244ページ2行

仁とは人を愛すること、知とは人を知ることである。

【書き下し文】

❶樊遅仁を問ふ。❷子曰はく、「人を愛す。」と。❸知を問ふ。❹子曰はく、「人を知る。」と。（顔淵）

【現代語訳】

❶樊遅が仁について尋ねた。❷孔子はいう、「人を愛することだ。」と。❸知について尋ねた。❹孔子はいう、「人を知ることだ。」と。

語句の解説　9

教244ページ

❸**知**　対象の理解のしかた、とらえかた、認識のしかた。ここでは、単なる知識ではなく、他人の能力などを計る洞察力を指している。

【大　意】10　教244ページ4～5行

能力不足で道の実践を諦めようとした弟子に、途中で諦める者が能力不足だと諭す。

【書き下し文】

❶冉求曰はく、「子の道を説ばざるに非ず。❷力足らざればなり。」と。❸子曰はく、「力足らざる者は、中道にして廃す。❹今女は画れり。」と。（雍也）

【現代語訳】

❶冉求はいう、「先生の道を学ぶことをうれしく思わないわけではないのです。❷私の力が足りないのです。」と。❸孔子はいう、「力の足りない者は道の途中で止めることになる。❹今、お前は自分の能力に自分で見切りをつけている。」と。

【大　意】11　教244ページ7～8行

人が生涯実践すべき最低限のことは、恕（思いやり）である。

【書き下し文】

❶子貢問ひて曰はく、「一言にして以て終身之を行ふべき者有りや。」と。❷子曰はく、「其れ恕か。❸己の欲せざる所、人に施すこと勿かれ。」と。（衛霊公）

【現代語訳】

❶子貢が尋ねていう、「ただ一言で生涯それを行う価値のある言葉はありますか。」と。❷孔子はいう、「それは恕であろうか。❸自分がしてほしくないことを、他人に対してもしてはならない。」と。

語句の解説 10

教244ページ

❹画　かぎる。みずから限界を決めてしまうこと。

1　ここでの「画」の意味をもつ、「画」を含んだ二字の熟語を考えてみよう。

答　「区画」「画一」「画然」など。「画」には他に「はかりごと」の意味（「画策」「計画」「企画」）や「えがく」「絵」の意味（「絵画」「画趣」「画伯」）がある。

語句の解説 11

教244ページ

1　「己ノ所レ不ルレ欲セ」とは、どういう意味か。

答　自分が他人にしてほしくないこと。

❶乎　疑問の助字。

❷乎　推測の助字。

❸勿　禁止の助字。

孟子

教科書P.245

【大意】1 教245ページ2行

仁は人の心であり、義は人の道である。

【書き下し文】

❶孟子曰はく、「仁は、人の心なり。❷義は、人の路なり。」と。（告子上）

【現代語訳】

❶孟子はいう、「仁は、人が誰でももっている本心である。❷義は、人が歩み従うべき正道である。」と。

【大意】2 教245ページ4～5行

他者に対して仁や礼をもって接する人は、他者からも同様に愛され、敬われるものである。

【書き下し文】

❶仁者は人を愛し、礼者は人を敬す。❷人を愛する者は人恒に之を愛し、人を敬する者は人恒に之を敬す。（離婁下）

【現代語訳】

❶仁のある者は人を愛し、礼のある者は人を敬う。❷人を愛する者は、人もまた常にこの人を愛するようになり、人を敬う者は、人もまた常にこの人を敬うようになる。

語句の解説 1

教245ページ

1 「仁」という語を用いた成句にはどのようなものがあるか、調べてみよう。

答 『論語』では「巧言令色、鮮し仁」（学而・陽貨）「剛毅木訥、仁に近し」（子路）

語句の解説 2

教245ページ

1 ❷の文は読点の前後でそれぞれ対になっている。対応している語を確かめてみよう。

答 仁者愛人――礼者敬人
愛人者人恒愛之――敬人者人恒敬之

❶礼 人の守るべき秩序。

❶敬 尊んで礼をつくす。

学習のポイント

1 この単元で読んだ章句から一つ選び、身近な例を用いてその内容を説明してみよう。

解答例 「過猶不及」練習のしすぎで体調を崩すのは、練習不足で失敗するのと変わらないから、何事もほどほどにするのがよい。「今女画」選手に選ばれるのは並大抵のことではないけれども、自分はだめだと途中で見切りをつけてやめてしまうのが、一番だめなことだ。「己所不欲勿施於人」いじめは絶対によくないということは、自分がされたらどう思うか想像すれば分かるだろう。

単元課題

1　漢文訓読のきまりに従って、本文を繰り返し声に出して読んでみよう。

考え方　漢文の訓読は読みやすくする工夫が凝らされている。初めから日本語で書かれた古文よりも読みやすい。初めは返り点に注意して、読む漢字の順番を数字で書き入れて間違えないように注意し、次第に返り点だけで読めるようにしていくとよい。

2　『論語』や『孟子』から生まれたことわざや慣用句について調べてみよう。

考え方　教科書に載っている章句がことわざや慣用句になっていないかを調べてみる。『故事ことわざ辞典』などといった書名の辞典の索引から孔子や孟子、『論語』や『孟子』で引いてみるのもよい。

解答例　『論語』「温故知新」「過ちて改めざる、これを過ちという」『孟子』「五十歩百歩」「顧みて他を言う」「揆を一にする」

解釈の視点①　漢語の基本構造

教科書P.246

漢語（音読みの熟語）の基本構造には、日本語と同じ語順のものと、日本語とは異なる語順のものとがある。これは漢文の基本構造ともなっているので、漢語でまずその相違点と共通点について理解する。

◆日本語と同じ語順の構造

1　主語　—　述語の構造

地震　地—震ふ（地が震える）　　日没　日—没す（日が沈む）

頭痛　頭—痛む（頭が痛む）

2　修飾語　—　被修飾語の構造

・連体修飾の関係

白雲　白き—雲（白い雲）　　流水　流るる—水（流れる水）

竜頭蛇尾　竜の—頭・蛇の—尾（竜の頭に蛇の尾）

・連用修飾の関係

独走　独り—走る（独りで走る）

右往左往　右に—往き・左に—往く（右に行き左に行く）

3　並列の構造

教訓　教へ—訓ふ（※同様の意味の漢字の並列）

勝敗　勝ち—敗け（※反対の意味を持つ漢字の並列）

◆日本語と異なる語順の構造　訓読にあたって返り点が必要になる。

4　述語　—　補語の構造

建国　建つ—国を（国を建てる）

温故知新　温ねて—故きを・知る—新しきを（教242ページ）

5　否定を表す語　—　否定される語

不信　ず—信ぜ（信じない）　　無限　無し—限り（限りない）

非凡　非ず—凡に（平凡でない）

2 現代に生きる言葉

蛇足 〔戦国策〕

教科書P.248〜249

使用人たちが神官から大杯の酒をもらった。その飲み方を、地面に蛇の絵を描くことで決めることになったが、最初に描き終わった者は、余計な足まで描いているうちに、次に完成させた者に杯を奪われ、結局酒を飲むことはできなかった。

【大　意】 教248ページ5行〜249ページ2行

【書き下し文】

❶楚に祠る者有り。❷其の舎人に卮酒を賜ふ。❸舎人相謂ひて曰はく、「数人之を飲まば足らず、一人之を飲まば余り有らん。❹請ふ地に画きて蛇を為り先づ成る者酒を飲まん。」と。❺一人蛇先づ成り、酒を引き且に之を飲まんとす。❻乃ち左手もて卮を持し、右手もて蛇を画きて曰はく、「吾能く之が足を為る。」と。❼未だ成らざるに、一人の蛇成る。❽其の卮を奪ひて曰はく、「蛇固より足無し。❾子安くんぞ能く之が足を為らんや。」と。❿遂に其の

【現代語訳】

❶楚の国に神官がいた。❷(神官が)その使用人たちに大杯に入れた酒をふるまった。❸使用人たちが互いに相談して言うには、「数人でこれ(酒)を飲めば足りず、一人でこれを飲めば余りがあるほどだ。❹地面に描いて蛇の絵をつくり、最初にできた者が酒を飲むことにしようではないか。」と言った。❺ある人の蛇が最初にでき、(その人は)酒を引き寄せていまにもそれを飲もうとした。❻そして(その人は)左手で大杯を持ち、右手で蛇を描きながら言うには、「私はこの蛇の足を描くこともできる。」と。❼(その蛇の足が)まだ完成しないうちに、もう一人の蛇が完成した。❽(その人が)その(足を描き

語句の解説

教248ページ

❷**賜二其舎人卮酒一** 「賜ふ」は目上の者から下位の者に与える意。「其」はここでは神官をさす。神官が神官の使用人たちに。

❸**相謂曰** 「相」は互いに。「謂ひて曰はく」は読み方に注意。言うことには、の意。

1 2 3 三か所に出てくる「一人」の意味の違いについて説明してみよう。

答 1 単独の一人の意。 2 最初に蛇を描き終えた人。 3 次に蛇を書き終えた人。

❹**請〜** 文末を「ン・セン(コトヲ)」と結び、話者の意志・願望を述べる。

❹**為** ここでは「〜をつくる」の意の動詞。

❺**且レ飲レ之** 「且」は近い未来を表す再読文字。今にも〜しようとする。

酒を飲む。⓫蛇の足を為る者、終に其の酒を亡ふ。

足している人が持っていた)大杯を奪い取って言うには、「蛇にはもともと足はない。❾あなたはどうしてその足を描くことができようか、いや、できはしない。」と。❿(その人は)そのままその(奪った)酒を飲んでしまった。⓫(ありもしない)蛇の足を描いていた者は、結局その酒を飲みそこなった。

❻**乃**(すなわチ)　前後に時間的心理的な隔たりがあることを示す。そして。そこで。
❻**能**(よク)　「〜できる」という可能の意を表す。
❼**未成**(いまダならざルニ)　「未」は打消を表す再読文字。まだ〜しない・できない。
教249ページ
❽**固**(もとヨリ)　本来・もともとの意。読み方に注意。
❾**子安能為之足**(しいづクンゾよクこれガあしヲつくランヤト)　「安」は「いづクンゾ〜ン・ンヤ」と読む反語の形式。
❿**遂**・⓫**終**(ついニ)　ともに「ついニ」と読み、とうとう、結局の意を表す。

学習のポイント

1　**最初に蛇を描き上げた人が、酒を手に入れられなかったのはなぜか、説明してみよう。**

考え方　最初に描き上げた人は、「吾能く之が足を為る」と言って、蛇の足まで描いていたために、次に描き上げた人に杯を奪われ、酒を飲まれてしまったのである。

解答例　欲張って不必要で余分なものを付け加えたため。

2　**この話から生まれた「蛇足」の語を使って短文を作り、互いに評価し合ってみよう。**

考え方　「蛇足」は、よけいなことをしたために、かえって失敗を招くことのたとえとして用いられるようになった故事成語である。

解答例　よい話だったのに、最後に自分の自慢話を付け加えたのが蛇足で、感心して聞いていた気持ちが冷めてしまった。

完レ璧

〔十八史略〕

教科書P.250～251

【大　意】 1 教250ページ4～7行

趙の恵文王の璧を、秦の昭王が欲しがり、秦の町との交換を条件に要求した。趙の名臣藺相如は、自分が行って、秦が約束を守らなければ、璧をそのまま持ち帰ると申し出た。

【書き下し文】

❶趙の恵文王嘗て楚の和氏の璧を得たり。❷秦の昭王、十五城を以て之に易へんことを請ふ。❸与へざらんと欲すれば、秦の強きを畏れ、与へんと欲すれば、欺かれんことを恐る。❹藺相如璧を奉じて往かんことを願ふ。❺曰はく、「城入らずんば、則ち臣請ふ璧を完うして帰らん。」と。

【現代語訳】

❶趙の恵文王は以前、楚の「和氏の璧」(という宝物を)手に入れた。❷秦の昭王は十五の町とこれ(＝璧)を交換しようと申し入れた。❸(恵文王は、秦に璧を)与えないとすれば秦の強さを恐れ、与えようとすれば(秦に)欺かれることを心配した。❹(趙の臣)藺相如は璧を捧げ持って(自分が秦に)行こうと願い出た。❺(藺相如は)言った、「もし町が手に入らなければ、そのときは璧を傷つけることなく(完全な状態で趙に)持ち帰りましょう。」と。

【大　意】 2 教250ページ8行～251ページ2行

約束を守らず町を渡そうとした秦に、藺相如は鬼気迫る勢いで璧を取り戻した。秦王は藺相如の姿を見て賢人と見なし、趙に帰らせた。

【書き下し文】

❶既に至る。❷秦王城を償ふに意無し。❸相如乃ち紿きて璧を取り、

【現代語訳】

❶(相如は秦に)到着した。❷秦王には(璧の)代償として町を与える意志はなかった。❸相如

語句の解説 1

教250ページ

❶**嘗** 以前の出来事であることを示す。

❷**請** 「～ン・セン(コトヲ)請フ」の形で用いられ、話者の意志・願望を表す。

❷**易之** 「易」は「かフ」と読み、交換する意。「之」は「璧」をさす。

❸**欲** 「～ント欲ス」の形で用いられ、～しようと思う、という意味を表す。

❸**恐レ見レ欺** 「見」は「る・らル」と読み、受け身を表す。

❺**則** 「～バ、則チ」の形で用いられ、仮定や条件を受けて、結果を導く。

❺**而** 読まない置き字。順接・逆接の意を添える助字で、直前の「て」にあたる。

語句の解説 2

教250ページ

❷**乃** 読み方に注意。そこで、の意。

❷**紿取レ璧** 『史記』によれば、相如はこのとき、璧には実は傷があるので示そうと言って秦王をだましたとされる。

怒髪冠を指し、柱下に卻立して曰はく、「臣の頭は璧と倶に砕けん。」と。❹従者をして璧を懐きて間行して先づ帰らしめ、身は命を秦に待つ。❺秦の昭王賢として之を帰す。

はそこで（秦王を）だまして璧を取り返し、怒りのために逆立った髪で冠を突き上げ、柱のもとへ後ずさりして言った、「私の頭を（柱にぶつけて）璧とともに砕いてみせよう。」と。❹（このとき相如は）従者に璧をいだかせ、抜け道を通って先に（趙に）帰らせ、自分は秦にとどまって、（秦王の）処分を待った。❺秦の昭王は（相如を）賢人であるとして、（趙に）帰らせた。

答 1

「臣ノ頭与レ璧倶ニ砕ケン。」とは、誰が、どのような意図で言ったものか。

藺相如が璧を、秦に決して渡さず、完全な形のまま持ち帰る意図。

❸**与**　「与ニ～一」の形で、下から返って「～と」と読む返読文字。

❹**遣ニ従者ヲシテ懐キテレ璧ヲ間行シテ先ヅ帰ラ一**　「遣ニ[A][B]一」の形で「[A]ヲシテ[B]（セ）シム」という使役の形。

❹**於**　読まない置き字。直後の送り仮名「ニ」（「秦ニ」のニ）にあたる。

学習のポイント

1　趙国にとって、秦国はどのような存在であったか、説明してみよう。

考え方　秦が璧と十五城の交換を言ってきたとき、趙はどんな様子だったかに注目する。

解答例　断れば攻撃され、受け入れても結局秦のいいようにされてしまうような、趙国よりもはるかに強大で及ばない存在。

2　「怒髪指冠」（250・9）とはどのような状態を表しているか。また、これと似た慣用句を調べて発表してみよう。

考え方　第二段落の二文め「秦王城を償ふに意無し」に注目する。

解答例　藺相如は、秦王が約束を守るつもりのないことを知って激しい怒りにかられた。そのために逆立った髪が冠をも突き抜けるほど激しい状態を表している。「怒髪天を衝く」ともいう。「怒り心頭に発する」も似た意味の慣用句。

3　「完璧」とは、この話の中ではどのような意味になるか。また、現在はどのような意味で用いられているのか、まとめてみよう。

解答例　この話の中では、傷のない、完全な形をした美しい璧（宝玉）の意。現代では、欠点のまったくない状態を表す言葉として広く用いられている。例「完璧な演技」など。

鶏鳴狗盗 〔十八史略〕

教科書P.254〜256

【大意】 1 教254ページ4〜6行

靖郭君田嬰は、斉の宣王の腹違いの弟で、薛の領主だった。その子の文は、食客を数千人も養い、名声が高かった。文は父のあとを継ぐと、孟嘗君と名乗った。

【書き下し文】

❶靖郭君田嬰は、宣王の庶弟なり。❷薛に封ぜらる。❸子有り文と曰ふ。❹食客数千人、名声諸侯に聞こゆ。❺号して孟嘗君と為す。

【現代語訳】

❶靖郭君田嬰は、（死去した）宣王の腹違いの弟である。❷（田嬰は）薛に領地を与えられて、その領主となった。❸（田嬰には）子がいて（名を）文といった。❹（文は）数千人もの食客を養い、その名声は諸侯の間に広まった。❺（文は父のあとを継ぐと）孟嘗君と号した。

【大意】 2 教254ページ7行〜255ページ3行

秦の昭王は孟嘗君を恐れ、自国に来させて監禁した。孟嘗君は昭王のお気に入りの夫人に口添えを頼んだ。夫人が狐の白い毛皮のコートを要求すると、孟嘗君の食客で盗みの得意な者が秦の倉にしのびこんでそれを奪い、夫人に献上した。孟嘗君は釈放された。

【書き下し文】

❶秦の昭王其の賢を聞き、乃ち先ず質を斉に納れ、以て見んことを求む。❷至れば則ち止め囚へて之を殺さんと欲す。❸孟嘗君人をして昭王の幸姫に抵りて解かんことを求めしむ。❹姫曰はく、「願はくは君の狐

【現代語訳】

❶秦の昭王は孟嘗君の賢君ぶりを伝え聞くと、まず人質を（孟嘗君の国である）斉に送り込むと、すぐに、（孟嘗君に）会いたいと申し入れた。❷（孟嘗君が）秦に行くと引きとめて監禁し、殺すつもりでいた。❸孟嘗君は人を昭王のお気に入りの夫人のもとに遣わして、（夫人に監禁を）解

語句の解説 1

教254ページ

❶者　ここでは主格を表す助字。「は」と読む。

❶之　ここでは修飾の関係を示す助字。「の」と読む。

❺号　「号」は、呼び名。「号す」で、名乗るという意味。

語句の解説 2

教254・255ページ

❶乃　そこで。

1　ここでの「見」の意味をもつ、「見」を含んだ二字の熟語を考えてみよう。

答　「お目にかかる」という謙譲の意を表す。

〔例〕会見・接見・謁見

❷至則　「…レバ則チ」の形で、「…するとすぐに」の意を表す。

❸使㆘人抵㆓昭王幸姫㆒求㆖解　人

白裘を得ん。」と。❺蓋し孟嘗君嘗て以て昭王に献じ、他の裘無し。❻客に能く狗盗を為す者有り。❼秦の蔵中に入り、裘を取りて以て姫に献ず。❽姫為に言ひ、釈さるるを得たり。

いてくれるように(昭王に口添えを)依頼させた。❹夫人は、「(その代わりに)あなたの(持っている)狐の白い毛皮のコートをください」と言った。❺実のところ孟嘗君は以前(狐白裘を)昭王に献上して、それ以外の狐白裘を持っていなかった。❻(孟嘗君が養っている)客の中にコソドロの名人がいた。❼(その名人が)秦の蔵にしのびこんで、狐白裘を盗み出し、それを夫人にさしあげた。❽夫人はそこで(昭王に)願い出て、(孟嘗君は)釈放された。

【大　意】　3　教255ページ4行～256ページ2行

孟嘗君は馬を走らせて逃げ、夜中に函谷関に着いた。鶏の鳴く時刻ではなかったが、食客の中に鶏の鳴き真似のうまい者がいて、鳴くと(つられて)あたりの鶏がみな鳴いた。そこで関所が開き、一行は無事に追っ手から逃れることができた。

【書き下し文】

❶即ち馳せ去り、姓名を変じて、夜半に函谷関に至る。❷関の法、鶏鳴きて方に客を出だす。❸秦王の後

【現代語訳】

❶(孟嘗君は監禁されていた場所を出ると)すぐに馬を走らせて逃げ、姓名を変えて、夜半に函谷関に着いた。❷函谷関のきまりでは鶏が鳴

に、昭王の幸姫のもとへ行って釈放してくれるように頼ませた。「使二Aヲシテ B一セ」は使役の形で「AにBさせる」意。

❹**願ハクハ得ニ君ノ狐白裘一ヲ**　(どうか)あなたの狐白裘をください。「願ハクハ A(セ)ン」は願望の形で、「どうか～してほしい」の意。

❺**蓋**　思うに、おそらく、大略、などの意を表す。

❺**嘗**　以前、昔。

❻**能**　可能の意を表し「～できる」と訳す。

2　**孟嘗君が釈放されたのはなぜか。**

答　昭王の幸姫の要求どおりに狐白裘を賄賂として贈り、幸姫が昭王に、孟嘗君を釈放するようにと口添えしてくれたため。

語句の解説 3

教255・256ページ

❷**方**　ちょうど(その時)、今、の意を表す。

❷**出レ客**　関所の門を開けて旅客を通行させる。第二段落10行目の「客」は、食客。ここは、旅行者、旅人の意。

3　「鶏尽ク鳴ク。」とあるが、**真夜中に鶏が鳴いたのはなぜか。**

に悔いて之を追はんことを恐る。❹客に能く鶏鳴を為す者有り。❺鶏尽く鳴く。❻遂に伝を発す。❼出でて食頃にして、追ふ者果たして至るも、及ばず。❽孟嘗君帰り、秦を怨み、韓・魏と之を伐ち、函谷関に入る。❾秦城を割き以て和す。

いて初めて旅客を通すことになっている。❸(孟嘗君は)秦王が(孟嘗君を釈放したことを)後悔して、(孟嘗君を)追ってくることを恐れた。❹食客の中に上手に鶏の鳴きまねをする者がいた。❺(鶏の鳴き真似をさせると、あたりの)鶏がいっせいに鳴いた。❻(そこで関所では)駅伝の馬車を出した。❼(孟嘗君の一行が関所を)出てまもなく、追っ手が予想通りやってきたが間に合わなかった。❽孟嘗君は(斉に)帰って秦を怨み、韓・魏と連合して秦を伐ち、函谷関に攻め入った。❾秦は町を譲って、和睦した。

答 食客の一人が鶏の鳴きまねをして朝を告げたため、他の鶏も朝がきたと勘違いして鳴いたから。

❺尽 すべて。みな。

❻遂 その結果。そこで。

❼而 文中で順接・逆接の接続助詞の働きをするが、書き下し文では読まない置き字。ここは直前の送り仮名「(至ル)モ」の「モ」にあたり、逆接を表している。

❽与二韓・魏一伐レ之 韓・魏とともに秦を伐って。「与」は、下から返って読む返読文字で、「～と(ともに・一緒に)」の意。

学習のポイント

1 登場人物を斉側と秦側に分け、それぞれの関係を整理してみよう。

解答例 斉

・靖郭君田嬰…宣王の腹違いの弟。孟嘗君の父。

・孟嘗君…田嬰の子。大勢の食客を抱えて、名声が高かった。

・能く狗盗を為す者…孟嘗君の食客。盗みの得意な者。

・能く鶏鳴を為す者…孟嘗君の食客。鶏の鳴きまねが得意な者。

秦

・昭王…孟嘗君を恐れ、人質を送って孟嘗君を秦に呼び寄せて殺そうとした。

2 孟嘗君のもとに集まった食客たちの活躍の様子を、具体的に説明してみよう。

解答例

・能く狗盗を為す者…秦の蔵に忍び込み、昭王に献じていた狐白裘を盗み出して孟嘗君を釈放させた。

・能く鶏鳴を為す者…夜中に鶏の鳴きまねをして朝を告げ、関所を開かせて孟嘗君を脱出させた。

3 『枕草子』第一三〇段を読み、「鶏鳴狗盗」の話がどのように用いられているのかを調べてみよう。

解答例 「夜をこめて」の和歌の「鳥のそら音」は、鳥の鳴きまねのこと(「そら」には「うそ」の意がある)。「逢坂の関」は「男女が会うのをさえぎる関所」の意。孟嘗君は鶏の鳴きまねによって「函谷関」を無事に通り抜けたという故事をふまえて、でも私は、鳥の鳴きまねにだまされて関所を開いたりはしませんよ、と、相手の言うことを柔らかく断っている歌である。

臥薪嘗胆

〔十八史略〕

教科書P.257〜260

【大意】 1 教257ページ4〜9行

呉王である闔廬が重用する伍子胥は、もともと楚の人であったが、父親の伍奢が楚王に殺されたため呉の国に亡命し、呉の兵を率いて楚に攻め入り、父のうらみを晴らした。呉王闔廬が越との戦いで死ぬと、子の夫差が呉王となった。子胥は再び夫差にも仕えた。夫差は復讐を誓い、朝晩薪の上に寝て、身体の痛みや、人に言葉をかけさせることによって、父のうらみを忘れまいとし、ついに越を破った。

【書き下し文】

❶呉王闔廬、伍員を挙げて国事を謀らしむ。❷員、字は子胥、楚人伍奢の子なり。❸奢誅せられて呉に奔り、呉の兵を以ゐて郢に入る。❹呉越を伐つ。❺闔廬傷つきて死す。❻子の夫差立つ。❼子胥復た之に事ふ。❽夫差讎を復せんと志す。❾朝夕薪中に臥し、出入するごとに人をして呼ばしめて曰はく、「夫差、而越人の而の父を殺ししを忘れたるか。」と。❿周の敬王の二十六年、夫差越を夫椒に敗る。

【現代語訳】

❶呉王の闔廬は、伍員を登用して国の政治を行わせた。❷伍員は、字を子胥といい、楚の人伍奢の子であった。❸伍奢は(楚王に)罪をとがめて殺され(子胥は)呉の国に逃がれて、呉の軍隊を率いて楚の都に攻め入った。❹呉が越の国を攻撃した。❺(その戦いで)闔廬は負傷して死んだ。❻(闔廬の)子である夫差が王となった。❼子胥は(闔廬に仕えたのと同様に)再び夫差に仕えた。❽夫差は父の敵を討とうと決意した。❾(そのために)朝晩薪を敷きつめた中に寝て、(人が部屋を)出入りするたびごとに、その人に(このように)言わせるようにした、「夫差よ、おまえは越の人がおまえの父

語句の解説 1

教257ページ

❶**挙㆓伍員㆒謀㆓国事㆒** 伍員を登用して国の政治を任せた。「謀」を「はからシム」と読ませることで、使役の意を表す。

❸**而** 読まない置き字。ここは順接を表す。

1 「奔㆑呉」の主語は誰か。

答 伍員(伍子胥)。

❸**以** 「率」と同じ。「以」の用法に注意。

❽**復事㆑之** 「復」は、また、再び、の意。「之」は呉王夫差をさす。

❾**臥㆓薪中㆒** 寝台ではなく薪を敷いた中で寝る意。その痛みで、越へのうらみを忘れまいとしたのである。

❾**使㆓人呼㆒** 「使㆓Ａ Ｂ㆒」は「ＡヲシテＢ(セ)しム」と読む使役の形。

を殺したことを忘れたのか。」と。❿周の敬王の二六年のとき、夫差は（父の敵である）越を夫椒の地で破った。

【大意】 2 教257ページ10行～258ページ9行

越王の句践は、会稽山にこもり、呉の臣下となることで助命を願い出た。子胥は許さなかったが、宰相の伯嚭が賄賂をもらって許してしまった。句践は国に帰ると、苦い肝をなめて呉へのうらみを忘れないようにし、呉を倒すことに専念した。

【書き下し文】

❶越王句践、余兵を以ゐて会稽山に棲み、臣と為り、妻は妾と為らんと請ふ。❷子胥言ふ、「不可なり。」と。❸太宰伯嚭越の賂ひを受け、夫差に説きて越を赦さしむ。❹句践国に反り、胆を坐臥に懸け、即ち胆を仰ぎ之を嘗めて曰はく、「女会稽の恥を忘れたるか。」と。❺国政を挙げて大夫種に属し、而して范蠡と兵を治め、呉を謀るを事とす。

【現代語訳】

❶（破れた）越王の句践は、敗残兵を率いて会稽山にこもり、（自分は）家来となり、妻は使用人となろう（といって）助命を願い出た。❷子胥は、「（受け入れては）いけない。」と言った。❸（しかし）呉の宰相であった伯嚭は越からの賄賂を受け取り、夫差を説得して越を許すことにさせた。❹句践は（越の）国に帰ると、肝を（自分が）寝起きする所に吊り下げ、そしていつも（苦い）肝を仰ぎ見てそれをなめて言った、「おまえは会稽の恥を忘れたのか。」と。❺国の政治を大臣の種に任せ、そうして（自分は）范蠡と軍隊を整え、呉の国を倒すことに専念した。

語句の解説 2

教257ページ

2 「請㆓為㆑臣 妻為㆑妾。」とあるが、何のためにこのように願い出たのか。

答 生きのびて、敗戦のうらみを晴らすため。

❷**「不可」** 拒否の言葉。句践を生かしておけば復讐されることを、子胥はよく知っていたのである。

❹**反㆑国** 「国」は越をさす。「反」はここでは「帰」と同じ、帰る意。

❹**懸㆓胆於坐臥㆒、即仰㆑胆嘗㆑之** 夫差が薪中に臥して復讐を誓ったのに対して、句践は苦い肝を嘗めて復讐を誓ったのである。「於」は「于」と同じ。

❹**女忘㆓会稽之恥㆒邪** 「会稽の恥」（呉に敗れた句践が命乞いをしたこと）を忘れるなと自分自身に呼びかけている。

3 「挙㆓国政㆒属㆓大夫種㆒」とあるが、句践がそうしたのはなぜか。

【大意】 3 教258ページ10行〜259ページ5行

宰相伯嚭のたくらみによって子胥は夫差から死を賜わった。子胥は家人に遺言し、呉は越によって滅びるだろうと言って死んだ。呉の人は子胥を憐れみ、祠を立てて祀った。

【書き下し文】

❶太宰嚭、子胥謀の用ゐられざるを恥ぢて怨望すと譖す。❷夫差乃ち子胥に属鏤の剣を賜ふ。❸子胥其の家人に告げて曰はく、「必ず吾が墓に檟を樹ゑよ。❹檟は材とすべきなり。❺吾が目を抉りて東門に懸けよ。❻以て越兵の呉を滅ぼすを観ん。」と。❼乃ち自剄す。❽夫差其の尸を取り、盛るに鴟夷を以てし之を江に投ず。❾呉人之を憐れみ、祠を江上に立て、命づけて胥山と曰ふ。

【現代語訳】

❶宰相の伯嚭は、子胥が(自分の)意見が用いられなかったことを恥として(夫差を)うらみに思っていると中傷した。❷夫差はそこで子胥に(自殺させるために)属鏤の剣という名剣を与えた。❸子胥は自分の家の者に告げて、「必ず私の墓にひさぎの木を植えよ。❹ひさぎの木は(夫差の棺の)材料になるだろう。❺私の目をえぐり出して(越の方角である)東門に懸けよ。❻それで越の軍隊が呉を滅ぼすのを見よう。」と言った。❼そして(子胥は)自分で自分の首をはねて死んだ。❽夫差はそのなきがらを取り、馬の皮で作った袋に入れてそれを長江に投げ捨てた。❾呉の国の人は子胥を気の毒に思い、ほこらを長江のほとりに立て、名をつけて胥山と呼んだ。

答 自分は范蠡とともに軍事に専念しなかったから。

❺**而** 「而」は置き字のことも多いが、ここは順接の接続語として読んでいる。

語句の解説 3

教258ページ

❶**譖** 嚭が中傷した内容は直後の「子胥恥ヂテ謀ノ不ルヲ用ヰラレ怨望ス」の部分。嚭は、先王の代から仕えている子胥をうとましく思い、排除する機会をねらっていたのであろう。

教259ページ

❷**賜フ子胥ニ属鏤之剣ヲ** 剣を賜るとは、その剣で自ら命を絶て、という意味。

4 **子胥が自分の墓に檟を植えることを遺言したのはなぜか。**

答 夫差の死を予言し、その死体を入れる棺を作るため。

❻**以テ** それによって、その目で、の意。

❽**盛ルニ以テシ鴟夷ヲ投ズ之ヲ江ニ** 「以テス」は、「〜を使って(によって)―(スル)ニ〜する」の意。ここは子胥の死体を鴟尾の袋に入れること。

❾**憐レミ之ヲ** 呉の人々が、子胥を憐れんだ。

【大意】 4 教259ページ6〜9行

越は二十年かけて国力を養い、軍備を強化して呉に攻め入り、呉を破った。夫差は和解を申し出たが、許されなかった。夫差は子胥に合わせる顔がないと言って自殺した。

【書き下し文】

❶越、十年生聚し、十年教訓す。❷周の元王の四年、越呉を伐つ。❸呉三たび戦ひ、三たび北ぐ。❹夫差姑蘇に上り、亦た成ぎを越に請ふ。❺范蠡可かず。❻夫差曰はく、「吾以て子胥を見る無し。」と。❼幎帽を為りて乃ち死せり。

【現代語訳】

❶(一方)越では、十年かけて人民を増やし、物資を豊かにし、十年かけて人民を教え、軍備の訓練をした。❷周の元王の四年に、越は呉を攻撃した。❸呉は何度も戦い、そのたびに敗北した。❹夫差は姑蘇台に登り、(句践と同様に)また和解を越に申し入れた。❺(越の家臣の)范蠡は(その申し出を)聞き入れなかった。❻夫差は「私は子胥に合わせる顔がない。」と言った。❼(そして)死者の顔にかける四角い布をつくり、(それをかぶって)自殺した。

語句の解説 4

教259ページ

❸**三戦三北** 「三」は数が多い意で、何度も戦い、何度も敗れたことを表す。

❹**亦** 「復」「又」と同じ。また、再び、の意。

❺**不可** 子胥の「不可ナリ」(教258ページ1行)と呼応する言葉で、范蠡も命乞いを許さなかったのである。それは実行された。

❻**無以見子胥** 「見」は会う意。何をもっても会うことがない→合わせる顔がない意。子胥に恥じてのことである。

学習のポイント

1 **主要な登場人物を呉側と越側とに分け、それぞれの関係や働きについて、整理してみよう。**

解答例

呉

・闔廬…呉の王。夫差の父。越との戦いで死ぬ。

・夫差…呉の王。闔廬の子。父の復讐を誓い、一度は越を破ったが、奸臣伯嚭の言を信じて、子胥を死に追いやり、自らも越に敗れて死ぬことになる。

・伯嚭…呉の宰相。越王句践の命を助け、夫差に子胥を殺させるなど、呉が越に敗れる原因をつくった。

越

・句践…越の王。呉への復讐を誓い、家臣とともに国力を養い、雪辱を果たした。

・范蠡…越の名臣。句践を助けて軍事を強化し、越を勝利させた。夫差の助命を拒否して死に追いやった。

楚

・伍奢…楚王に殺された、子胥の父。

・伍員(=子胥)…父を殺されて呉に亡命し、父の仇を討った。呉王の闔廬と夫差に仕えたが、伯嚭の好言によって自殺させられ、夫差を呪って死んだ。

2 次の場面における夫差の心情について、それぞれ考えてみよう。

①「取二其尸一、盛以二鴟夷一投二之江一。」(259・3)という行動。

②「吾無三以見二子胥一。」(同8)という言葉。

解答例 ①夫差の死と呉の滅びを予言して死んだ子胥への怒り。

②夫差は、子胥の言葉を退け殺した結果、自ら滅びることになってしまった。そのことを悔い、恥ずかしく思う気持ち。

3 呉国と越国が対立する故事からできた言葉を調べてみよう。

解答例 ・「臥薪嘗胆」…復讐を誓い、あえて自分を苦しめること。また、目的を果たすために、苦しみを乗りこえること。

・「会稽の恥」…以前に受けた、ひどい屈辱。

・「呉越同舟」…敵同士が同じ場所に居合わせること。

単元課題

1 この単元で学習した故事成語の中から一つ選んで、感じたこと、考えたことを四〇〇字程度でまとめてみよう。

考え方 故事成語は、由来となった出来事を知ることで、より理解を深め適切な使い方ができるだろう。ただ、それだけでなく解釈を広げ、生きた言葉として現代の生活の中でも使っていけることが大切である。そのような点を自分の意見も交え、まとめていく。

2 日常会話で使われている故事成語のもとになった故事を調べてみよう。

考え方 身近な言葉の何が故事成語にあたるのか由来や意味なども調べた結果を発表しあい、知らない言葉があれば、覚えておく。

3 想いを表す言葉〈二〉

自然 静夜思 李白 教科書P.262

【主題】静かな秋の夜、差し込む月の光を見つめながら、望郷の思いをかきたてられる。

五言絶句 韻 光・霜・郷

【書き下し文】

○静夜思

❶牀前月光を看る
❷疑ふらくは是れ地上の霜かと
❸頭を挙げて山月を望み
❹頭を低れて故郷を思ふ

（唐詩選）

【現代語訳】

○静かな夜のもの思い

❶寝台の前まで入りこんだ月の光を見つめる。
❷(その白い光は)地面に降りた霜ではないかと思う。
❸顔をあげては山の上にある月をながめ、
❹顔をふせては故郷を思いやった。

語句の解説

教262ページ

❶**看** よく見る。意識して見ることをいう。

月光のどのような様子を霜とたとえたのか。

1 答 月光が照らしたところを白く冴え冴えと見せている様子を、朝、地上一面に白く降りている霜にたとえた。

❸**挙レ頭望ニ山月一** 第四句との対句。

❸**望** 高い所や遠い所を眺める。

自然 江雪 柳宗元 教科書P.262

【主題】雪に覆われた大自然の中で、ひとり川で釣りをしている老翁の、高雅で孤独な姿に、左遷されていた作者の孤独感と、俗世間を離れて生きる人へのあこがれの心情をこめる。

五言絶句 韻 絶・滅・雪

【書き下し文】

○江雪

【現代語訳】

○大河の雪景色

語句の解説

教262ページ

❶**千山** 多くの山。第二句の「万径」の「万」も「多くの」の意味で、後半の第三句「孤舟」第四句「独釣」と対比されている。第

❶千山鳥飛ぶこと絶え
❷万径人蹤滅す
❸孤舟蓑笠の翁
❹独り釣る寒江の雪

（唐詩三百首）

❶すべての山から鳥の飛ぶ姿はなくなり、
❷すべての小道から人の足跡が消えた。
❸一そうの小舟に、みのとかさを着けた老人が、
❹ただひとり、寒々とした雪の降る大河で、釣り糸を垂れている。

一句と第二句は対句である。

1　前半の二句で、鳥や人の姿が見えないのはなぜか。

答　雪と寒さのため。空にも地上にも動くものが何一つない静寂が表現されている。

自然　山行　杜牧

教科書P.263

【主　題】晩秋、ものさびしい山に登り、夕暮れの紅葉に見とれる。

七言絶句　韻　斜・家・花

【書き下し文】

○山行

❶遠く寒山に上れば石径斜めなり
❷白雲生ずる処人家有り
❸車を停めて坐ろに愛す楓林の晩
❹霜葉は二月の花よりも紅なり

（三体詩）

【現代語訳】

○山あるき

❶遠くからやって来て、ものさびしい山に登ると、石の多い小道が斜めに続いている。
❷（かなたの）白い雲が湧きあがってくる辺りにも人家が見える。
❸車をとめて、何となく、楓樹の林の夕暮れを愛でる。
❹霜で赤く色づいた木の葉は、春の（桃の）花よりも、なおくれない色にさえて（美しい）。

語句の解説

教263ページ

❷**白雲生　処有㆓人家㆒**　白雲が湧きあがってくるところに人の住む家がある。

1　「愛」とはどのような意味か。

答　愛でる。賞美する。見とれる。

❸**車**　石の多い山道では車を使用しないはずだから、この「車」は轎という二人で担ぐ山駕籠（登山用の簡易な作りの駕籠）ではないかといわれている。

❹**於…**　…よりも。ここでは比較を表す助字（置き字）。

学習のポイント

1 それぞれの詩に詠まれている季節や景物を整理し、和歌(174ページ)や短歌(63ページ)と比較してみよう。

考え方 まず、右の三首の漢詩に詠まれている季節の景物について整理し、季節を同じくする和歌・短歌から、詠まれている景物を抜き出し、共通点と相違点を考えてみる。季節の異なる和歌・短歌は比較しづらいが、参考までに整理しておくと良い。

解答例

・「静夜思」…季節は晩秋。詠まれている景物は「月光」「山月」そして「地上の霜」である。

＊和歌や短歌との共通点

鈴木宏子の「見立て」(教178ページ)に指摘されているように、大伴旅人の「わが園に……」(教178ページ)の春の「梅の花」が散る様子を「雪」に見立てた和歌と発想が共通している。凡河内躬恒の「心あてに……」(教180ページ)は「初霜」と紛れる「白菊の花」を詠んだ和歌で発想が共通し、季節も同じ秋である。

・「江雪」…季節は冬。静まり返った「寒江の雪」の風景。

＊和歌や短歌との共通点

「きりぎりす」の鳴く秋の「霜夜」を詠んだ藤原良経の「きりぎりす……」(教180ページ)の和歌が「江雪」の静寂感に近いであろう。

・「山行」…季節は秋。夕暮れの「楓林」の「霜葉」が、「二月の花」よりも色鮮やかだとする。

＊和歌や短歌との共通点

「山行」のような、自然の美しさを歌った和歌としては、美しい「桜」に心を乱される「春」を詠んだ在原業平の「世の中に……」(教179ページ)、秋の「もみぢ」を錦にたとえた菅原道真の「このたびは……」(教183ページ)が挙げられる。

＊漢詩と和歌・短歌との相違点

「風の音」に「秋」の到来を感じる藤原敏行の「秋来ぬと……」(教180ページ)や、滝の「さわらび」に「春」の到来を感じる志貴皇子の「石走る……」(教179ページ)のような、季節の変化を繊細にとらえる感覚や、紀友則の「五月雨に……」(教179ページ)やよみ人知らずの「ほととぎす……」(教177ページ)に詠まれている、夏の五月雨の頃に、人々が鳴き声を聞くことを心待ちにしたほととぎすへの思いも、漢詩には見られないものである。

2 五言句と七言句の特徴はどのような点にあるか、「漢詩の形式と表現」(272ページ)を参考に、意味や言葉の切れ目に着目して考えてみよう。

解答例 五言句は意味や言葉による二字＋三字の短いまとまりに、内容をコンパクトにまとめている。七言句は四字(二字＋二字)＋三字のまとまりで、二字多い分だけ五言句よりも豊かな内容となっているが、その分、五言句のシャープな表現と比べると、ぼんやりした印象を与えることにもなっている。

友情

贈汪倫　李白

教科書P.264

【主題】汪倫たちが桃花潭のほとりで旅立つ李白を歌いながら見送る。李白はその友情を桃花潭よりも深いと感激する。

七言絶句　韻　行・声・情

【書き下し文】

○汪倫に贈る
❶李白舟に乗りて将に行かんと欲す
❷忽ち聞く岸上踏歌の声
❸桃花潭水深さ千尺
❹及ばず汪倫の我を送るの情に
（李太白文集）

【現代語訳】

○汪倫に贈る歌
❶私李白が舟に乗っていままさに出発しようとするとき、
❷思いがけず岸辺で大勢が足を踏み鳴らしながら歌う声を聞いた。
❸ここ桃花潭の水の深さは千尺あるというが、
❹汪倫が私を見送る友情の深さにはとうてい及ばない。

語句の解説

教264ページ

❶欲　…しようとする。「将」の意味を強めている。
❷忽　不意に。突然。
❸千尺　当時の一尺は約三〇センチメートル。ここでは具体的な数字ではなく、極めて深いことを表している。

1　「不レ及」とあるが、なぜ及ばないのか。

答　桃花潭がいくら深いといっても限りがあるのに対し、汪倫をはじめとする村人たちの友情には限りがないから。

友情

送元二使安西　王維

教科書P.265

【主題】安西都護府に公務のため出かける友人元二を、渭城の宿で見送る際の、尽きない惜別の情。

七言絶句　韻　塵・新・人

【書き下し文】

○元二の安西に使ひするを送る
❶渭城の朝雨　軽塵を浥す

【現代語訳】

○元二が公務のために安西に出かけるのを送って
❶渭城の朝の雨は軽い塵もしっとりと湿らせ、

語句の解説

教265ページ

❶渭城　唐の都・長安の北西にある都市。当時、都から西へ旅立つ人をここまで見送ることになっていた。

❷客舎青青　柳色新たなり
❸君に勧む　更に尽くせ一杯の酒
❹西のかた陽関を出でなば　故人無からん

（三体詩）

❷旅館のあたりには青々とした柳の色が鮮やかである。
❸さあ君よ、どうかもう一杯この酒を飲み干したまえ。
❹ここから西へ進んで陽関を出たら、このように酒を酌み交わす昔からの友人もいなくなるだろうから。

❶**軽塵**　細かな土ぼこり。渭城は黄土高原に近く、特に春頃は風に巻き上げられた砂（黄砂）が飛来する。

1　「柳色新タナリ」とあるが、なぜか。

答　朝の雨で砂塵がすっかり洗い流されたため。

友情

過故人荘

孟浩然

教科書P.266

【主題】　友人に招かれて田舎の別荘に遊びに行き、村の美しい自然を眺め、農作物の出来を語り合いながら酒を酌み交わし、秋に再訪することを楽しみにする。

五言律詩　韻　家・斜・麻・花

【書き下し文】

○故人の荘に過る
❶故人鶏黍を具へ
❷我を邀へて田家に至らしむ
❸緑樹村辺に合し
❹青山郭外に斜めなり
❺軒を開きて場圃に面し
❻酒を把りて桑麻を語る
❼重陽の日に到るを待ちて
❽還た来たりて菊花に就かん

（唐詩選）

【現代語訳】

○友人の別荘に立ち寄る
❶友人は鶏肉の料理や黍飯を準備して、
❷私を招いていなかの家に足を運ばせた。
❸緑の木々が村のまわりを取り囲み、
❹青い山々が村の外囲いの向こうに斜めに連なっている。
❺窓を開けて畑を眺め、
❻酒を酌み交わして桑や麻の出来具合を語る。
❼重陽の節句になったなら
❽またやって来て菊の花を楽しもう。

語句の解説

教266ページ

❸**村辺**　村ざかい。第二連（第三句・第四句）と第三連（第五句・第六句）は対句。

1　**第五句と第六句には、どのようなことがうたわれているか。**

答　友人の別荘の中に招き入れられたときの様子。窓の外は畑で、友人と酒を酌み交わしながら、農作物の出来を話し合う。

❽**還**　また。再び。くりかえして。

学習のポイント

1　それぞれの詩の作者と詩を贈られた相手との交友関係を想像して話し合ってみよう。

考え方　この三首に登場する友人は、名前が分かっているのは汪倫のみ。元二は姓しか分かっていないし、孟浩然の友人は誰だか分からない、いわば無名の人物である。それだけに、詩人にとって俗世間の利害関係から離れた、真に気の置けない相手であったのだろう。

解答例　・「贈汪倫」…サプライズで歌い踊りながら盛大な見送りをした汪倫たちが李白のことを心から慕っており、滞在中にも濃密な交際があったことを窺(うかが)わせる。

・「送元二使安西」…泊まりがけで辺境の安西都護府へ使者として赴く友人を見送り、最後まで気遣っている様子から、二人が無二の親友であることが窺われる。

・「過故人荘」…孟浩然も友人の別荘周辺の自然を気に入り、折に触れては訪れて心からのもてなしを受け、政治や出世など俗世間の話題から離れて農作物の出来を語り合っている。さらに当時の大切な行事であった重陽の節句にまたやって来て共に不老長寿を願う菊花酒を酌み交わしたいという希望を述べているところから、すっかりくつろいで胸襟(きょうきん)を開き合う間柄で、これからも長くその関係が継続することを願っていることが窺われる。

2　起承転結（273ページ）の構成法に従って、それぞれの詩の展開を説明してみよう。

考え方　絶句では一句ずつ起句・承句・転句・結句と呼ぶ。八句からなる律詩は、二句ずつを一連として首聯(しゅれん)・頷聯(がんれん)・頸聯(けいれん)・尾聯の四つの聯が、やはり起承転結の構成法で配置されている。漢詩がこの構成法を巧みに活かしていることを確認する。

解答例　・「贈汪倫」…**起句** 自分の名前を冒頭に出すことで臨場感を、「将欲」という語句から今まさに出発しようとしている感じを出している。**承句** 「忽」の字で送別の歌がサプライズで、李白を感激させたことが分かる。**転句** 前半二句で鮮やかに描き出された出来事を踏まえつつ視点を変える。今、李白の乗る舟が進んでいる桃花潭の深さに触れ、**結句** 汪倫たちの友情の深さの方が勝っている、と結論する。

・「送元二使安西」…**起句** 朝の雨に砂ぼこりが収まり、**承句** 柳が色鮮やかに見えるという旅館のあたりの情景を、前半二句で述べる。**転句** 後半二句は出発を前にした友人への呼びかけで、最後にもう一杯酒を勧め、**結句** 困難な任務に就こうとする友人を思いやる。

・「過故人荘」…**首聯** 友人が自分を田舎の別荘に招いてもてなそうとしている、というこの詩の舞台の説明。**頷聯** 対句で、村を取り囲む緑の木々と、青い山々という情景を描写。**頸聯** この聯も対句で、窓の外の畑を眺めながら酒を酌み交わして農作物について語り合っている。**尾聯** 秋の大事な節句に再び訪れたいと希望するところから、孟浩然にとってこの別荘での時間がいかに満ち足りたものであるかが浮き彫りにされる。

人生

涼州詞

王翰

教科書P.267

【主題】無事に生還できるか分からない辺境の戦場にある兵士の、悲壮で不安な心情。

七言絶句　韻　杯・催・回

【書き下し文】

○涼州詞

❶葡萄の美酒夜光の杯

❷飲まんと欲すれば琵琶馬上に催す

❸酔ひて沙場に臥す君笑ふこと莫かれ

❹古来征戦幾人か回る

（唐詩選）

【現代語訳】

○涼州詞

❶葡萄の美酒と夜光の杯、

❷飲もうとすると琵琶が馬上で鳴らされる。

❸酔って砂漠に倒れ伏したとしても、君よ、笑うな。

❹昔から戦場に出た者のうち何人が無事に帰って来たというのだ。

語句の解説

教267ページ

1　この詩から異国情緒を感じさせる言葉を抜き出してみよう。

答　「葡萄美酒」西域産の上等なぶどう酒。「夜光杯」「琵琶」も西域由来。涼州は「沙場」地帯である西域に接する辺境であった。

❸莫　命令形で読むときは禁止の意味。…してはいけない。

❹幾　数量や時間を問う疑問詞。どれくらいの…。

人生

月夜

杜甫

教科書P.268

【主題】反乱軍に捕らわれ長安に幽閉されている作者が、月を眺めながら疎開先にいる妻子を思い、再会の日のことを胸に抱いている。

五言律詩　韻　看・安・寒・乾

【書き下し文】

○月夜

❶今夜鄜州の月

❷閨中只だ独り看るらん

【現代語訳】

○月夜

❶今夜鄜州の月を

❷妻は部屋の中でただひたすら眺めているだろ

語句の解説

教268ページ

❷只独　ただひたすら。「只」は「独」を強めている。

❸遥憐　第三句と第四句は対句だが、普通の対句と違って、第三句から第四句にか

❸遥かに憐れむ小児女の
❹未だ長安を憶ふを解せざるを
❺香霧雲鬟湿ひ
❻清輝玉臂寒からん
❼何れの時か虚幌に倚り
❽双び照らされて涙痕乾かん
（唐詩三百首）

う。
❸私が遠く長安から思いやるのは、幼い子供たちが、
❹まだ、長安にいる父のことを気づかうことさえできないこと。
❺かぐわしい秋の夜霧に、雲のように豊かな妻のまげはしっとりとぬれ、
❻清らかな月の光に、妻の玉のように美しい腕は冷たく照らされているだろう。
❼いつになったら、人気のない部屋のカーテンに寄り添って、
❽二人で月光に照らされながら、涙の跡を乾かすことができるのだろうか。

けての「小児女未解憶長安」を「遠くから思いやる」という一続きの内容にしている。このような対句を流水対という。

1 「憶二長安一」とはどのようなことか。

答 長安に軟禁されている父親の身の上（安否）を心配すること。思いやること。なお、この軟禁中に詠んだ詩に「春望」（教229ページ）がある。

❺**香霧** よい匂いの霧。この第五句と第六句は対句で、妻の美しさを描き出している。

2 「涙」は、どのような涙か。

答 別離の間に流した悲しみの涙と、再会を果たしたときに流すであろう嬉し涙。

人生

香炉峰下、新卜山居、草堂初成、偶題東壁　白居易

教科書P.269

【主題】 景色にめぐまれた廬山の草堂は、俗世間を離れて身心とも安らかな生活を送ることができる、老後を送るにふさわしい、まさに故郷と呼ぶべき安住の地である。

七言律詩　韻　寒・看・官・安

【書き下し文】
○香炉峰下、新たに山居を卜し、草堂初めて成り、偶東壁に題す

【現代語訳】
○香炉峰のふもとに山荘の地を定め、草ぶきの粗末な家ができあがった機会に、たまたま東の

語句の解説

教269ページ
○**草堂** 屋根を草でふいた、粗末な家。自分の家のことを謙遜していうことも多い。
○**初** ようやく…したばかり。
○**偶** たまたま。思いがけなく。

❶日高く睡り足りて猶ほ起くるに慵し
❷小閣に衾を重ねて寒を怕れず
❸遺愛寺の鐘は枕を欹てて聴き
❹香炉峰の雪は簾を撥げて看る
❺匡廬は便ち是れ名を逃るるの地
❻司馬は仍ほ老いを送るの官たり
❼心泰く身寧きは是れ帰する処
❽故郷何ぞ独り長安に在るのみならんや

（白氏文集）

壁に書き記した詩。

❶日が高くのぼり、睡眠は十分であるが、それでもなお起きるのはだるくめんどうである。
❷小さな家に掛けぶとんを重ねて寝ているので、寒さの心配はない。
❸遺愛寺でつく鐘の音は、寝たまま枕を傾けてじっと聴き、
❹香炉峰に積もる雪は、すだれをはね上げて眺める。
❺ここ廬山は、とりもなおさずうるさい世俗の名利から遠く離れるのにふさわしい場所で、
❻司馬は、それでもやはり老後を過ごすためにはふさわしい官職である。
❼心身とも安らぐことこそが、人間が安住する場所、
❽故郷はどうして長安だけにあるだろうか、いや身を落ち着ける故郷ともいうべき場所は、長安のみにあるとは限らない。

❶**猶** （時間的に）それでもなお。
❹**看** よく見る。意識して見ることをいう。

1 「逃ルレ名ヲ」とはどうすることか。
答 世俗の名誉や利害から遠く離れること。

❼**泰** 広くゆったりと安らか。
❼**寧** 安定していて、心配やあぶなげがない。
❼**帰処** 安住する場所。ここでは匡廬（廬山）という土地と、地方政府の司馬という閑職とを指している。
❽**何独…** 「何…」は反語形で「どうして…か、いや…ない。」という意味。「独…」は限定形で「ただ…だけだ」の意。

学習のポイント

1 右の三首について、次の問いに答えよう。
①それぞれの詩が作られた当時、作者がどのような境遇に置かれていたかを調べてみよう。
②作者の境遇と、詠まれた詩の内容について受ける印象をまとめてみよう。

解答例 ・「涼州詞」…①七一〇年もしくは七一一年に科挙を受けて進士に及第したが官吏にはならず、郷里の并州で過ごしていたときに、州の高官で後に宰相となった張説に才能を認められた。

張説が長安に戻ったときに召されて、玄宗皇帝治下の中央官界に進出したが、張説が失脚すると地方に左遷され、最後は道州の司馬であった。②当時の涼州は、都の長安と西域を管轄する安西都護府とを結ぶ交通の要衝であったが、北東にモンゴル高原の遊牧民族国家突厥、南西にチベット高原の吐蕃王国にはさまれた最前線でもあった。王翰と涼州の関わりは明らかではないが、豪放な性格で酒宴や狩猟を好んだという王翰と、「涼州詞」に見られる、明日をも知れぬ戦場で一時の享楽に我を忘れる兵士の姿には、共通するものがあるように感じられる。

・「月夜」…①科挙に失敗し若い頃は放浪生活、三十五歳で長安に出て詩才をもって仕官を望んだが、七五五年、四十四歳でようやく任官を果たした。しかし同年、安禄山の乱が勃発し、七五六年には都の長安が陥落する。杜甫は難を避けて家族を鄜州に疎開させ、成都に避難した玄宗皇帝に代わって即位した粛宗皇帝のもとに赴こうとして反乱軍に捕らえられ、長安に軟禁される。七五七年の春に長安で詠んだのが「春望」（教229ページ）である。四月に長安を脱出して粛宗皇帝のもとに馳せ参じ、五月、左拾遺の官を授けられる。②杜甫は反乱軍に捕らえられていたものの、高官ではなかったので比較的自由に過ごすことができた。その軟禁状態にあって、疎開先の妻子のことを思いやり、特に今、自分と同じ月を見て自分のことを案じているはずの妻の美しさを愛情を込めて歌い、いつか再会して二人並んで月を眺める日が来ることを願って詠んだ詩である。

・「香炉峰下、新卜㆓山居㆒、草堂初成、偶題㆓東壁㆒」…①八一五年、四十四歳のときに宰相の武元衡が暗殺された事件について、背後関係を徹底究明すべきことを主張したために江州司馬に左遷された。八一八年には忠州刺史に栄転している。②白居易が廬山に草堂を結んだのは八一七年、四十六歳のときのことである。それまでの白居易は政治や社会を問題にした「諷諭詩」を多く作っていたが、以後、日常のささやかな喜びを主題とする「閑適詩」が多くなる。この詩もその一つで、中央政界に復帰しようという野心はなく、与えられた境遇に満足し、心豊かに暮らそうという白居易の意欲が感じられる。

単元課題

1　それぞれの作品を意味上のまとまりに注意しながら繰り返し朗読して、その響きを味わってみよう。

考え方　漢詩の構成は基本的に起承転結である。絶句は一句ずつ、律詩は二句ずつで、一つの意味上のまとまりとなっている。さらに日本人の祖先たちが訓読する際に、返り点を加えずにあえて倒置法で読ませ、元の詩の印象を強めようと工夫したところもある。そういったことを念頭に朗読し、響きを味わい、内容を理解する。

2　絶句と律詩を比較し、詩の構成や特徴を整理してみよう。

考え方　「漢詩の形式と表現」（教272ページ）を参考に、教科書に載っている詩の中から、気に入った絶句と律詩をいくつか取り上げて、整理してみると良い。

解答例 四句から成る絶句は、五言では二十字、七言でも二十八字という少ない字数で対象をとらえる必要があるので、表現や展開が鮮やかである。「詩仙」と呼ばれた天才肌の詩人である李白は、「静夜思」「贈汪倫」からも、この絶句が得意なことがよく分かる。

八句から成る律詩は、五言では四十字、七言では五十六字もあるので、内容的な深みを文字で表現することが可能である。絶句と同じ起承転結の構成法をとっているが、頷聯と頸聯は対句にすることが求められており、スピーディーな展開は望めない一方で、内容を掘り下げることに適している。「詩聖」と称された杜甫は律詩を得意としており、「春望」「月夜」を見ても対象を丁寧にとらえ、胸に迫る表現を生み出すことに成功している。

3 次の二首について、日本文学にどのような影響を与えたか調べてみよう。

① 「贈㆓汪倫㆒」

② 「香炉峰下、新卜㆓山居㆒、草堂初成、偶題㆓東壁㆒」

考え方 漢詩漢文は日本の古典に大きな影響を与えた。漢詩が流行した江戸時代にも大きな影響を与えているが、唐代に近い平安時代の影響も調べてみる。

解答例

①「贈㆓汪倫㆒」

紀貫之『土佐日記』に、次のような場面がある。任期を終えて帰京することになった国守との別れを惜しんだ大勢の人々が、気持ちを一つにして合作した、別れがたいことを訴える和歌を歌う。これを愛でて国守が、返歌を詠む。

棹（さを）させど底ひも知らぬわたつみの深き心を君に見るかな

訳 棹をさして知ろうにも深さのわからない海のように深い心をあなたに見ることです。

（『新編日本古典文学全集』による）

この、心の深さを深さのわからない水底にたとえる表現は、李白の詩と発想が共通している。

②「香炉峰下、新卜㆓山居㆒、草堂初成、偶題㆓東壁㆒」

特に対句になっている頷聯（第三句・第四句）の二句「遺愛寺鐘欹㆑枕聴　香炉峰雪撥㆑簾看」が、平安時代の貴族たちに愛唱されていた。「雪のいと高う降りたるを」（教163ページ）に記された、中宮定子の「香炉峰の雪いかならむ」という問いかけに、清少納言がとっさにこの詩を思い出して「御簾を高く上げ」て見せた、という随筆『枕草子』のエピソードが特に有名である。

『枕草子』にも登場する藤原公任（きんとう）は、『枕草子』成立よりやや遅れて、朗詠（和歌や、漢詩・漢文の一節を、節をつけて歌い上げること）に適した和漢の詩文をまとめた『和漢朗詠集』を編集しているが、この詩からこの二句が選ばれて、収録されている。

『枕草子』や『和漢朗詠集』以前の例としては、白居易（七七二〜八四六）の晩年に生まれた菅原道真が、讒言（ざんげん）のため九州の太宰府に左遷されたとき、「不㆑出㆑門」という七言律詩を詠んでいる（『菅家後集』）。その詩の、対句になっている頷聯は、この詩の頷聯をふまえて作られている。

都府楼ハ纔カニ看二瓦ノ色一ヲ
観音寺ハ只ダ聴二鐘ノ声一ヲ

都府楼は纔かに瓦の色を看
観音寺は只だ鐘の声を聴く

訳　太宰府の高楼は、わずかに瓦の色を見るだけで、
観音寺はただ鐘の音を聴くだけである。

解釈の視点②　漢詩の形式と表現

教科書P.272～273

◆漢詩の種類（近体詩と古体詩）

唐代に確立した絶句・律詩を近体詩、それ以前の漢魏六朝時代に行われた、四言・五言・七言などで句数の制限がなく、厳しい規則を持たない詩形のことを古体詩という。

◆近体詩（絶句と律詩）

厳格な規則がある詩形で、絶句は四句、律詩は八句から成り、一句の字数は五字（五言）または七字（七言）である。

ここでは杜甫の五言絶句を例にして、規則と構成を見ておこう。

例　絶句　杜甫

江碧鳥逾白
山青花欲然
今春看又過
何日是帰年

江碧にして鳥逾白く
山青くして花然えんと欲す
今春看又過ぐ
何れの日か是れ帰年ならん

訳　長江の水は緑色に澄み、鳥たちはますます白く見え、
山は青々として、花は赤く燃え出しそうにしている。
今年の春も、みるみるうちにまた過ぎ去ろうとしている。
いつになったら、故郷に帰ることができるのだろうか。

・**五言句と七言句の構造**　「｜」で示したように五言句は二字＋三字で構成される。七言句は四字（二字・二字）＋三字である。

・**押韻（韻を踏む）**　句末に同じ韻の漢字を用いて音調の美しさを生み出す技巧。五言詩では偶数句末に押韻するのでこの詩では「然・年」が押韻している。七言詩では第一句末と偶数句末に押韻する。

・**対句**　並んだ二句（奇数句と偶数句）の文法構造や各語の意味・内容を対にする技法で、律詩の場合、原則として第三句と第四句、第五句と第六句の二聯を対句にすることになっている。絶句にはこのような決まりはなく、対句を用いても用いなくても良い。この詩では第一句と第二句が対句になっている。

名詞　形容詞　名詞　副詞　動詞
江　**碧**　**鳥**　**逾**　**白**
⇔　⇔　⇔　⇔　⇔
山　**青**　**花**　**欲**　**然**

・**起承転結**　絶句の構成法で、起句（第一句）で詩の意図するところを非凡な表現で歌いおこし、承句（第二句）では起句を受けてこれを展開させ、転句（第三句）では起句の意図を承句とは別の視点や発想で転換させ、結句（第四句）では転句を受けながら、全体のまとめをはかり、なおかつ余韻が残るように歌いおさめる。

律詩の二句ずつ四聯も、この起承転結の構成法によっている。

［参考］**平仄**　中国人は漢字一字一字の音の響きについても意識しており、音調の配列に規則を設けていた。これを平仄という。日本人は（一部の漢詩を実作した人たちを除いて）漢詩を訓読して鑑賞してきたので、あまり意識されないが、実はそこまでの技巧が凝らされていることに注意しておきたい。

4 文学と社会

雑説（ざつせつ）

韓愈（かんゆ）

教科書P.276〜277

【大意】1　教276ページ4行

この世では、馬のよしあしを見分ける名人がまずいて、その後に名馬が現れるのである。

【書き下し文】

❶世に伯楽（はくらく）有（あ）りて、然（しか）る後（のち）に千里（せんり）の馬（うま）有（あ）り。

【現代語訳】

❶この世では、馬のよしあしを見分ける名人がいて、その後で、千里を走る名馬が現れるのである。

【大意】2　教276ページ5〜7行

名馬は世に常にいるが、馬を見分ける名人は常にいるわけではない。だから、たとえ名馬がいたとしても、見抜くことのできない者にいやしめられ、名馬として扱われないのである。

【書き下し文】

❶千里（せんり）の馬（うま）は常（つね）に有（あ）れども、伯楽（はくらく）は常（つね）には有（あ）らず。❷故（ゆえ）に名馬（めいば）有（あ）りと雖（いえど）も、秖（た）だ奴隷人（どれいじん）の手（て）に辱（はずかし）められ、槽櫪（そうれき）の間（かん）に駢死（へんし）して千里（せんり）を以（もっ）て称（しょう）せられざるなり。

【現代語訳】

❶千里を走る名馬は(世の中に)いつもいるのだが、馬のよしあしを見分ける名人はいつもいるとは限らない。❷そのため、名馬はいるとしても、ただ馬の世話をする使用人の手によって不当な扱いを受け、馬小屋の中で、普通の馬と一緒に死ぬだけで、千里を走る名馬として称えられることがないのである。

語句の解説 1

教276ページ

❶**然後**（しかルのちニ）　その後に。伯楽がいた後に、の意。

❶**千里馬**（せんりノうま）　一日に千里を走る名馬。

語句の解説 2

教276ページ

❶**不常有**（つねニハあラず）　「常には〜(せ)ず」という部分否定の形で、ここは、いつもいるとは限らない。常にいるわけではない、という意味を表す。全部否定の「常不有（つねニあラず）」(＝いつもいない)との違いに注意。

❷**雖有名馬**（めいばありトいえどモ）　「雖」は仮定を表す返読文字。「〜としても・といっても」の意。

❷**於**　「奴隷人の手に」の「に」にあたる置き字で、「〜に〜される」という受身の形。

❷**也**（なり）　ここは文末で断定・強意を表す。「也」

【大　意】　3　教276ページ8行〜277ページ1行

一日に千里を走る馬は、えさを大量に食べる。しかし、飼い主がそれに気づかず、えさを十分に与えなければ、その馬は力を発揮できず、名馬とも知られず終わってしまう。

【書き下し文】

❶馬の千里なる者は、一食に或いは粟一石を尽くす。❷馬を食ふ者は、其の能の千里なるを知りて食はざるなり。❸是の馬や、千里の能有りと雖も、食飽かざれば、力足らずして才の美外に見れず。❹且つ常馬と等しからんと欲するも、得べからず。❺安くんぞ其の能の千里なるを求めんや。

【現代語訳】

❶馬で千里を走るものは、一回の食事で、時には穀物を一石も食べ尽くしてしまう。❷(しかし)その馬を養い育てる者は、その馬が千里を走る名馬だと知って養い育てているのではない。❸(そこで)この馬は、千里を走る能力があっても、食料を十分に食べることができないので、力を十分に発揮できず、すばらしい才能が外に現れることもない(埋もれたままになってしまう)。❹その上また、普通の馬と同じようであろうとしても、そうすることができない。❺(そういう状態の中で)どうしてその能力が千里を走ることまで、要求することができるだろうか。いや、できるはずもない。

【大　意】　4　教277ページ2〜3行

無能な飼い主は、名馬としての待遇をせず、能力を発揮させることもしないで、「世の中に名馬はいない」と嘆くのである。

【書き下し文】

❶之を策うつに其の道を以てせず。

【現代語訳】

❶その馬を調教するのに、千里の馬にふさわ

は文中や文末で「や」と読み、語勢を整えたり反語を表したりする場合もある。

語句の解説　3

教276ページ

❶**尽**　ここは食べ尽くす、の意。

❷**知二其能千里一**　「其」は飼っている馬をさす。「能」は能力の意を表す。その馬が千里を走る(ことのできる)馬だと知って。

❸**食不レ飽**　「飽」は満足する。「不レ飽」は満足しない、十分に食べられない意。

❹**且欲下与二常馬一等上**　「且」はその上、また、の意を表す副詞。「欲」は「〜ント欲ス」と返って読み、「〜ようとする」という意味を表す。「与」は「と」と読む返読文字。一二点をはさんで上下点で返ることにも注意する。

❺**安求二其能千里一也**　「いずクンゾ〜ンや」と読み、「どうして〜だろうか、いや〜ない」という意味を表す反語の形。

語句の解説　4

教277ページ

❶**策レ之・食レ之・鳴レ之**　上の二つの「之」は「千里の馬」、三つめの「之」は「食馬者(飼い主)」をさす。

❷之を食ふに其の材を尽くさしむる能はず。❸之に鳴けども其の意に通ずる能はず。❹策を執りて之に臨みて曰はく、「天下に馬無し。」と。

しい扱い方をしない。❷その馬を飼育するのに、その才能を十分に出し尽くさせることができない。❸飼い主に鳴いて訴えても、その(馬の)気持ちに応えてやることもできない。❹(そうであるのに、飼い主は)むちを持ち馬に向かって言うのである、「世の中に名馬はいない。」と。

❷不レ能レ尽 「不レ能」は下から返って「あたハず」と読み、不可能の意を表す。

1 「不レ能レ通二其意一。」の主語は何か。

答 馬を養う者(馬の飼い主)。

2 「天下無レ馬。」の「馬」とはどのような馬か。

答 一日に千里も走る名馬。

語句の解説 5

教277ページ

❶其真無レ馬邪、其真不レ知レ馬也 「それ〜か、それ〜か」は選択をせまる疑問の形。

【大意】 5 教277ページ4行

名馬は本当にいないのか、それとも飼い主が、馬の真価に気づかないだけなのか。

【書き下し文】

❶嗚呼、其れ真に馬無きか、其れ真に馬を知らざるか。

(唐宋八家文読本)

【現代語訳】

❶ああ、本当に名馬がいないのか、それとも本当は名馬(の何たるか)を知らないだけなのか。

学習のポイント

1 作者は「奴隷人」が「千里ノ馬」をどのように扱うと述べているのか、説明してみよう。

考え方 第三段落を中心に、具体的な内容を読み取る。

解答例 千里の馬の能力を見抜けず、必要な食料を与えず、並の馬と同じように扱って、その才能を埋もれさせてしまう。

2 次の語は、それぞれ何をたとえようとしたものか、考えてみよう。

①伯楽　②千里ノ馬　③常馬

解答例 ①伯楽…すぐれた人物を見出して用いる名君・名宰相。
②千里馬…すぐれた能力・才能をもった人物。
③常馬…特別な才能のない普通の人。

3 この文章の構成について段落をもとに整理してみよう。

解答例
・第一段落…名馬の世に存在する条件。
・第二段落…名馬のおかれている現状。
・第三段落…名馬の才能が発揮されない理由。
・第四段落…名馬を見抜けない無能な飼い主の現状（批判）。
・第五段落…現状に対する作者の嘆き。

黔之驢

柳宗元

教科書P.278〜279

【大　意】　1　教278ページ5〜6行

黔の地にろばを持ち込んだ者がいて、山のふもとに放してしまった。

【書き下し文】

❶黔に驢無し。❷事を好む者有り、船に載せて以て入る。❸至れば則ち用ゐるべき無し。❹之を山下に放つ。

【現代語訳】

❶黔の地にろばはいなかった。❷物好きがいて、（ろばを）船に載せて（黔の地に）持ち込んだ。❸（しかし、ろばは）連れて来ても、使いようがなかった。❹（そこで）これを山のふもとに放してしまった。

【大　意】　2　教278ページ7行〜279ページ3行

虎はろばを見て、初めのうちは恐れをなし、様子を伺っていたが、だんだんなれてきて、近寄ったりもたれたりするようになった。ろばは怒って足で蹴ったが、それによって虎はろばの力の程度を知り、ろばを殺して、その肉を食べてしまった。

【書き下し文】

❶虎之を見れば、尨然として大なる物なり。❷以て神と為す。❸林間に蔽れて之を窺ふ。❹稍出でて之に近づけば、慭慭然として相知る莫し。

【現代語訳】

❶虎がこれ（＝ろば）を見ると、たいへん大きなものである。❷そこで（虎はろばを）極めて尊い存在だと思った。❸（そして）林の中に隠れてろばの様子をうかがっていた。❹少しずつ（林

語句の解説　1

教278ページ

❸**至則**　「…れば則ち」は確定条件を表す。ここは「来てみると」「来ても」の意。

❸**無レ可レ用**　使うことができない。役に立たないという意味。主語はろば。

❹**之**　ろばをさす。

語句の解説　2

教278ページ

❶**見レ之**　「之」はろばをさす。

❶**也**　ここは「なり」と読んで断定の意を表す。ほかに文中で「や」と読んで強調の意を添えたり、読まない置き字として用いられることもある。

1　ここでの「神」の意味をもつ、「神」を含んだ熟語を考えてみよう。

❺他日驢一たび鳴く。❻虎大いに駭き遠く遁れ、以為らく且に己を噬まんとするなりと。❼甚だ恐る。❽然れども往来して之を視て、異能無き者なるを覚ゆ。❾益 其の声に習れ、又近づきて前後に出づれども、終に敢へて搏たず。❿稍近づきて益狎れ、蕩倚衝冒す。⓫驢怒りに勝へずして、之を蹄る。⓬虎因りて喜び、之を計りて曰はく、「技此に止まるのみ。」と。⓭因りて跳踉し大いに㘎びて、其の喉を断ち、其の肉を尽くして、乃ち去る。

から)出てろばに近づいてみると、(虎は)うやうやしく思うばかりで、相手(ろば)が何ものなのかわからない。❺ある日、ろばが一声いなないた。❻虎はたいそう驚いて遠くへ逃げ、(ろばは)今にも自分を食べようとしたのだと思った。❼(そして、ろばを)とても恐れた。❽けれども行ったり来たりしながらろばを観察していて、なみなみでない才能などはないものであるとわかった。❾(虎は)いよいよろばの声にも慣れ、さらに近づいて(ろばの)前後も歩いてみたが、結局(ろばは、虎を)攻撃してこない。❿(そこで虎は)少しずつ(ろばに)近づいていよいよなれなれしくなり、(ろばに)寄りかかったり、突き当たったりした。⓫ろばは怒りに耐えられなくなって、虎を蹴った。⓬虎はそこで喜び、これ(=ろばの力量)を推測して言った、「(こいつの)技量はこれだけだ。」と。⓭そこで(虎は)おどりあがってはねまわり、大声で叫んで、ろばの喉を噛み切り、その肉を食い尽くして立ち去った。

【大意】 3 教279ページ4～6行

ろばは体も声も立派で、徳や能力が備わっているように見える。虎を蹴ることさえしなければ、虎に食われることもなかったのに、悲しいことである。

答 神秘。神聖。

❻且噬レ己 「己」は虎をさす。ろばが今にも自分(=虎)を食べようとした。

❽無二異能一者 特別な才能はない者。

❾習・近・出 主語は虎。虎がろばになれてゆく様子を表す。

教279ページ

❾終不二敢搏一 「終に」はとうとう、結局の意。「搏たず」の主語はろば。

⓫不レ勝レ怒 「…に勝へず」の形で、「…に耐えられない・我慢できない」の意。

⓫蹄レ之 主語はろば。「之」は虎をさす。

⓬因 理由を表す。そこで。

2 「虎因喜」とあるが、虎はなぜ喜んだのか。

答 虎はろばが自分より強いと恐れていたが、蹴られてみて、自分より劣っていることを確信したから。

⓭断二其喉一、尽二其肉一 「其」はろばをさす。主語は虎。

語句の解説 3

教279ページ

❷向 以前に。前に。

【書き下し文】

❶噫、形の尨なるや有徳に類し、声の宏なるや有能に類す。❷向に其の技を出ださずんば、虎猛なりと雖も疑ひ畏れて、卒に敢へて取らざらん。❸今是くの若し。❹悲しきかな。（柳河東集）

【現代語訳】

❶ああ、（ろばの）体が大きいのは、立派な徳を備えているようで、声が立派なのは、能力がすぐれているもののようだ。❷前に（あのときに）蹴るという技をださなかったら、たとえ虎が勇猛だといっても、（虎はろばを）疑い恐れて、結局思いきって攻撃しようとはしなかったであろう。❸（しかし）今やこのようになってしまった。❹悲しいことだなあ。

❷**不レ出** 「…ずんば」と読み、仮定を表す。

❷**卒** 「終に」と同じ。

3 **「若レ是」とは、どのような状況か。**

答 大したことのない技をさらけ出して、敵につけいる隙を与えてしまった状況。

❸**焉** 断言・強調の意を添える置き字。

学習のポイント

1 **虎の心情はどのように変化したのか、以下の場面ごとに整理してみよう。**

①初めて「驢」を見たとき。

②「驢」の鳴き声を聞いたとき。

③「驢」の技能がわかったとき。

考え方 第二段落の次の語句に注意して読み取る。①「虎見レ之」、②「驢一鳴」、③「驢不レ勝レ怒、蹄レ之」

解答例 ①体が大きいので極めて尊い存在だと、畏敬の念を抱いた。

②とても驚いて遠ざかり、今にも自分を食べるのではないかと思って恐れた。

③大した技能は持たないやつだということがわかって喜んだ。

2 **作者は「驢」の能力についてどのように述べているか、まとめてみよう。**

考え方 作者の考えは第三段落に述べられている。1で整理したことも参考にしながら、見かけと実際とでどのように異なっていたのかを考える。

解答例 体格や鳴き声から徳と能力を兼ね備えたものに見えるが、実際は見かけだおしで、大したことはないやつだ。

3 **作者は「驢」を何にたとえているのか、考えてみよう。**

考え方 前書きの最後の一文から、ろばの話を借りて人間社会のことを言おうとしていることを理解する。

解答例 ろばは、政敵に隙を見せたために左遷され、不遇な一生を送ることになった作者自身をたとえていると思う。同時に、他人から過大評価されていることに気づかず、自分の実力を見誤って失敗することの愚かさを、自戒の念もこめて、世の人々に説いている話。

人面桃花

孟棨

教科書P.280〜284

【大意】 1 教280ページ4行〜281ページ2行

崔護は美しい若者だったが、孤独な人で、官吏登用試験にも失敗した。清明の日、桃の花の咲く屋敷に立ち寄り、娘に水を飲ませてもらった。娘は崔が言葉をかけても答えなかったが、門まで送ってきた。思いは残ったが、崔はその家をまた訪ねることはしなかった。

【書き下し文】

❶博陵の崔護は、姿質甚だ美なるも、孤潔にして合ふこと寡なし。❷進士に挙げらるるも、下第す。❸清明の日、独り都城の南に遊び、居人の荘を得たり。❹一畝の宮にして、花木叢萃し、寂として人無きが若し。❺門を叩くこと之を久しうす。❻女子有り、門隙より之を窺ひ、問ひて曰はく、「誰ぞや。」と。❼姓字を以て対へて曰はく、「春を尋ねて独り行き、酒渇して飲を求む。」と。❽女入り杯水を以て至り、門を開き牀を設けて坐を命じ、独り小桃の斜柯に倚り、佇立して、意属殊に厚し。❾妖姿媚態、綽として余妍有り。❿崔言を以て之に挑むも、対へず。⓫

【現代語訳】

❶博陵の崔護は、容姿が美しく才能にも恵まれていたが、人づきあいが苦手で、気の合う友だちも少なかった。❷科挙の受験生として推挙されたが、落第してしまった。❸清明節の日、一人だけで都(長安)の町の南側(郊外)をぶらぶらしていて、人の住む家に行きあたった。❹小さな屋敷で、花をつけた木がむらがって生え、しんとして人のいる気配がなかった。❺しばらくの間門を叩いて案内を乞うた。❻(中に)女性がいて、門のすきまからのぞき、「どなたですか。」と尋ねた。❼(崔は)姓名を名乗り答えて言った。「春を探して一人でぶらぶら歩いているのですが、酒を飲み、のどがかわいたので、水を飲みたいのです。」と。❽(すると)娘は(奥へ)入っていき、器に入れた水を持って来て、門を開き、腰掛けを用意して座るように勧め、

語句の解説 1

教280ページ

○**人面桃花** 美しい顔と、それに照り映えている桃の花。

❶**姿質** 容姿と資質(性質や才能)。

1 「孤潔ニシテ寡レ合フコト。」とは、どういうことか。

答 孤独で潔癖な性質で、他人との親しい付き合いが少ないこと。

❸**都城** 都は長安、城は町をさす。

❹**若レ無レ人** 「若」は比況を表す返読文字。下から返って「…ノ(ガ・スルガ)ごとシ」と読み、「…の(する)ようだ」と訳す。

❻**自二門隙一窺レ之** 「自」は、「より」と読み「…から」の意を表す返読文字。「之」は、門を叩いている人＝崔護をさす。

❻**誰耶** だれか。「…ゾや」は、疑問の形。

❼**姓字** 姓と字(あざな)。姓名とほぼ同じ。

❽**杯水** 杯(器)に入れた水。

❽**命レ坐** 座るようにさせる意。

❽**佇立** たたずむ、立ち止まる意。

目注する者之を久しうす。⓬崔辞去するに、送りて門に至り、情に勝へざるが如くして入る。⓭崔も亦た睠盼して帰る。⓮嗣後、絶えて復た至らず。

(自分は)小さな桃の木の斜めになった枝にもたれてたたずみ、(崔に)思いを寄せる様子が格別であった。❾(娘の)あでやかでなまめかしい姿態は、しなやかであふれるばかりの美しさがあった。❿崔は言葉をかけて娘に言い寄ってみたが、(娘は)返事をしない。⓫(ただ)崔をしばらくの間じっと見つめていた。⓬崔があいさつをして立ち去ろうとすると、(娘は)門まで送ってきて、思いをこらえきれない様子で、(中に)入っていった。⓭崔も同じように振り返って見ながら帰った。⓮その後、再びは訪ねていかなかった。

❾**妖姿媚態**　姿やふるまいが、妖艶でなまめかしいこと。

❿**以レ言挑レ之**　言葉をかけて娘の気をひこうとする様子。「之」は娘をさす。「挑むも」の「も」は逆接を表す。

教281ページ

2　**「目注ス」とは、誰が見つめたのか。**

答　娘。

⓫**者**　「…ことは」の意を表す。「者」は「ものは」「は」とも読む。話題を提示する助字。

⓬**如レ不レ勝レ情**　「如」は「若」と同じ、比況を表す。語句の解説1の❹参照。「不レ勝」は「…ニ勝へず」と読み、こらえられない意。ここは娘の、崔への思いにたえかねる様子を表している。

⓭**亦**　…もまた。

⓮**不ニ復至一**　部分否定の形で、再びは(二度とは)…しない、の意。

【大　意】　2　教281ページ3行～282ページ2行

一年後の清明の日に、崔は会いたくなって娘の家を訪ねたが、家は固く閉ざされていた。そこで門の左の扉に、娘への思いを託した詩を書きつけて帰った。

【書き下し文】　…　**【現代語訳】**

語句の解説　2

教281ページ

❶**来歳**　次の年。来年。

❶**忽**　ふと。にわかに。

❶来歳の清明の日に及び、忽ち之を思ひ、情抑ふべからず。❷逕ちに往きて之を尋ぬ。❸門牆故の如くなるも、已に之を鎖扃せり。❹因りて詩を左扉に題して曰はく、

去年の今日此の門の中
人面桃花相映じて紅なり
人面は祇だ今何れの処にか去る
桃花旧に依りて春風に笑むと

❶翌年の清明節の日になって、(崔は)ふと娘のことを思い出し、(会いたい)思いを抑えることができなくなった。❷(そこで)すぐに出かけて娘を訪ねてみた。❸(しかし)土べいは以前のままだが、錠をかけて(門を)しっかりとしめていた。❹そこで(崔は)詩を(門の)左の扉に書きつけた。

去年の今日、この門の中では
(あなたの)美しい顔と桃の花とが、紅に照り映えていた
(あなたの)美しい顔は、今どこへ行ってしまったのか
桃の花はもとのまま春風にほほえんでいるというのに

【大意】 3 教282ページ3行〜283ページ10行

数日後、崔が娘の家に行ってみると、中から泣く声がする。門を叩くと老人が出てきて、娘の死を告げ、崔が娘を殺したのだと責めた。家に入ると、娘は美しいまま横たわっていたが、崔が泣きながら祈ると目を開いて生き返った。老父は喜び、二人を結婚させた。

【書き下し文】

❶後数日、偶都城の南に至り、復た往きて之を尋ぬ。❷其の中に哭声有るを聞き、門を扣きて之を問ふ。❸老父有り、出でて曰はく、「君は崔護に非ずや。」と。❹曰はく、「是

【現代語訳】

❶それから数日して、(崔は)たまたま都の町の南側(の郊外)に行くことがあったので、再び娘の家を訪ねた。❷(すると)家の中から死者をいたみ悲しんで、大声で泣き叫ぶ声が聞こえるので、門を叩いてその理由を尋ねた。❸(する

3 「情不レ可レ抑。」の「情」とは、誰のどのような「情」か。

答 崔護の、娘を恋しく思う気持ち。

❷尋レ之 「之」は娘をさす。
❷鎖二扃之一 「之」は門をさす。
❹因 よって。そこで。

教282ページ

❹相映紅 照らし合って美しい様子。
❹何処 疑問の形。どこに…か。

4 「依レ旧」の「旧」とは、いつのことか。

答 去年のこと。

語句の解説 3

教282ページ

❶偶 偶然。ふと。
❷其中 「其」は娘の家をさす。
❷問レ之 「之」は、泣き声が聞こえる理由。
❸老父 老人のこと。ここでは娘の父。
❸耶 疑問の意を添える助字。「…に非ずや」で、「…ではないか」の意。
❹曰、「是也。」 主語は崔護。「是也」は肯定して答える言葉。そうです。はい。

れなり。」と。❺又哭して曰はく、「君は吾が女を殺せり。」と。❻護驚起し、答ふる所を知る莫し。❼老父曰はく、「吾が女は笄年書を知り、未だ人に適かず。❽去年より以来、常に恍惚として失ふ所有るがごとし。❾比日之と出で、帰るに及び、左扉に字有るを見る。❿之を読み、門に入りて病み、遂に食を絶つこと数日にして死せり。⓫吾老いたり。⓬一女の嫁がざりし所以の者は、将に君子を求めて以て吾が身を託せんとすればなり。⓭今不幸にして殞す。⓮君之を殺すに非ざるを得んや。」と。⓯又特り大いに哭す。⓰崔も亦た感慟し、請ひて入り之に哭すれば、尚ほ儼然として牀に在り。⓱崔其の首を挙げ、其の股に枕せしめ、哭して祝して曰はく、「某斯に在り、某斯に在り。」と。⓲須臾にして目を開き、半日にして復た活きたり。⓳父大いに喜び、遂に女を以て之に帰がしむ。

（本事詩）

と）老人が出てきて、「あなたは崔護さんではありませんか。」と言った。❹（崔は）「そうです。」と答えた。❺（すると老人は）また大声で泣いて、「あなたは私の娘を殺してしまった。」と言った。❻崔護ははっと驚き、どう答えてよいのかわからなかった。❼老人は言った、「私の娘は十五歳のときには一通りの教養を身につけていたが、まだ嫁には行かずにいた。❽去年からこの方、いつもぼんやりとして気が抜けたようになっていた。❾先日娘と外出し、帰ってくると、（門の）左の扉に字が書いてあるのを見た。❿（娘は）これを読み、門の中に入ったまま病気になり、そのままものが食べられなくなって数日後に死んでしまった。⓫私はすっかり年老いてしまった。⓬この娘が嫁に行かなかった理由は、りっぱな人物を探して、私（老いた父）の面倒を見てもらおうとしてのことであった。⓭（ところが）今となって不幸にも死んでしまった。⓮あなたが娘を殺したのではないといえようか（いいや、きっとあなたが娘を殺したのだ）。」と。⓯（そして老人は）またとりわけ大きな声を出して泣いた。⓰崔もまた心をうたれて悲しみ、（老人に）頼んで（家の中に）入れてもらい、娘の死をいたんで大声をあげて泣くと、（娘は）生きてい

答 5　「莫レ知レ所レ答。」をわかりやすく現代語訳してみよう。

どう答えてよいのかわからない。

❼**知レ書**　書物を読むことができる。一通りの教養を身につけたことをいう。

❼**未レ適レ人**　「未」は「いまダ…ず」と読む再読文字。まだ嫁いでいない。

教283ページ

❽**若レ有レ所レ失**　気が抜けたような状態を表す。「…が若し」の形に注意。

❾**与レ之**　「与」は下から返って「と」と読む返読文字。「之」は娘をさす。

❿**読レ之**　「之」は左扉に書いてあった崔の詩をさす。

❿**絶レ食**　ものが食べられなくなった。

⓬**所以**　理由・わけ。ここは下に「…のものは」と続き、「…の理由は」の意。

⓬**将下求二君子一以託中吾身上**　「将」は、近い未来を表す再読文字。ここは「…しようとする」意。「君子」はりっぱな人。「我が身」は語り手の老父をさす。

⓮**得レ非二君殺一レ之耶**　「…に非ざるを得んや」は反語の形。「君が殺したのでないと

たころのままのきちんとした様子で、寝台に横たわっていた。⑰崔は娘の首を持ち上げ、自分のももの上にのせて、大声をあげて泣き、死者への祈りの言葉をささげて、「わたくしはここにいますよ、わたくしはここにいますよ。」と言った。⑱(すると娘は)まもなく目を開き、半日ほどしてもとのように生き返った。⑲父はたいそう喜び、そのまま娘を崔護に嫁がせた。

いえようか、いや君が殺したのだ」と強く肯定する意を表す。「之」は娘をさす。

⑯**尚** なお。以前と同じ、の意。

6 **「挙二其首一、枕二其股一」の「其」は、それぞれ誰を指すか。**

答 「其首」は娘の首、「其股」は崔護の股をさす。

⑱**須臾** 短い時間をいう。まもなく。

⑲**帰レ之** 「之」は崔護。崔に嫁がせた。

学習のポイント

1 **物語中にうたわれている詩は、誰のどのような気持ちを表したものか、説明してみよう。**

考え方 第二段落冒頭の一文(❶)にある「忽ち之を思ひ、情抑ふべからず」にも注意して崔の気持ちを想像し、詩の表現にどんな心情が表れているか、考えてみる。

解答例 去年会ったときの娘の美しかった面影をしのび、桃の花は咲いているのに、娘には会えないことを残念に思い、その人に会ってほほえみかけてほしいと思う気持ちを表している。

2 **老父は崔護に向かって「君殺二吾女一。」(282・5)と言っているが、それはなぜか、考えてみよう。**

考え方 直前の老父の言葉から、老父が、娘の様子の変化をどのようにとらえているか、娘の死をどのように悲しんでいるかを読み取り、老父の崔護に対する気持ちを想像してみる。

解答例 娘は昨年以来様子がおかしかったが、詩を読んでからはいよいよ憂いに閉ざされ、ものを食べることもできなくなって死んでしまった。死んだのは、崔護の書いた詩を読んだからである。詩さえなければ死にはしなかったと思うので、崔を責める気持ちがわいて、あなたが娘を殺したのだと言ってしまったのである。

3 **物語の展開を整理し、登場人物の心情の変化をまとめてみよう。**

考え方 全体は段落ごとに三つの場面に分けられる。登場人物は、崔護と娘と老父。それぞれの場面の出来事を大きくとらえ、そこでの人物たちの心の動きを考えてみる。

解答例 〔展開〕①春のそぞろ歩きで立ち寄った家で、崔護は美しい娘に出会う。→②翌年の春、崔護は娘の家を再訪するが娘には会えず、扉に詩を書いて帰る。→③数日後、崔護は娘の家に行き、老父に会って娘の死を知り、老父の嘆きを聞くが、崔護が呼びかけると娘は生き返り、二人は結婚した。
〔心情の変化〕①崔護と娘は出会ってすぐひかれあう。→②崔護は娘への思いが募り、詩に託して書いた。→③・崔護…娘の死を知って驚き悲しんだが、心をこめて娘に呼びかけた。・娘…崔護の詩を読んで恋しさのあまり食事もできなくなり死んでしまったが、崔護に呼びかけられて生き返った。・老父…娘の死を嘆き悲しみ崔護を恨んだが、娘が生き返ると喜び、二人を結婚させた。

単元課題

1 「雑説」「黔之驢」の書かれた時代背景を調べ、作者の真意を考えてみよう。

考え方 どちらも中唐の作品である。また、作者は左遷され、不遇な生涯を送っている。どんな世の中だったのかを調べ、作者はどうであってほしいと考えたのか、推測してみる。

2 動物が登場するたとえ話を探してみよう。また、それぞれの動物がどのような性格で登場するかを、日本と外国で比較してみよう。(→253ページ)

考え方 物語や民話、童話に登場する動物には、虎のような大きなものから、ねずみやきつね、あり、鳥のような小さなものまでさまざまである。これまで自分が読んだり聞いたりした話の中で印象に残っているものを思い出し、くらべてみる。

3 中国文学の中で、桃は何のたとえや象徴として用いられているかを調べてレポートにまとめてみよう。

考え方 有名なものに「桃花源ノ記」(陶淵明の文章)や「桃夭」(作者不明の古詩)がある。

探究 物語の書き出し

教科書P.286〜288

●中国の物語や歴史書の書き出し…登場人物の名前・祖先・出自などをはじめに明らかにする形式が多い。

例 呉王闔廬、伍員を挙げて国事を謀らしむ。(「臥薪嘗胆」)

●日本の古典文学の書き出し…いつ、という時間的なことの説明。

例 今は昔、阿蘇のなにがしといふ史ありけり。(「今昔物語集」)

課題① **これまでに読んだ物語の中から好きな作品を選び、書き出しや場面設定の特徴を比較してみよう。**

考え方 書き出しや設定を意識することで、物語の輪郭がはっきりする。書き出しによって印象がどう違うか、考えてみる。

課題② **中国の小説を翻案した作品にはどのようなものがあるか、図書館やインターネットなどで調べて味わってみよう。**

考え方 中島敦の『山月記』以外にもまだあるので調べてみる。